高等教育旅游类专业系列教材

中国旅游文化

主　编　陈国生　刘小凤　田应华
副主编　黎　黎　李　普　李　磊
参　编　梁　超　李颖杰　陈晓亮

中国物资出版社

图书在版编目（CIP）数据

中国旅游文化/陈国生，刘小凤，田应华主编．—北京：中国物资出版社，2012.1
（高等教育旅游类专业系列教材）
ISBN 978－7－5047－4137－0

Ⅰ.①中…　Ⅱ.①陈…②刘…③田…　Ⅲ.①旅游文化—中国—高等职业教育—教材
Ⅳ.①F592

中国版本图书馆 CIP 数据核字（2011）第 280118 号

策划编辑　张利敏　　　　责任印制　何崇杭
责任编辑　张利敏　　　　责任校对　孙会香　饶莉莉

出版发行　中国物资出版社
社　　址　北京市丰台区南四环西路 188 号 5 区 20 号楼　　邮政编码　100070
电　　话　010－52227568（发行部）　　010－52227588 转 307（总编室）
　　　　　010－68589540（读者服务部）　　010－52227588 转 305（质检部）
网　　址　http://www.clph.cn
经　　销　新华书店
印　　刷　三河市西华印务有限公司
书　　号　ISBN 978－7－5047－4137－0/F・1654
开　　本　787mm×1092mm　1/16
印　　张　12.25　　　　版　　次　2012 年 1 月第 1 版
字　　数　261 千字　　　印　　次　2012 年 1 月第 1 次印刷
印　　数　0001—3000 册　　定　　价　22.80 元

内容提要

本书在吸收当前国内外旅游文化最新研究成果的基础上，对旅游文化学体系进行设计，强化了旅游文化的理论研究。全书共分为九章，对旅游文化学的基本理论、旅游文化体验价值、旅游消费行为文化、旅游资源行为文化、旅游产品、旅游环境文化、旅游经营文化、旅游文化建设和旅游文化学中存在的热点及发展趋势，从理论上进行了全方位的分析，以全面了解旅游文化学的对象、方法，进一步掌握旅游消费文化中行为文化、审美文化，旅游经营文化中的产品经营文化、企业经营文化和目的地经营文化，分析旅游活动中各个领域文化现象之间的相互联系和关系，以及旅游文化与旅游经济之间的相互联系与关系。

前　言

旅游文化研究是旅游学与文化学研究的重要组成部分，也是直接影响我国旅游业在知识经济时代能否快速健康发展的关键学术研究领域。早在20世纪80年代初我国旅游业起步不久，就有学者指出了旅游业与文化之间的密切关系。20世纪80年代中后期，旅游文化在我国作为一个专业概念出现，现在看来当时人们对这个概念的解释是不够准确的。此后，有关旅游文化的论述，频频出现于报纸杂志之中，部分文化学的论著也涉及了旅游文化学的基本研究范畴。但总体上说，这些研究还是很零散的，没有引起旅游学界和旅游业界的足够重视。进入20世纪90年代之后，我国的旅游文化研究发生了明显的改观，中国旅游文化学研究学会的成立和几个重要的旅游文化研讨会的举办，标志着我国旅游文化研究开始由自发的、零散的状态向自觉的、有组织的状态转化。特别是近几年来，我国专门研究旅游文化的机构和团体大量出现，全国性和区域性旅游文化研讨会不断召开，所取得的研究成果，无论在数量上还是在质量上都是过去远远达不到的，旅游文化已经成为我国旅游学和文化学研究中最活跃的领域之一。

这一研究热点的形成主要基于两方面的原因：其一，改革开放30多年来，随着旅游业的迅猛发展，人们对于旅游业发展规律的认识水平逐步提高，在大量的经验教训面前，人们充分意识到了旅游业与文化的关系，因此，旅游文化作为一个特殊的研究领域开始受到重视。但我国的旅游文化研究至今还处在一个发展阶段，离旅游业成长的需求还有很大差距。因此，强化旅游文化研究的主体意识就显得十分重要。其二，随着知识经济、信息经济时代的到来和城镇化步伐的加快，国内许多地区越来越重视旅游产业的发展。我们面临的新形势、新机遇和新挑战无疑对我国旅游文化研究提出了更高的要求，深入思考和准确把握旅游文化研究的发展方向就成为具有重大战略意义的学术课题。正是在这一背景下，我们编写了《中国旅游文化》教材。本教材具有以下特点：

第一，本教材大量的研究集中于旅游文化概念、特征、内容及其结构体系等基本理论问题的探讨。目前学术界对旅游文化的理论研究还存在许多分歧，比如不少以旅游文化为题的著作、论文其实只是研究旅游人文资源的形成和特性，无形中将旅游文化等同于一般社会文化，针对学术界在这些最基本问题的不同看法，本教材提出了许多独到的见解和看法，无疑为旅游文化理论提供了新的框架。

第二，本教材为人们了解我国旅游文化发展的来龙去脉提供了良好的途径。目前学术界关于旅游文化特征及其发展趋势的研究还比较少，对旅游文化的横向比较研究也较为薄弱，特别是对旅游业发展中文化规律的探讨不多，这无形中削弱了旅游文化研究的针对性和实用性。由于学界与业界置文化规律于不顾，理论研究远远滞后于实践活动，导致旅游业界经营和管理活动带有相当明显的盲目性、随意性，旅游产品吸引力小、生命周期短暂，投资经济效益低下。而本教材则充实了我国旅游业发展中文化规律的基本研究。

第三，本教材对旅游文化的概念体系、内涵外延做出了准确、科学的把握，对旅游文化和旅游文化学进行了全面、系统阐述。这既表明了当前我国旅游文化研究已经进入一个新的阶段，也无疑会促使旅游文化研究更加深入而细致，从而为促进我国旅游文化学的创立和繁荣抛砖引玉。旅游文化学是一门揭示旅游业经营与管理活动中人的智慧和实践创造能力的学科。文化和人是相辅相成的，人类创造文化，文化塑造人类，有文化的发展，才有人类的发展。旅游文化既是人类固有文化在旅游业经营与管理活动中的具体体现，也包括人们在经营与管理活动中创造出来的新的物质文化和精神文化。新创造的物质财富和精神财富，是旅游文化的核心和灵魂。旅游文化学研究旅游文化的本质和其发展的规律，从根本上说也就是从科学的高度对旅游业经营与管理活动中人的智慧和实践创造能力的研究和揭示，由此，人们才会进一步发挥主观能动性，开创出一个丰富多彩的产业世界。

第四，旅游文化学似乎是一门理论色彩很浓的基础学科，但从它的研究目的、特点及作用来看，它又具有应用性。《中国旅游文化》一书，基于对旅游业发展中重大现实问题的关注和反思，确立了为旅游业可持续发展服务的研究目的。旅游文化工作者要针对旅游业经营与管理过程中的难点、疑点、重点来开展研究，以保证研究成果可以直接指导实践工作。具体而言，旅游业产品开发的文化原则，旅游文化的目标模式以及建设机制，旅游业整体形象的塑造、辐射、维护以及旅游业对社会文化污染的防治等问题，都是旅游文化的研究热点。尽管应用化研究的加强可能使得本教材的理论研究集中于某一方面或某一点的概括和总结，一时难以求得全面性和系统性，但相信随着这些研究的深入，研究成果的进一步可操作化，旅游文化学将获得社会的广泛承认。

第五，旅游文化研究方法体系的完善。本教材从其他学科借用、移植的研究方法与传统文化学研究方法有机交融在一起，使旅游文化研究的手段、技术和模式有一个自然的更新，各项研究进一步确切化、精确化和科学化。随着现代科学技术的进步，旅游文化研究还将逐渐大量采用现代科学技术，计算机、信息控制等将直接应用于旅游文化的调查中，以便快速简捷地处理各种复杂的文化现象，使过去只能做定性分析的问题定量化，尽可能解决过去无法解决的重大问题。

全书共分为九章，具体编写分工为：长江师范学院陈国生负责第一章的撰写，衡阳财经工业职业技术学院李磊负责第二章的撰写。中南林业科技大学商学院黎黎负责第三章的撰写，衡阳财经工业职业技术学院梁超负责第四章的撰写，中南林业科技大学商学院李颖杰负责第五章的撰写，湖南科技经贸职业学院刘小凤负责第六章的撰写，中南林业科技大学商学院李普负责第七章的撰写，湖南工学院陈晓亮负责第八章的撰写，长江师范院田应华负责第九章的撰写，由陈国生负责全书框架设计和统稿。

本书适用于本科院校、高等专科学校、成人高校和民办高校相关专业使用，既可作为管理专业旅游文化课教材，又可作为非管理专业旅游文化概论课的教材，亦可供从事经济管理工作的人员参考阅读。

在编写过程中，我们参考了一些国内外出版的旅游文化学方面的教材、著作和论文，在此，向这些作者致以衷心的感谢。

由于受时间、水平、经验等主客观条件所限，书中缺点和不成熟之处在所难免，恳请同人批评指正。

编　者

2011 年 10 月

目录

第一章　旅游文化学概论

重点难点

1. 理解旅游文化的含义、构成
2. 理解旅游文化学的特征
3. 掌握旅游文化学的研究对象和内容

第一节　旅游文化的定义

旅游的核心问题是文化问题，旅游文化是旅游的精神和灵魂，是推动旅游发展的原动力。研究旅游，无论是将它作为一种经济现象，还是将它作为一种文化现象，都离不开旅游文化。

旅游文化是一门既和旅游学有联系又和文化学分不开的交叉学科，作为一门因学科交叉而形成的新兴边缘学科，旅游文化通常被作为旅游学学科体系的一个分支。对于一门尚在构建中的学科，首先要了解的是，它是一门怎样的学科？为什么会被称为旅游文化或旅游文化学？它的研究对象、研究内容是什么？为什么要学习和研究以及怎样去学习和研究？

一、令人困顿的旅游文化

从字面上看，旅游文化包括"旅游"和"文化"两个关键词，因此，要给旅游文化界定概念，首先应该搞清楚旅游与文化的含义。

对于旅游的含义，世界上几乎每位学者的理解和解释都不尽相同。沈祖祥先生在《旅游文化概论》中撷要归结为以下几种：交往理论、总和理论、休闲理论、离开理论、生活方式理论、访问和消遣理论、经济理论。

有学者从历史学角度出发，认为中国古代称旅游为"游"，游客、游子、游宴、游学、游猎、云游、遨游等，皆从游而来。还有一个几乎为官家所独占的"巡"字，实际意义与"游"相仿，但具有浓重的官家色彩，如巡使、巡守、巡检、巡抚、巡幸、巡视等。"观光"一词，开始时满是皇家气派，谓得位帝王明习国之礼仪。后来，称巡视考察政教风俗为观光。有的学者从经济学角度出发，认为：旅游是指非定居者的旅行和暂时留居而引起的一种现象及其总和。这些人不会永久留居，也不从事赚钱活动。有的学者从旅游三大主体构成部分出发，认为：旅游是由旅游者（主体）、旅游资源（客体）和旅游服务（条件）三大要素构成。旅游三要素既具有各自特定的内涵，又紧密地联系在一起，共同形成旅游，产生旅游价值。也有学者从文化学角度出发，认为：旅游是一种特殊的生活方式，其特殊性就在于不是为解决人们的物质需要，而是为了满足人们的精神需要。人们外出旅游，或领略大自然的神奇，或进行科学探秘，都可以得到多方面的精神享受，虽然在旅游过程中，要进行钱物交换，但整个旅游活动的最终效应，是以获得精神享受为指向。

如此种种，总体说来，关于旅游的解释比较有代表意义的有如下几种：

其一，日本学者浅香幸雄认为：旅游是人们为了休息、教养、娱乐、运动等目的，离开日常生活的范围所进行的一时的移动，为广义的娱乐活动的一种形态。

其二，联合国官方旅行机构则认为，到一国访问，逗留超过24小时的短期旅客，其旅行的目的属于下列之一者：悠逸（含娱乐、度假、保健、研究、宗教或体育活动），业务，家庭，出使，开会均称为旅游。

其三，美国的罗伯特·麦金托什和夏希肯特·格波特在《旅游学——要素·实践·基本原理》一书中，参照格洛萨瑞的意见，认为旅游的定义是："在吸引和接待旅客与来访者的过程中，游客、旅游设施、东道国政府和接待团体的互相影响，所产生的现象与关系的总和。"显而易见，由于对旅游的内涵和外延的理解不同，所以各家定义也有差异。虽然它们都有成立的理由，但又都是不全面的。

对于"文化"这一概念，南开大学哲学系教授陆扬在其著作《文化研究导论》一书中这样描述："这似乎是一个你不说我还明白，你一说我就开始糊涂的话题。"自有文字记载以来，学者们从不同视角出发，对"文化"作出了不计其数的定义。

20世纪50年代，美国人类学家阿尔弗雷德·克洛依伯和克莱德·克拉克洪在其著作《文化：概念和定义批判分析》一书中列举了历史上百余条不同的文化定义，并逐一进行解析。两位作者将五花八门、形形色色的文化定义根据一些"基本主题"进行归类，结果得出九种基本类型，它们分别是哲学的、艺术的、教育的、心理学的、历史的、人类学的、社会学的、生态学的和生物学的。然而，不论是历史文献之中还是今日正在流行的文化定义，都未必是这九种基本类型可以囊括。现今，距离上文所论之书出版时间又过去了大半个世纪，有关"文化"的定义可谓远逾百条。

综上所述，关于什么是文化的定义绝不是三言两语可以说清楚的问题。18世纪德国启蒙思想家赫尔德尔曾在其名著《人类历史哲学概要》中给文化定位过三个基本特征：其一，文化是一种社会生活模式，它是个统一的、同质的概念，无论作为整体还是社会生活的方方面面，人的每一言每一行都成为文化的组成部分；其二，文化是一

个民族的文化，用赫尔德尔的话说，它代表着一个民族的精华；其三，文化有明确的边界，文化作为一个区域的文化，它总是明显区别于其他区域的文化。这三个特征一直被认为是关于文化内涵的权威定论。著名的例子如英国诗人T. S. 艾略特，就接过赫尔德尔的文化定义，称文化是涵盖了"一个民族的全部生活方式，从出生到走进坟墓，从清早到夜晚，甚至在睡梦之中"。

理解了旅游文化的两个元概念"旅游"与"文化"之后，不难看出，旅游和文化这两个概念本身的复杂性，而且它们可以方方面面延伸开去，交织成复杂的知识网络。因此，不难想象现今学者们在旅游文化的具体定义上的纷争，甚至矛盾冲突了。为此，有学者发出这样的感叹：对旅游文化作何理解？是旅游过程所涉及的文化现象，是以旅游作为生活方式而创建的文化模式，是旅游主体"人文化成"过程加上旅游目的地文化冲突与涵化的过程，抑或是旅游中介体文化，诸如星级宾馆、现代交通和旅行社管理文化？凡此种种，似乎都可称为"旅游文化"。旅游文化，特别是作为一门学科的旅游文化学，应如何凸显出其赖以构成学科的独特性？旅游文化学以何种核心问题为自己研究的对象？

然而，要全面理清旅游文化的内涵与外延，追踪旅游文化学的来龙去脉很有必要。

二、旅游文化概念的溯源与当代旅游文化的定义

中国的旅游研究最早是从文化的角度切入的。旅游文化的研究可以追溯到1935年江绍原的著作《中国古代旅行之研究》。20世纪80年代初，中国就有人指出："一定意义上，旅游也是一种文化事业。"《中国大百科全书·人文地理学》最早正式使用了"旅游文化"一词。这个定义更多地解释了文化的类型及其在旅游活动中的作用，但没有讲明旅游文化的本质。1984年，旅游文化作为一个专业概念首次被提出，而第一部以"旅游文化"命名的专著是张复于1991年完成的。

近些年来，旅游文化作为一门学科的探索取得了一些重要成果。1995年，喻学才的《中国旅游文化传统》问世，成为旅游文化学领域的一部具有里程碑意义的作品。1996年，沈祖祥的《旅游与中国文化》又将旅游文化的研究推向高潮。此后，几乎每年都有几部关于旅游文化的著作问世。

几乎所有以旅游文化命名的教材，都给出了关于旅游文化的定义，而且思路也比较一致，即从文化入手，通过已有对旅游文化界定的参考，从旅游过程中主体遭遇、消费和产生的文化等思路框架，给出了自己的定义。

喻学才先生将从20世纪80年代起到2004年约20年的旅游文化学分为三个阶段，并分段作了详细阐述。这其中，对旅游文化的基本概念的探讨从未间断。具体表述如下：

(一) 20世纪80年代的旅游文化定义总结

这一时期，不少学者在论著或论文中，都试图对旅游文化加以界定。窦石认为，

旅游文化是一个金字塔结构的文化体系，其“主体应当是那些鲜明地反映了旅游经济和旅游活动的特殊需要部分”。除主体外，旅游文化还有广泛的部分，它表现在一般社会文化素养的普遍提高及其与旅游活动和旅游服务体系相交错的瞬间。杨时进在其由中国旅游出版社1987年出版的专著《旅游述略》中对这一见解作了进一步完善。魏小安则认为，旅游文化是通过旅游这一特殊的生活方式，满足旅游者求新、求知、求乐、求美的欲望，由此形成的综合性现代文化现象。此外，晏亚仙指出：“旅游文化，是根据发展旅游事业的规划和旅游基地的建设，以自然景观（名山、名水、名城、名景）和文化设施为依托，以包括历史文化、革命文化和社会主义精神文明为内容，以文学、艺术、游乐、展览和科研等多种活动形式为手段，为国内外广大旅游者服务的一种特定的综合性事业。”陈辽主张“旅游文化是人类过去和现在所创造的与旅游有关的物质财富和精神财富的总和”。喻学才在《中国旅游文化传统》第一章中写道：“所谓旅游文化，它指旅游主体和旅游客体之间各种关系的总和。”

（二）20世纪90年代前期的旅游文化定义总结

在这一时段当中，北京旅游协会曾于1990年6月和8月先后两次组织召开了以旅游文化为中心议题的学术座谈会，座谈会纪要载于《旅游学刊》1991年第1期。在座谈会的基础上，同年10月又与另外两个单位联合召开了“首届中国旅游文化学术研讨会”，该会以“旅游文化概念”为重点展开讨论，会议论文已汇集成《旅游文化论文集》（1991年由中国旅游出版社出版）。冯乃康的“会议纪要”将研讨会上对旅游文化的定义，概括为三种表述方式：

（1）旅游文化是人类过去和现在所创造的与旅游有关的物质财富和精神财富的总和；

（2）旅游文化是旅游主体、旅游客体和旅游媒体相互作用所产生的物质和精神成果；

（3）旅游文化是以一般文化的内在价值因素为依据，以旅游诸要素为依托，作用于旅游生活过程中的一种特殊文化形态。

20世纪90年代对旅游文化定义和特征加以研究的文章不多，这些定义相比20世纪80年代对旅游文化的定义并无多少新意，最多只能算是对上一阶段中国旅游学术界关于旅游文化的定义的一个阶段总结之作。

除此之外，比较有新意的有邓祝仁的《谈旅游文化及其特征》。作者认为旅游文化除了应包括主、媒、客三个方面外，还应包括人们对旅游的研究成果，如旅游心理学、旅游社会学、旅游哲学、旅游美学等。

（三）20世纪90年代后期的旅游文化定义总结

由于文化的定义到此时也并没有达成基本共识，学者们对旅游文化的认识和表达依然存在很大差异，综观这些论述，基本上都是从基本定义的角度进行研究。

在这一阶段，中国旅游学术界对旅游文化定义研究中较有特色的有如下几种：

其一，贾祥春提出，旅游文化是一种全新的文化形态，是环绕旅游活动有机形成的物质文明和精神文明的总和；

其二，王德刚给旅游文化下过这样的定义：旅游文化是旅游活动为核心而形成的文化现象和文化关系的总和；

其三，刘卫英和王立认为旅游文化的定义为“人类创造的有关旅游不同形态特质所构成的复合体”；

其四，谢春山提出旅游文化是传统文化和旅游科学相结合而产生的一种全新的文化形态；

其五，俞慈韵等提出旅游文化是旅游者和旅游经营者在旅游消费或旅游经营服务过程中所反映、创造出来的观念形态及其外在表现的总和，是旅游客源地社会文化和旅游接待地社会文化通过旅游者这个特殊媒介相互碰撞作用的过程和结果。

可见，中国国内对旅游文化的定义分歧比较大，仔细比较分析可以发现，其分歧主要可以归为如下三类：一是认为旅游文化是人类过去和现在所创造的，是与旅游相关的物质精神财富的总和；二是认为旅游文化是旅游主体、旅游客体和旅游媒体相互作用而产生的物质精神成果；三是将旅游文化看做以一般文化的内在价值因素为依据，以旅游诸要素为依托，作用于旅游生活过程中的一种特殊文化形态。

第一种说法无疑是简洁的，但在旅游文化与一般文化的关系上，笼统地用了一个“相关”的概念，不能具体指明作为一般文化的不同领域和具体表达的旅游文化与之不可分割的逻辑关系，而且“相关”得如何，相关到何种程度，都很难界定。在旅游文化的构成上，也援用流行的大文化观念。第二种说法深受旅游学和经济学分析的启发，将旅游活动的“三体”作为旅游文化创造的主体，界定范围较前者有所缩小，但是有些旅游文化内容也没有归纳进去。具体地说，就是在现代旅游没有大规模发展之前，人类几千年中的旅游活动创造的旅游文化，还没有现代意义上的旅游媒体或客体。但此说也提供了一个基本的视角，就是按现代旅游活动的“主、客、媒”三体审视旅游文化的发生、碰撞，这无疑是具有新意的第三种代表性意见。第三种说法将旅游文化与一般文化贯通起来，提出一般文化的内在价值因素是旅游文化的依据，以旅游六要素作为旅游文化的实际依托。这也为之后的旅游文化定义研究打下了一定的基础。

既然文化的边界敞开大门，旅游文化的概念扩展也是必然的事情。随着近几年旅游文化学研究的深入，关于旅游文化的定义也有迈向纵深的趋势。

王大悟先生在其《旅游文化之当代解读》一文中对此趋势作了详细的说明：“文化可以高度概括为遗产性文化和消费性文化两大类。遗产性文化就是人类祖先和前辈们一代代保存或流传下来的文化，它们在今天已没有或不太有实用的价值。但它们不仅记录了历史，描绘了人类发展的轨迹，同时也指导着当代人更好地走向未来。另一类则是在当今现实生活中出现并不断变化的五光十色的文化。人们无时无刻不在消费文化，即消费当代制造出来的所有物质产品和非物质产品。文化成为一个经济要素，商品消费与文化消费已融合在一起。在现实生活中，遗产性文化与消费性文化也不可能那样的泾渭分明。”在谈到旅游文化的内涵与外延时，王大悟先生进一步论述道：“其一，旅游文化是一种典型的消费性文化。旅游业早已列入中国国民经济序列，并已壮大成为旅游产业。旅游业的经济属性已毋庸置疑，一些旅游资源丰富的不发达地区更是把发展旅游业作为振兴当地经济的先导产业和支柱产业。2006 年，中国旅游业的总收入为 8936 亿元，这就是全球和全中国的旅游者消费旅游产品的经济贡献。这中间，除了对纯自然风光类产品的消费之外，所有其他包括游、行、食、宿、购、娱及信息的一切消费，都是广义上对人类文明成果的消费，连汽车、高速列车、大桥、传统农家菜、红色圣地、古老民居、地下墓穴等，都是旅游文化消费的构成元素。其二，旅游文化是生活文化。旅游文化必须是与社会生活密切相关的。旅游是什么？是生活；文化是什么？也是生活。生活，就是旅游文化的核心生命力。脱离了生活，旅游产品就成了无根之木，无源之水。旅游文化只有与人民生活息息相通，为人民所喜闻乐见，才是有持久生命力的文化。‘旧时王谢堂前燕，飞入寻常百姓家’，这才是打造旅游文化的顶级功夫。其三，旅游文化是资本驱动型文化。一种旅游文化要进入生活消费领域，其背后必然隐藏着资本的力量。旅游文化不是把现成的文化资源拿来就卖的，它必然有一个制造成商品的过程。追求资本利润是市场经济运转的基本动力，旅游文化必然成为投资者谋求利润的工具和载体。资本的介入，能把某种经济更加贴近人们生活地进行包装，借用某些技术手段，通过当代传媒的有效炒作，使之脱颖而出，成为流行的旅游文化，成为看点、亮点、热点、卖点和兴奋点。其四，旅游文化是创意文化。价值，作为‘市场的灵魂’(Spirit of Market) 是支配着旅游客体（旅游者）和旅游文化创意主体（开发商、投资者、策划人、规划编制单位、旅游主管部门等）息息相通的强大推动力和凝聚力。因为只有有了市场，才有旅游，才能生存与发展。在过去，文化与消费者是简单直接的 C（Culture）—C（Consumer）的关系，即本源文化直接进入市场。而创意产业的出现，则使文化与产业结合，形成了文化产业（Culture Industry），这样在文化与消费者之间就插入了 B（Business）的环节，变成了 C—B—C 的新结构。这里的 B，含义极广，泛指对旅游文化进行创意，并制作、宣传、销售的一切机构。”

然而，作为一种社会性活动，“旅游”在不同学科中和不同背景之下，自然有不同的理解。如社会学、经济学、美学等学科结论各异，或被理解为短期的生活方式，或被解释为因移动和暂居引起的经济关系总和，或被认定为人的审美活动，或被释义为食、住、行、游、娱、购的综合性活动。李学江先生抛开学科之间的具体差别给旅游作了一个大而化之的定义：旅游是旅游者离开居住地旅行游乐的连续过程，是旅游者

在居住地和目的地间的移动。它包含以“游”为主的旅游、以“旅”为主的旅游两个类别和旅游活动涉及的旅游者、旅行、游乐、客源地、目的地等内容，与之对应的旅游文化应该多种多样。

而对于“文化”一词，则抛开物质和精神方面之间的对立，用一种更为广义的方式定义文化：物质文化和精神文化的总和，是人类创造的有别于自然的一切。此外，广义的文化也被认为是物质文化、精神文化、制度文化、行为文化的总和。

基于以上认识，“旅游文化”概念可在“旅游”与“文化”的联系中理解和把握。“旅游”的两个类别：以“游”为主的旅游和以“旅”为主的旅游，以及旅游者、旅行、游乐、客源地、目的地等内容与“文化”之间可以建立广义的“旅游文化”概念。

如果采用大而化之的方法，大致可以这样描述旅游文化：旅游文化是人类文化的组成部分，人们在旅游活动中，为了享受和发展，以旅游者为主体，以旅游资源为客体，以旅游业为纽带，以旅游群体生活和心理互动为形式创造出的旅游环境、旅游方式、旅游习俗的总和构成旅游文化。它既有物化方面的内容，也有精神方面的内容，还包括制度和行为方面的内容。它是应旅游需求而产生，为旅游活动所创造，由旅游活动来实现，贯穿于吃、住、行、游、购、娱等旅游活动的全过程，并随着旅游活动而形成的物质财富和精神财富。物质财富主要有旅游的服饰、建筑、餐饮、商品、交通、卫生、通信、游乐、信息及其有关的设施等；精神财富主要有旅游的文学、艺术、科学、教育、习俗、道德、政策、法规等。但从根本上讲，旅游文化是人类在旅游活动过程中衍生出来的价值观、态度、信念、意义系统。

基于上述旅游文化的具体定义，旅游文化可以包括最外层的物质文化，如建筑、园林、器物、工具、饮食、服饰等，这些都是有形的，有能被人的感知器官所感受到的物质形态。中间层次的制度文化和行为文化，其中，制度文化是旅游者和旅游经营者处理个人与他人、个体与群体之间关系的产物，包括旅游活动参与者应遵守的法律、规章以及职业道德等约束机制，它是旅游行为的定型化、程序化、道德化，主要由政府、集团、机构等运用强制手段制定和实施；旅游行为文化，则主要是指旅游者和旅游经营者在旅游活动中的约定俗成的习惯定式行为，如礼俗、礼仪、民风、民俗、行为举止和服务方式等，它实际上是旅游者或旅游经营者个体的自发性行为，是其内在的价值观念、审美情趣、思维方式等因素在其行动中的表现。核心层的精神文化或叫心态文化，它是旅游活动参与者的文化心态及其在观念形态上的表现，包括社会心理和社会意识形态，由价值观念、审美追求、道德情感、思维方式等主体因素构成。

这三者之间的关系是由客体到主体紧密相连、不可或缺的关系。物质文化是旅游文化的外在显现或外在的物化，能够直接为人所感知，也因其有形故易于模仿和创造，但要真正具有魅力必须在物态化的背后体现出创造者的一种精神、观念和追求。心态文化是旅游文化的核心，必须有意识地外化于物态，才能为人所感知，为人所了解，从而使自己的观念、追求、情趣、情感等能引起他人的共鸣。因此，物质文化和心态文化互为表里地对立统一于整个旅游活动中。

三、旅游文化的特征

作为人类生活观念形态的一种反映，旅游文化是贯穿在整个旅游活动中的内在因素，它的产生与发展必然要建立在一般文化的基础上。而且文化的本质在于创新，旅游文化不是一般社会文化向旅游领域的简单移入或嫁接，而应该是以一般文化形态为基础创造出来的新型文化。同时尽管旅游活动古已有之，其中不乏文化因素，但旅游文化作为一门独立的学科却应该是现代的事情。

旅游文化是一种全新的文化形态，是旅游活动发展到一定阶段，以旅游活动为核心而形成的关于旅游的文化本质及其发展规律的学科。它揭示了旅游活动本质上是一种文化活动，旅游业的发展在遵循经济规律、生态规律的同时，还必须遵循文化规律。从广义上说，它是一门从文化方面研究人类旅游活动发展规律的学问；从狭义上说，它研究的是在现行的市场经济社会中，人们如何合理开发利用过去所创造的旅游文化遗产，如何创造具有时代精神和地域特色的新旅游文化的问题。

旅游文化属于社会文化的一种，它具有一般文化的共同属性，但更具有独特的个性。

（一）旅游文化与社会文化的共性

从共性上看，它和一般文化一样，由人类创造，普遍存在着人为现象，包括物质财富，如衣着服饰、生活设施，也包括精神财富，如文学艺术、宗教信仰等，同时也有人类文化象征物，如语言、遗迹、雕塑等。旅游文化与社会文化的共性主要表现为地域性、承袭性和交融性。

1. 地域性

地域性就是指地域差异性。美国学者爱尔伍德在《文化进化论》一书中提出自然环境说。其核心思想是，人类的文化，像树上的果实一样，依照气候和其他地理条件而产生。东、西方这两个不同的地域就孕育了千差万别的文化。陈独秀在《东西民族根本思想之差异》一文中透彻地指出："西洋民族以战争为本位，东洋民族以安息为本位。西洋民族以个人为本位，东洋民族以家庭为本位。西洋民族以法治为本位，东洋民族以感情为本位。"这种地域性文化形成的社会环境的因素之一就是民族环境，民族分布的地域性又是文化地域性形成的原因之一。正是这种文化的地域性、民族性构成了旅游吸引物的魅力，从而促进了国际旅游的发展。

2. 承袭性

承袭性即文化的继承性。一种文化一旦形成，便会在特定群体中代代相传。继承下来的文化既包括物质的，如陕北黄土高原的窑洞饮食文化，经过几千年发展演变，逐渐形成的烹、炒、煎、炸、炖、煮、酱、腌、炙、熘、熏、烤等多样化的烹调手法；也包括精神的、无形的，如价值观念、思维习惯、行为方式、民族性格，通过潜移默化的内化过程沉淀于潜意识底层。文化的承袭性使文化具有相当的稳定性，今天，旅游者能够领略不同地域千差万别的文化景观，就有赖于文化的这种特性。实际上民族的价值观念、思维习惯、行为方式和情感模式的承袭性，不仅在于沿袭，更重要的在于变化和演进。比如把中国的历史文化分为原始文化、农业文化和现代文化三个阶段，分别代表原始社会、传统社会和工业社会的特征，这种文化的变化和演进在旅游过程中是随时可以感受到的。

3. 交融性

交融性是指不同文化系统之间的冲突、交流和融合。古今中外，由于各地文化发展的不均衡，文化的交流冲突从未中断。汉、唐、明是中原地区与西域及其边远地区文化交流的繁荣时期，尤以唐朝为盛。当时的绘画、歌舞、服饰、器具大多带有西域文化的风尚，唐时，胡舞龟兹曲风靡长安，“洛阳家家学胡乐”。少数民族乐器也多有传入内地，并且沿用至今。中国文化不仅在内部各族的相互融会、相互渗透中得到发展，而且在与外部世界的接触中，先后吸收了中亚游牧文化、波斯文化、印度佛教文化、阿拉伯文化以及欧洲文化的部分内容。文化交流促进了洲际、国际、族际的文化认知，并以此为基础进行新的文化创造，使整个文化机体保持旺盛的生命力，同时还给后人留下数量巨大、价值极高的文化遗存。

（二）旅游文化的个性

从个性上看，一是旅游文化具有明显的“动态”特性，是旅游者在旅游活动过程中创造出来的；二是旅游文化是以追求享受为目的，而一般文化是以生存为目的；三是旅游文化是应旅游的需求而产生，为旅游活动所创造；四是旅游文化具有迁移性，可以将一定的旅游文化内容，在一定迁移条件和途径下进行空间移动；五是旅游文化具有动感性，人们旅游，“登山则情满于山，观海则意溢于海”，景融于意，意见于情，通过所看到的景物体悟其背后的“情动”，产生“流动美学”。

除此之外，旅游文化还具有如下特征：

第一，普遍性与大众性。在现代社会中，旅游是社会生活中的普通现象，是现代人生活的重要组成部分。由于旅游活动的开展，必然引发旅游文化的交融，旅游文化的交融，有利于世界文化的交流，是促进世界文化进步的重要手段。

旅游文化可以说是人类过去和现在所创造的与旅游有关的物质财富和精神财富的总和，旅游参与活动中所感受到的精神文明和物质文明。它不是狭义的文化，而是广泛的文化；它不是为少数人所占有，而是属于整个民族和人类。它具体体现在无论什么肤色人种，无论什么宗教信仰，无论哪个社会阶层，雅俗共赏，老少咸宜，为大众所创造，又为大众所享受。

第二，渗透性与综合性。旅游文化学是对旅游活动中文化现象综合性的、总体性的考察。它不像某些专门的具体科学，仅仅涉及人们旅游生产或生活活动的某一方面、某一领域，而是涉及旅游的各个方面、各个领域。因此美国学者麦金托什才说“旅游文化事实上概括了旅游的各个方面”。由于旅游文化导源于社会生活的多个方面，旅游文化的交流也被渗透到社会生活的多个方面，不仅反映在旅游活动行、住、食、游、购、娱六大要素之中，还体现在旅游企业的管理和服务艺术、技巧水平上。此外，旅游文化还包括了旅游历史文化、现代文化、民族文化、宗教文化、园林文化、建筑文化、服饰文化、饮食文化、交通文化、娱乐文化、当地文化和外来文化等。而旅游文化学着重考察体现在旅游活动中各个方面、各个领域的文化现象之间的相互联系和关系，以及旅游文化与旅游经济之间的相互联系和关系，从而揭示这些文化现象背后包含的共同的普遍的本质，揭示旅游发展的一般规律和特殊规律。

第三，旅游文化的多样性。旅游是给人们提供求知识、求新异、求康乐的文化活动。这就要求旅游产品应具有知识性、艺术性、科学性、趣味性和娱乐性，并通过多种形式来表现，才能引人入胜，常盛不衰。另外，由于旅游文化有着不同的主体，而且不同的主体在旅游文化中所扮演的角色不同。因此，通过不同主体表现出来的旅游文化也有较大的差异。同时，由于地域气候各异、民族不同，各有其文化传统和民族特色，旅游产品往往是因地制宜发挥各自民族文化的优势，来表现自己的特点。如哈尔滨以北国独特的冰雕文化闻名遐迩，而广东却以南国的花卉吸引着海内外游客。再者，现代旅游文化既要继承和发扬各国的传统文化，又要通过运用现代的科学技术创造和发展更加新颖的旅游产品，体现出现代崭新文化的特点。

第四，理论抽象性和经验具体性的统一。这是由文化和旅游的特点共同决定的。文化现象是作为人们社会生活的经验现象而存在的，是具体的而非抽象的，是形象性的而非概念化的。旅游文化现象更是如此，它要直接为旅游者所享用，是活生生的，在很大程度上是人们通过感官可以感知的。作为以旅游文化现象为研究考察对象的旅游文化学，从这方面来说，就具有经验的、实证的性质。但是，旅游文化学对旅游文化现象的研究考察，最终的目的在于揭示旅游文化现象背后所包含的本质和规律，这个过程离开人们的理性思维、离开抽象和概括又是完成不了的，从这一方面来说，旅游文化具有理论的、抽象的性质。研究文化学的人认为，文化学较之一般的具体的经验科学，有着相对较高的理论层次，不完全属于经验性的、实证性的具体学科；它较之哲学又是具有相对较低的理论概括层次，不完全属于哲学理论的世界观的学科。旅游文化学亦当如此，它既具有理论抽象性，又具有经验具体性。

四、中国旅游文化的特征

受中国文化的发展历程及其特性影响，中国旅游文化的特色十分鲜明，表现为历

史悠久、生命力强、积淀深厚三个方面。

（一）中国旅游文化历史悠久，源远流长

华夏5000年文明，从茹毛饮血的原始社会历经漫长的奴隶社会、封建社会、近代社会，进入现在的工业社会，每一次朝代的更迭、政权的转换，都是推动文明发展的历史车轮，并留下了大量的文化遗产。中华文化汗漫似海，累积层叠，灿烂辉煌，是民族发展的无穷滋养和动力，是永恒的精神长城。历史文化是无价的，而辉煌灿烂的历史文化更是后人难以逾越的高峰。

（二）中国文化具有强大的生命力

在世界文化的历史舞台上，出现过许多优秀的文化体系。英国史学家汤因比指出，在近6000年的人类历史上，出现过26个文明形态，其中埃及文化、苏美尔文化、密诺斯文化、玛雅文化、安第斯文化、哈拉巴文化、中国文化被称为人类原生形态的“母文化”。在它们之中，唯有中国文化历经数千年从未中断，延续至今。这种强大的生命力，与它的同化力、融合力、延续力等息息相关。所谓同化力，是指外域文化进入中国后，大都逐步中国化，成为中国文化体系的重要构成部分。所谓融合力，是指中国文化并非单纯的汉民族文化，而是以汉民族文化为基础，吸收境内不同民族、不同地域的优质文化，形成内涵丰富、博大精深的中华文化。中国文化的同化力和融合力是在历史中形成的，它不是偶然的文化现象，而是一种文化生命力的表现。这种强大的同化力和融合力，是其无与伦比的生命延续力的内在基础。黑格尔在比较各个文明古国之后说：只有黄河、长江流过的那个中华帝国是世界上唯一持久的国家。中国旅游文化与中国5000年文明史一样生生不息，其演进过程从未中断，而且借助自身强大的同化力、融合力和延续力，形成了独具东方神韵的旅游资源，为中国旅游事业的发展奠定了基础，提供了条件。

（三）中国旅游文化积淀深厚

在中国，古人类遗址、宫殿陵寝、王府民居、特色城镇、名人故居、村寨城堡、弄堂胡同、宗祠牌坊、石窟园林、亭台楼阁、桥梁水利、书院会馆、战争遗迹、碑塔寺观、壁画岩画、书法雕塑、歌舞音乐等历史文化遗产比比皆是，极具旅游价值。中国文化在长期历史发展过程中，不仅创造了辉煌灿烂的物质文化，还创造出能够指导中华民族不断前进的精神文化。这种精神文化体现了中华民族特有的思想观念、价值体系、审美趋向、民族性格。无论是“天行健，君子以自强不息”的刚健有为精神、“地势坤，君子以厚德载物”的宽容大度气概，还是强调人与自然相统一、人的行为与自然相协调、道德理性与自然理性相一致的“天人合一”观念，“民为贵，社稷次之，君为轻”的民为邦本思想，都是人类思想体系中的宝贵遗产，具有强烈而积极的精神激励功能，激励人们尊重人的价值和尊严，激励人们自觉地维护社会的整体利益，激励人们形成强烈的趋善求治的价值取向。这些精神文化同样对旅游者具有十分强大的感召力。

第二节 旅游文化学

旅游文化的定义众说纷纭，那么，旅游文化学又是什么呢？它有没有定义的可能呢？

旅游文化学从广义上说，可视为对于旅游文化的研究，这样它的外延和内涵就相当的广阔了，它的研究对象纵向上从人类第一次旅游活动开始，横向上则可以把触角伸向旅游活动的方方面面。显而易见，当一门学科变得无所不包，实际上并不利于这个学科自身的确立和发展。

因此，当前学术界提及的旅游文化学，大都是比较专门意义上的旅游文化学。然而，旅游文化学并不像诸如经济学、文学和历史学等传统学科，旅游文化学迄今难觅明确的定义，也没有一个相对固定的范围。它游走在各个传统学科的边界之间，同人类学研究、社会学研究和历史学研究关系非常密切，其他像语言学、心理学、经济学和文学等，也都是它的后援。因此，与其尝试背靠宏大的叙事来给文化研究下一个定义，倒不如看看它具有哪些特点来得更为实在。

一、旅游文化学的特征

（一）旅游文化学的跨学科性质

旅游文化学发展的时间并不长。但是，与文化研究一样，旅游文化学的跨学科性质是与生俱来的，而且现在仍然保持得很好。最早涉及旅游文化学的是人类学学者。1963 年文化人类学学者努涅斯发表了一篇关于一个墨西哥山村开展周末旅游带来的社会文化影响的论文，对于旅游文化学来说，是具有里程碑意义的。

20 世纪 70—80 年代，研究旅游对目的地社会、文化的影响已经成为旅游文化学的主流，并把旅游开发与社区文化建设联系起来，研究如何使两者更好地互动。

20 世纪 90 年代后，学者又转向从可持续发展视角出发，进行旅游文化系列研究，形成相应理论、观点，他们开始思考如何达到社会文化方面的可持续发展，认为旅游引发了当地社会文化的变迁，因而把旅游看做一种文化涵化和文化发展形式。

随着对旅游活动认识的不断深入，旅游文化学的研究范围不断扩展，旅游经济学、旅游心理学、旅游美学、旅游社会学等分支学科的产生和发展，使旅游文化学逐渐成为旅游学的一个分支学科。

（二）旅游文化学的综合性性质

旅游文化学具有明显的综合研究性质。旅游文化学所涉及的各门学科各有其自身的内在规律性，旅游文化学必须吸收其他相关学科的知识来充实自己。在吸收其他学科知识时，不是对各门学科知识予以简单加总，而是对其他各门相关学科有用知识进行、汲取、重铸与整合，将不同学科的概念、方法和技术手段相互融汇、相互借助，形成旅游文化学自身独立的系统理论体系。旅游文化学并不消极被动地依赖于原有的母体学科，而是有自身的矛盾运动进程和独立的体系结构，因此，是一门综合性学科。

二、旅游文化学的分支研究

旅游文化学是商业文化研究的一个分支，是旅游学和文化学的结合，也是旅游学研究的进一步发展和深化。作为一个旅游者，仅仅知道旅游，只是一个看客；不仅知道旅游，而且知道文化，才是一个真正的旅游者，才称得上是一个旅行家。文化的本质在于创新，旅游文化不是旅游和文化的简单相加，也不是各种文化的大杂烩，它是传统文化和旅游科学相结合而产生的一种全新的文化形态。对于旅游文化来说，其他各种文化都是“原材料”。

旅游业作为一种产业活动，直接体现为一种商业行为。但是，从本质意义上说，旅游是一种文化行为。旅游是人与环境之间的一种互动，旅游者获得的是心理和精神上的满足。旅游是人摆脱了生存压力后的一种非功利性的自由活动，集游戏、学习、审美等活动于一身。山、水、林、田本身是自然，但欣赏它们的活动却是文化。旅游文化学是从文化的视角研究旅游的知识系统，是把旅游作为文化的对象和内容加以研究的一门学问。

在旅游活动中，旅游者头脑中原有的思想观念、心理特征、思维方式等文化因素与目的地的异质文化因素的相互碰撞与结合，逐渐形成一种新的文化形态。而旅游经营者经过潜心地研究本国本民族的传统文化，并进行适当的取舍，吸收一些外来文化，精心加工、组织和开发成为供旅游者观赏或享受的旅游文化产品，创造了旅游文化；旅游客体本身反映着人的智慧和力量，有相当的文化因素的成分，它是人们内心的价值观、审美观等精神因素的外在表现，其本身也是旅游文化不可或缺的组成部分。因此，所谓旅游文化实际上是以一般文化的内在价值为依据，以行、吃、住、游、购、娱六大要素为依托，以旅游主体、旅游客体、旅游介体和旅游研究之间的相互关系为基础的，在旅游活动过程中业已形成的观念形态及其外在表现的总和。它既是物质的，也是精神的。旅游文化的内涵十分丰富，外延也相当宽泛。不仅涉及历史、地理、民族宗教、饮食、园林建筑、民俗娱乐与自然景观等旅游客体文化领域，而且还涉及旅游者自身文化素质、兴趣爱好、行为方式、思想信仰等旅游主体文化领域，更涉及旅游业的服务文化、商品文化、管理文化、导游文化、政策法规等旅游介体文化，从而形成了旅游文化人类学、旅游文化心理学、旅游文化地理学、旅游文化管理学、旅游文化社会学等对旅游文化活动进行多角度研究的分支领域。

（一）旅游文化人类学

人类学作为一门研究人类体质和社会文化的独立学科，自19世纪中期形成以来，在国际上已逐步发展成为一门关系人类生存与发展的决策性学科。经过100多年的发展，人类学的理论积累日渐丰厚，理论流派与分支学科趋于多元化。旅游文化人类学就是人类学的一个重要分支，它是从旅游文化的角度研究人类的学科。即从物质生产、社会结构、人群组织、风俗习惯、宗教信仰等各个方面，研究整个人类旅游文化的起源、成长、变迁和进化的过程，并且比较各民族、各部落、各地区、各社区的旅游文化相同之点和相异之点，借以发现旅游文化的普遍性以及个别的旅游文化模式，从而总结出社会发展的一般规律和特殊规律。20世纪60年代，西方人类学家开始用文化人类学的理论和方法研究旅游文化现象，历经40年的发展，形成了多种理论、观点，积累了一定的研究成果，促使文化人类学与旅游学交叉而形成了新的分支学科——旅游文化人类学。人类学者对于旅游的研究有其独特的角度，其以人为本的研究理念、基础研究和应用研究相并重的研究方法，为旅游文化学提供了多重的视野。

（二）旅游文化地理学

旅游文化地理学主要研究旅游文化区及其形成发展规律。对旅游文化区的分析研究是为旅游开发提供理论基础和依据。旅游文化区的旅游开发应在独特性、保护与发展并重、游客参与、经济和社会及生态效益相统筹的原则下，从整合旅游景观文脉、开发旅游新内容、树立鲜明的区域旅游形象和构建体系文化内涵的旅游景观体系等几个方面来构建旅游景观。重点关注旅游的文化内核，建立旅游文化区景观体系，以充实旅游产品，延长旅游地的生命周期，实现旅游业的可持续发展。旅游文化学和人文地理学是旅游文化区的理论基础，旅游文化是旅游文化区的主要内容，人文地理学和文化地理学的文化扩散、文化整合和文化景观及相关前沿探索是分析旅游文化区的研究框架，并在对旅游空间结构模型调整、完善的分析上，构建旅游文化区核心—过渡—边缘空间模型。

（三）旅游文学

这门学科是从传统的山水诗文研究发展而来，已举行了四届旅游文学研讨会，就已发表的论文来看，多数集中在对旅游文学的定义、历史发展分期、起源及发达原因、作家作品的研究等方面。

（四）旅游文化哲学

这门学科主要研究旅游文化学的一般原理和方法等基本问题。任何学科的边界都是相对的，许多重大突破和重大成果都是在多学科交叉处取得的。旅游文化本身是跨学科的，旅游文化学本质上的多样性，呼唤多学科的综合研究，这就需要大尺度的“旅游文化学”，形成由不同学科切入、遵循不同学科方法进行研究的多元综合方式，最终形成独具特色的旅游文化学研究方法，因此，旅游文化的研究必须打破学科界限，运用多学科方法进行综合研究，而旅游文化本身又可以作为方法或方式。以文化旅游为代表，面对丰富的旅游文化现象，需要有相应的旅游文化理论。旅游文化学是研究旅游活动的人文本质的科学，旅游文化学应用到文化旅游资源开发上，其意义在于为旅游经营提供了一种“以人为先”“以人为本”的管理哲学。要求首先研究人，即旅游者、当地居民和开发商的特性及其相互关系。这与传统的旅游开发将工作重心放在旅游经济效益的追求截然不同。文化旅游学的理论和方法应用到旅游开发上，主要有两项重要的工作要做，一是采用文化学研究方法中被称为“影响分析”的方法，将区域的政治、经济、社会、文化、环境等相关因素都放在一起考虑，对旅游地开发后可能出现的社会文化影响进行评估与分析；二是将社会文化目标融入旅游开发中，提出在旅游开发中对旅游的文化影响进行监督和调控的一般方法。田野调查方法是旅游文化学学者最常使用的方法，即实地考察人类社会的方法，这是文化人类学学者的基本功。实际上田野调查方法是对观察法、社会调查法等方法的一种综合运用，它通过实际考察人类社会来获得研究的第一手资料并验证各种假设。田野调查研究分三个阶段进行，其中第一阶段的准备工作主要是明确目的，形成假设，拟订提纲；了解情况，收集资料；组织分工，建立制度。第二阶段的实地调查主要工作是开好调查会；个别访谈；及时收集实物。第三阶段的整理分析主要是分类整理；分析问题；综合意见。

（五）旅游社会学

真正意义上从社会学角度研究旅游始于 20 世纪 70 年代，耶路撒冷希伯莱大学社会学和社会人类学系学者埃里克·科恩发表的《从社会学角度看国际旅游业》，是一篇重要的旅游社会学论文，旅游社会学的研究由此形成。1977 年美国密执安大学商学院罗伯特·麦金托什和夏希肯特·格波特合著的《旅游学——要素·实践·基本原理》，其中旅游社会学的研究占有重要的位置，对旅游社会学的形成和发展起了很大作用。

三、旅游文化学研究的对象和内容

从学科体系建设和发展的规律来看，一门学科的研究体系在逻辑上应由其研究内容所决定，而研究内容取决于该学科的研究对象和研究目的。

对于旅游文化学这样所谓的交叉学科来说，由于它是在几门相关学科基础之上建立起来的，其研究对象和研究目的相对于一般学科来说有其特殊复杂性，因为它的研究对象和研究目的要受所有与其相关基础学科的影响和制约。

以旅游文化作为主要研究对象，是旅游文化学区别于其他学科的最根本的特点之一，也是旅游文化学之所以能够成为一门独立学科的前提。旅游文化学的研究对象是人类社会的旅游文化及其运动规律，研究旅游文化活动的基本规律、普遍原理和通用方法。旅游文化活动的复杂性和广泛性决定了旅游文化学研究内容的综合性。旅游文化学理论研究涉及旅游文化的性质与功能、旅游文化史、旅游文化科学、文化旅游开发与营销等，具体内容包括：

（一）界定旅游文化学基本概念的内涵和外延

旅游文化是旅游文化学研究的基本问题，旅游文化基本内涵和外延的界定对旅游文化学研究的范畴有着直接的指导意义。对于旅游文化学的一些基本概念，如旅游文化景观、旅游文化现象、旅游文化扩散等必须予以廓清。区别文化景观与文化现象的重要特征之一是看其是否具有空间位置的固定性，例如，铁路和火车都是人类创造的文化要素，由于铁路在空间位置上具有固定性，它是文化景观，而火车在功能性质上是运动的，因此，它不是文化景观。此外，有许多民俗活动、文化活动，由于不具有空间位置的固定性，所以不属于文化景观，而是一种文化现象或事物。旅游活动因其在区域经济中的影响力的迅速提高而日显重要。旅游资源在开发利用上的特殊性和可持续发展方面面临的问题，以及"假日经济"等时事热点问题都是本单元重点关注的。而且由于旅游景观的多样性将涉及与历史文化有关的方面、旅游业发展的经济规律等问题，因此自然会涉及多学科综合理解和分析阐述，具有较高的学科综合性。旅游活动具有动态的特点，涉及区域发展、区域间差异和交通运输联系等方面，也是地理学科的重要素材领域。同样，旅游文化与文化旅游也不相同，文化旅游是指以特殊人文知识或纪念意义为背景组织的参观旅游活动。而旅游文化是以一般文化的内在价值为依据，以行、吃、住、游、购、娱六大要素为依托，以旅游主体、旅游客体、旅游介体和旅游研究之间的相互关系为基础的，在旅游活动过程中业已形成的观念形态及其外在表现的总和，主要指旅游产业的发展历史和经营风格、经营特色。前者强调旅游的性质和内涵，是文化；后者注重文化的主题，是旅游。从概念上讲，一个是一种文化，一个是一种旅游。

（二）揭示旅游文化的基本运行规律

研究旅游文化产生的规律、文化旅游市场供求规律、旅游文化扩散规律、旅游文化开发规律、文化旅游营销规律等。如研究旅游文化空间扩散作用意义十分明显。在空间上某种旅游文化现象从一地传到另一地为旅游文化空间扩散，由一代人传给下一代人为旅游文化传承，两者一起构成旅游文化传播。旅游文化扩散的主体是人，区别是两种不同类型的旅游文化扩散，主要依据是扩散中人的空间移动距离。没有旅游文化的扩散，就没有旅游文化的发展。广播电视、通信卫星等媒体的发展，对旅游文化扩散也有极大的促进作用。

（三）探索旅游文化学的理论体系问题

在研究旅游学发展史的过程中，旅游学最早是从经济学的角度来探讨旅游给旅游目的地社会带来的经济影响。但随着旅游活动的发展、旅游规模的扩大和旅游学研究的不断深入，人们逐渐发现，旅游的影响远远超出了经济领域。

首先，虽然旅游活动的实现必须以经济上的支付能力为后盾，但仅仅具有经济条件是远远不够的，它还涉及社会传统，人的心理、爱好和性格，社会管理政策等非经济因素。

其次，旅游活动对东道社会的经济影响是显而易见的，但除此之外，政治上、文化上和心理上的影响也客观存在，而且从某种意义上讲，这种政治上、文化上的影响远远大于经济影响。而且，在某些特定情况下，政治、文化的影响和作用甚至成为某些地区和政府发展旅游业的主旨。政治、文化上的影响又是双向的，既包括旅游者对旅游目的地的影响，又包括东道社会对旅游者的影响，既有积极影响，又有消极作用。

再次，旅游产品的生产和组合不单纯是一种经济行为，也是一种文化行为，并且越来越多地进行文化参与，单纯的经济运作已不适应现代旅游的发展趋势。

最后，旅游障碍的克服并非单纯的经济手段所能实现，必须借助政治的、文化的政策和影响。上述问题的发现和提出，使人们走出了单纯经济研究的狭窄领域，而转向了将旅游作为一种综合现象（更多地把它看做一种文化现象）来研究，并且对旅游的认识也提高到了认为它是现代人类社会生活的重要组成部分和生活质量提高的重要表现的高度。正是由于认识的提高，才使人们对旅游文化学研究对象的认识有了准确的定位。由于研究不同的对象，便产生不同的理论。旅游学的理论体系就是在研究上述四个方面的对象的过程中建立起来的。在这一过程中，旅游学借助了与上述领域有直接关系的相关学科的理论和方法，融合了相关学科的某些内容，构建起了一个新的综合性的理论体系框架。

四、研究和学习旅游文化学的意义

旅游文化学是研究旅游活动和旅游业对社会文化的影响的一门学科。旅游既是一种经济现象，也是一种文化现象。旅游活动和旅游业的发展，必然对社会、政治、文化等方面产生广泛的影响。这种影响既有积极的，也有消极的。因而，旅游学必须注意研究旅游活动和旅游业的发展可能产生的各种社会效果，并制定出促进积极影响和抑制消极影响的措施，以保证旅游活动和旅游业的健康发展。

（1）旅游者的旅游行为是一种文化消费行为，其外出旅游的动机和目的在于获得精神上的享受和心理上的满足，而旅游经营者要达到赢利的目的就必须提供能满足旅游者文化享受的旅游产品。无论是自然旅游资源还是人文旅游资源，要吸引和激发起旅游者的旅游动机，就必须具有魅力无穷、独具特色的民族、地方文化内涵，满足人们对科学、史学、文学、艺术和社会学等方面的不同需求。因此，旅游的文化本质特征必然要求在发展旅游业的过程中优先发展旅游文化。

（2）“文化搭台、经济唱戏”，已成为世界发展旅游业的一大特色和主要经验之一。意大利对文化遗产投入和产出经过全面系统计算得出的结论是，国家每年对文化性参观旅游业征收的增值税收入是保护费用的27.5倍，并能提供就业岗位，带动建筑、商业和交通运输，促进科学文化的发展，是政府永不枯竭的财政来源，应视为战略资源和国家基本生产结构的重要组成部分。韩国也积极采取多种措施大力发展文化旅游业，“意欲将文化、旅游培育成21世纪的国家战略产业”。

（3）文化是提高人的素质和提高管理水平的关键。旅游文化大量地体现在旅游业的管理者及其从业人员身上，其文化素质的优劣、经营管理水平的高低，直接影响旅游者能否获得良好的审美享受和精神满足，直接关系到旅游资源能否得到合理的开发和利用，进而影响到旅游业的发展。而未来的旅游业的竞争主要是旅游文化方面的竞争，人们对旅游资源、旅游服务的需求更趋向于文化性强、科技水平高、富于参与性的项目，因此，旅游业管理者和从业人员的文化素质和经营管理水平必须相应地提高，才能与国际接轨，适应时代的要求，使中国的旅游业立于不败之地。

（4）文化是旅游业创名牌、提高竞争力的法宝。在旅游活动中，旅游者物质方面的需求是较低级的需求，易于满足，而精神文化方面的需求，是一种高级而复杂的需求，很难得到满足，但又影响全局。旅游企业若不能满足旅游者精神文化的需要，便失去了存在的价值。同时由于文化具有地域性、民族性、传承性等特点，往往为一个国家和地区所独有，很难模仿和复制。因此，在竞争中就减少了可比性，具有垄断的地位，易形成强有力的竞争能力，也易于创出自己的特色和名牌效应。名牌是旅游业竞争中的一种无形力量，更是促使旅游业走上可持续发展道路的宝贵的文化。

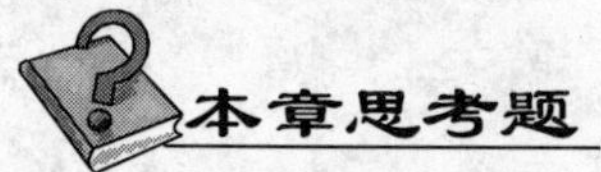

1. 如何理解“旅游文化”这一概念？
2. 旅游文化具有哪些特点，了解这些特点对旅游从业人员有何意义？
3. 旅游文化学大致包括哪些内容？
4. 为什么说旅游文化学能够成为一门相对独立的学科？

一叶扁舟浮行水面，一位船娘相伴游湖
——“西湖船娘”中蕴涵的文化意境

西湖游船有着悠久的历史、丰富的文化内涵和鲜明的个性，是中国游船文化的经典与代表。在南宋时期就闻名江南的“西湖船娘”与那灵巧的手划船曾经构筑了柔美西湖的万种风情。

“一叶扁舟浮行水面，一位船娘相伴游湖”，历史上西湖船娘曾以细腻温和的服务、俏丽柔韧的态度、亲切娴熟的导游而深得文人墨客和游客的赞赏。但随着时间的流逝，西湖船娘逐渐退出了历史舞台。2006年，杭州市西湖游船有限公司经过专题研究和讨论，决定在全国范围内招聘20名手划船船娘。

2006年7月2日，18名西湖船娘穿着传统蓝印花和绿色为主体色的属于自己的服

装，哼着越剧《西湖山水还依旧》，划着挂满西湖民族特色的小饰物“年年有鱼”和用白底蓝花手工印花布包饰座位和船篷的手划船，接过了西湖风景名胜区管委会领导的“桨”，在绝迹十几年后，西湖船娘以更加高雅的姿态呈现于美丽的西子湖上，为秀丽的西湖平添了一道独特的风景。

3年来，18位船娘在游客的关爱、媒体的关注、社会的关怀下，经过不断地积累和拜师学艺，专业技能和综合才艺都得到了很大提升，已经成为西湖的一个知名品牌，成为宣传杭州、宣传西湖的使者。3年里，她们没有出现一起服务投诉和安全事故。她们每天与湖光山色为伴，与阳光风雨同舟，用她们特有的朴实细腻、亲切娴熟赢得了社会各界和游客的普遍好评。

她们被杭州市旅游委员会授予“杭州旅游形象使者”；浙江省卫生厅、省旅游局等单位联合授予“控烟形象大使”；在由浙江省委宣传部和省总工会主办的比赛中她们成为“浙江省最具才艺的十大外来民工”；船娘队长杨秀萍通过了层层推荐选拔，在3000多名候选人中脱颖而出，荣幸地与浙江省其他7位选手一起参加了中央电视台“你就是奥运火炬手”特别选拔活动；《风景名胜》杂志在“寻找中国最美丽的女人”特别活动中把她们与大连骑警、丹巴美女、米脂婆姨、福建惠安女共选为中国当代“最美丽的女人”；《中国妇女报》把她们推选为中国当代最杰出的妇女。

有关西湖船娘在各个阶段的各种活动更引起了新闻界的高度关注，各路媒体对她们争相报道，包括《西湖船娘也要海选“pk”，激烈程度不亚于“超女”》（中国新闻网2006年5月24日）、《20多天魔鬼训练，西湖船娘如今“文武双全”》（中国新闻东方网2006年7月3日）、《西湖船娘开桨首航》（新华网浙江频道7月2日）、《西湖船娘冬日绽放俏丽》（香港文汇报2007年1月5日）、《西湖船娘有了自己的“同一首歌”》（新浪网2007年3月30日）等。

（资料来源 http：//www. tohainan. net/Article/Experts/jq/201101/37912. shtml）

根据本章内容，从旅游与文化的关系出发，解析“一叶扁舟浮行水面，一位船娘相伴游湖”这一旅游和文化现象。

第二章 旅游文化体验

1. 掌握旅游活动的文化体验价值
2. 认识旅游文化体验中审美愉悦的构成
3. 认识旅游文化在旅游产业中的重要地位

第一节 旅游活动的文化体验价值

“人为什么会去旅游?”是为了寻求刺激还是为了觅得慰藉?

旅游是一种发生在闲暇当中的娱乐性行为，娱乐性会像空气一样弥漫和浸透到所有的教育、遁世和审美体验当中。另外，在旅游过程中，对美的逐求，也使旅游体验无时无刻不镶嵌在美的背景当中。

所以，娱乐和审美的要素或成分，会在各种旅游体验当中存在。与此同时，世上有各种各样的人，他们有各种各样的文化思想，因此，他们在休闲和旅游活动中得到的审美文化内涵是不同的。

在整个旅游体验过程中，旅游者通过各种体验方式，实现了在情感世界和精神世界的回归旅程。表面上看，旅游过程好像一个卸掉了责任感的自娱自乐的过程，但仔细分析就发现，不管是从社会群体意义上还是从旅游者个体意义上看，这个过程都体现了一种精神世界的追求。

宋代名儒程颢有两首名诗很强调闲情：“云淡风轻近午天，望花随柳过前川。旁人不识予心乐，将谓偷闲学少年。”“闲来无事不从容，睡觉东窗日已红。万物静观皆自得，四时佳兴与人同。道通天地有形外，思人风云变态中。富贵不淫贫贱乐，男儿到此是豪雄。”诗中描绘的便是一种“偷得浮生半日闲”的情调。

元明时期著名的道士张三丰某年秋天与道徒们“游岳云之上，止吟风之馆”，他跟众道徒说：“吾极爱此清秋之气，至清至肃，安得提一壶酒，一张琴，一枝笛，登陟乎高峰之顶。笑玩大地山河。烟朦朦，云淡淡，看日暧暧之林墟，波渺渺之长川。彼时笛声起乎林梢，琴声发乎石上，酒气通乎红泉碧嶂之间。山禽自鸣，空翠洒落，真快

事也。”这是一种天人合一的人生境界。

中国的佛家，都在名山大川间建寺造塔，都在犹如人间仙境的优美名胜中修炼身心，认为“境由心造”，要“因心造境”。“内外不住，来去自由，能除执心，通达无碍，能修此行，与《般若经》本无差别。”也要求扩大视野与胸襟，从生老病死和利害荣辱中解脱出来，与气象万千的宇宙天地、生生不息的自然胜景走向“物我两忘”的自由境界。

他们对自然山水的向往，也是在寻求丰富的审美内涵和文化意蕴。

旅游是一个通过情感的无拘无束的体验来获得精神的满足和意志力的实现的过程。从这一点看，旅游本身带有人本主义的意味，是人类生活最高境界的体现方式之一，也是能够使人找回自我、救赎灵魂的通道之一。

现代社会的激烈竞争使人们产生焦虑、受挫、苦闷、忧虑、失望、冷漠等不良的情绪与心态，具有迫切需要防卫、逃避、自我调节的心理趋向，并试图通过旅游活动在自然中寻求一种情感的净化和物质上、精神上、心理上的放松满足感。人们崇尚自然、回归自然的心理需要不断地增长。尽管人们外出旅游的动机不尽相同，但几乎都是为了追求美好的东西。旅游者的旅行游览活动是一种寻觅美、发现美、欣赏美、享受美的综合审美实践，其主要对象首先是包罗万象的大自然。

旅游者在游览过程中的体验心理，几乎贯穿于旅游活动的始终，是一种最普遍的现象。面对奇妙的自然万物，人类能够随心所至，自由地构形绘影。其基本形状，如天空、山岳、江河、泉瀑、鸟兽……看了都让人觉得可喜可乐、心情轻松，使人顿生超凡脱俗之感。自然风景资源的形、光、音、色造就了自然旅游景观的形状美、光泽美、色彩美、音韵美。瞬息万变的佛光、云瀑布、海市蜃楼等变幻造景更为大自然增添了神秘美、变幻美。

除此之外，欣赏民俗风情，了解地理、历史、文化、物产，购买纪念品，研究人文景观、建筑特点，抄录对联、匾额、碑刻等活动也都能给人愉悦的体验。所以，旅游者在游览过程中，除自然文化体验上的满足外，还会鲜明地感受和评价旅游区域的社会文化。这包括社会产品、社会风尚（道德、伦理、人情及民风等综合美）、社会生活（生活环境、节日习俗、服饰打扮的有机整体美）、社会制度，甚至人的相貌等方面，都可使旅游者在游览中获得社会的审美价值，以寻求一种心灵上的补偿和感情的升华。

在前人对旅游文化体验的基础上，笔者认为旅游文化体验的真正价值体现在如下几个方面：

一、赏心悦目的直接感受

在心理学上，一般把人们对客观世界的认识分成三种方式：直觉、知觉和概念。

直觉是只有形象，而且只注意于形象。比如，来到泰山之巅，站在观景台上，极目远眺，山石花木尽收眼底；侧耳细听，隐隐地似闻鸟语水鸣；再加上阵阵花香不时沁入你的心扉，一时之间，你的呼吸屏住了，思绪断绝了，泰山之美的形象直接抓住了。这种当文化体验主体面对文化体验对象时最初直接地表现出来的心理活动形式，就是赏心悦目的直接感受。对于这种形式的美学意义，法国美学家柏格森是这样解释的：由于人类的基本需要是行动而不是知识，所以一般人的知觉要受到出于行动需要的限制，而不能透彻地了解事物的真相。而文化体验活动的本质就在于能使人的知觉从受制于行动的需要中解脱出来，直接和实在相对，所以直觉即是一种解离和发现的过程。解离即指要解除一般人心灵的积习，把知觉从出于行动需要的束缚中解脱出来；发现即指在面对实在时要不假思索，不受干扰地以独特的方式表现他所见之事物的独特性。

再来看，所谓直觉感受即指这样一种心理活动能力，它似乎能不假思索地从对象的感性形式中直接观照到它特有的本质的内涵，并将此凝聚为某种审美意象，这是一种快速而直接完成的形象思维活动。

形象的直觉感受性具有三个特点：

第一，感受的直接性。即感受者要直接面对事物的感性形式，不绕弯路，开门见山，在快速的瞬间一见钟情式地获得对对象的审美把握。游览一处胜景，也许起初并未意识到何以如此美，但目不暇接的美景，会令你叹为观止，流连忘返，你会在不知不觉中被唤起美感，获得美的享受。

第二，感受的独创性。这种感受又要摆脱种种实用观念、科学观念的束缚，即如朱光潜所说，当你面对一棵树的时候，不能像植物学家那样考虑到树的品种、像木匠那样想到树的用途，而要凝神观照，目不旁涉，凝思寂虑地从对象中获得与众不同的独特发现。

第三，感受的审美性。感受者在面对事物的感性形式时，要把自己全部思想感情，整个的心灵灌注到对象中去，与对象相契合、相拥抱，形成一种文化体验交流，感受者凭借自己自由自觉的本质，奔向迷人的文化体验对象。在主客体完美的交融中，凝结出审美意象的成果。

直觉是一种审美地把握世界的心理方式，是美感体验的一种特殊形式。它驻足于审美事物的外观和感性形式，能够凭借感性形式所引起的视觉快感、听觉快感及快乐的内心化，迅速地作出审美判断，发现美与不美，辨认出秀雅与粗俗、和谐与不和谐。旅游者往往是凭借直觉对美的景观世界产生美感反应的。玛克斯·德索说，“最高的效果就是，第一眼看到美的事物就会产生痉挛和眩晕。当一个声音开始唱歌时，还能听清歌词与旋律便觉得已经深受感动了”。在瞬间的心与物相遇之中，观审者的情感体验与物象的形质特征两相对应和会通，“应目会心”“应会感神”，见出宇宙的灵气和精神生气，于物象之中感悟到生命的形式，于是，“凡是发现具有生的意味的一切，特别是

看见具有生的现象的一切，总使感到欢欣鼓舞，导于欣然充满无私快感的心境”。

从文化体验意义上讲，生命是一种运动的形式，敏锐的直觉能力最容易在对复杂的、多样的生命运动形式的观察中获得。旅游能够引导人们亲身体验周围的现象世界，使自己的感觉和知觉逐渐适应对象世界的对称、均衡、节奏、统一等美的活动模式，最后形成对这样一些模式的敏锐的直觉力和选择力。面对景观世界，在愉悦耳目的同时，也诱导人类的深层感悟力，因为，诉诸感官的景观世界同时是个诉诸悟性的意义世界。因此，从小就让人们接触艺术、走向自然，与溪流低语、与山川感应、与艺术对话，不仅可以强化他们的直观感受印象，加速感知内化过程，而且连续性的文化体验教育还可以使他们在成年之后仍保持健全活泼的童心，使直觉思维持续发展，从而提高人的文化体验感知力。

通过旅游，人们可以直接感受到自然界多种生命运动的形式，经历无数次崇高、细腻、曲折、坚忍、顽强等生命运动形式的洗礼，内心与外物之间在相互作用和碰撞中逐步形成一种契合，生命运动的种种模式与复杂的情感体验之间的对应关系便会在感知印象中变得稳定、持久和巩固。“在这种情况下，一旦特定的外在形式落入视域之内，便会通过知觉自动选择和筛选，与特定的人类情感模式联系起来，引起一种特定的感受。”甚至在主体不经意的一瞥中，生发出永恒的审美价值。罗丹说：“所谓大师，就是这样的人：他们用自己的眼睛去看别人见过的东西，在别人司空见惯的东西上能够发现出美来。”

二、悦神悦志的审美领悟

旅游文化体验心理活动并不只停留在赏心悦目的直觉感受中，眼前耳旁的迷人情景还能继续撩动你的思想情感，迅即，人们的情感被触发了，记忆被唤起了，开始进行活跃的想象和理解活动。而一旦这种饱含着情感的想象力和理解力的相对自由的活动达到和谐的程度，人们会体验到全身心的感动，或者舒畅怡悦，或者惊心动魄，有时甚至达到“销魂”的地步，会不期然而然地引发出一种精神亢奋的状态，不知不觉地进入对象所指引的某种境界，似乎有所发现，有所领悟，眼前有限的、偶然的、具体的文化体验对象中似乎蕴涵着某种无限的、必然的甚至是“只可意会，不可言传”的文化体验意味。这就是悦心悦意的审美领悟，是旅游文化体验心理活动的另一个重要特点。

人们到大自然中去旅游，与山峦、河海、森林、洞穴等沟通，与植物、动物对话，使人的自然意识被激活，促使人类的自然本性得以复归。人在自然中，整个肉身感触传导给智慧大脑的是幽谷鸟鸣、清水芙蓉般的天籁。由于张力同构的作用，人的自然生命有机体会因受到积极诱导和调节而进入有序而活跃的状态，人的自然意识会被激活而汇入情景交融的心理空间，自然人性的情韵会油然充溢于整个心胸，从而使人变得格外爱意无限，纯真澄明。日本著名风景画家东山魁夷说："我所经历过的地方，那清澄的自然依然抚慰着我的心灵，人们尽力保持了那自然的美和古城镇的美，从中我感受到他们真诚的心。"

热衷于乡间旅游的英国人威廉·柯贝特在他的《乡行纪实》中说："即使是在严冬，那些矮林灌丛看起来也是美丽的，它们是心灵的一种慰藉，使人从那里可以得到庇护与温暖。"徐志摩在英国留学时，看到羊群牧归，他心头顿感神异性的压迫，竟然对着冉冉渐歇的金光，跪在了大路上。此情此景，让徐志摩的灵性显现了——"人是自然的产儿"，"人不要遗忘自然"，人能够在自然中卸去"肩背上的负担"，事实上，在自然中求解脱。

当人们用审美眼光打量山水，其实他已经把人生审美化了。"当人们流连在自然山水光景之中时，它既是人生的一种诗情，也是一种积极的生活姿态。因为它对自然生命的奇迹充满了温情与依恋、崇拜与赞叹。人们对自然生命的感受和热爱，无须艺术活动那样专门技能的训练，是一种朴素而又高雅的精神生活。"《世说新语·言语篇》记载："顾长康从会稽还，人问山川之美。顾云：'千岩竞秀，万壑奔流，草木蒙笼其上，若云兴霞蔚。'"王子敬："从山阴道上行，山川自相映，使人应接不暇，若秋冬之际，尤难为怀。"顾恺之与王子敬两位名士在山阴道上行，"山川自相映发"，使他们产生了应接不暇、美不胜收的感觉，精神与心灵都得到了前所未有的快乐与提升。魏晋名士将自然视为生命之物的观念，使得山水能够主动地进入人的文化体验视野，与人的主体心灵相呼应、相交流，浸润人的心灵与人格世界，从而荡涤胸中的偏私，使人精神得到升华。

在旅游活动中，由于工具意识、逻辑理性意识的潜伏，人回归到自己的自然和谐、完整的生命状态，融入大自然之中，人与自身生命奥秘、与大自然的博大和生生不息、与更广大人群的亲密接触，都会增加自身的人生阅历和体验，这使人能够在健康的旅游中发现深层的自我意识，从而确立万物一体的观念，升华到崇高的精神层次。所以，旅游不单是一种文化休闲的行为，更是一种境界，一种理想，一种不断超越既存现实和达到文化体验人生的努力。

旅游过程不仅是人性向自然和谐回归的过程，也是人类走向大自然，与大自然和谐共处的过程。在旅游文化体验中，大自然是最重要的文化体验对象，融入大自然之中，领略天地自然生态之大美，是工业化时代人们所梦寐以求的文化体验的生存方式之一。在对自然的文化体验中，旅游者参与到生物多样性的繁荣场景中去，和大自然的生命整体融合成一片，与天地万物融为一体，体验"天地与我并生，万物与我为一"的天人合一境界。在中国古代许多贤哲看来，体验自然美和生态美，就是展示生命最深刻的内容，同时，领悟永恒宇宙的奥秘，从而使自己在宇宙生命总潮流中获得美的享受。

旅游作为一种释放心理压力、缓解情绪紧张、回归自然和谐的生活境界的方式，成为现代人生存的不可缺少的方面，成为现代人生命存在的有机组成部分。它不是可有可无的点缀，而是远离自然的现代人回归人性自然、和谐完整的重要途径，甚至可以说是最重要的途径。人起源于自然，并且至今仍然是自然的一个组成部分。都市化的进程使得越来越多的人摆脱了往日农耕文明贫穷和落后的状态，但同时也日益阻隔了人与自然的联系，而充满情趣的山水旅游则能够弥补这种遗憾。

三、茅塞顿开的精神升华

在日常生活中，人们更多的是以一种实践和功利的态度对待万物，这种占有事物的态度会妨碍享有事物的形象，因此反而会减缩人生的意义世界，降低人生存的精神境界。诚如蔡元培所说："食物之入我口者，不能兼果他人之腹；衣服之在我身者，不能兼供他人之温；以其非普遍性也。美则不然。即北京左近之西山，我游之，人亦游之；我无损于人，人亦无损于我也。隔千里兮共明月，我与人均不得而私之。中央公园之花石，农事试验场之水木，人人得而赏之。埃及之金字塔，希腊之神祠，罗马之剧场，瞻望赏叹者若干人，且历若千年，而价值如故。美之普遍性可知矣……美以普遍性之故，不复有人我之关系，遂亦不能有利害之关系。"超功利性的旅游正是让人学会欣赏，学会在欣赏中丰富自己的意义世界，在欣赏中提高自己的精神境界，并逐步形成一种文化体验的人生态度。

尼采认为，现实是痛苦的，但它的外表又是迷人的。不要到现实世界去寻找正义和幸福，因为你永远也找不到；但是，如果你像艺术家看待风景那样看待它，你就会发现它是美丽而崇高的。像看待风景那样看待世界正是旅游者的常态。因为旅游者眼中的世界不是客观世界，是景观世界，是美的世界，是形象的世界。旅游者陶醉其中，因而"从形象中得救"。享受心灵的自由和生命的欢乐，达到一种审美人生。"游的本身就是人生的价值，它使生活变成了乐园，成为当代人类主要的创造性交往的生存方式和生存空间，为人类构建审美的人生提供了演习的机会。"

在旅游过程中，把世界看做一个文化体验现象，是一件自我升值的艺术品。通过文化体验和旅游活动，把人生艺术化、审美化，赋予生活价值，创造出新的欢乐，以对抗现实和超越种种局限。

从美学的角度考虑，旅游所具有的适情顺性的个性化特点，是对社会化的规定角色在一定程度上表现出来的负面效应的反拨和匡正。人的社会化，使人成为本原意义上的"文化"人，这是社会进步的重要阶梯，是社会维持安宁稳定的重要环节。但当千姿百态的人性世界为统一的社会规范所规定时，人的个性化需求就会在某种意义上被遏制和压抑，解脱的方式之一便是去旅游。旅游，若能撇除经济条件等外在因素的牵制，人们可以享受选择旅游目的地和旅游方式的充分自由。这就能在一定程度上消解过于僵化的社会标尺给人带来的非常态负价值的心理影响。试品味欧阳修的七绝《画眉鸟》，不难体会旅游的适情顺性给人生所带来的自由感："百啭千声随意移，山花红紫树高低。始知锁向金笼听，不及林间自在啼。"

旅游为人类构建了一个更加有意义的世界。旅游通过它特有的方式，抚慰着人疲惫的身躯，提升着人的生活品位，净化着人的心灵。旅游是从文化环境和物质环境的外在压力下解脱出来的一种相对自由的生活。旅游提供的不是一条愤世嫉俗的逃避之路，而是一条回归之路，即返回人性和人类自然、自由和和谐的状态中来。在这种状态中，每个人都会真正地成为自我，享受着心灵的自由和生命的快乐，达到审美化的生存之境。

在整个旅游文化体验心理活动中，旅游者在"耳目"和"心意"的愉悦中会获得某种直觉感受和文化体验领悟，但这并不意味着旅游文化体验心理活动的终结，它还会继续向更高的层次发展，进一步达到悦神悦志的精神升华的境界。所谓悦神悦志的精神升华，是指主体在观照文化体验对象时，经过感知、想象、情感、理解等多种心理功能的交互作用，而获得精神意志上的完善、飞跃和升华，这是一种高级而深刻的心理活动成果的体现。许多旅游者都会有这样的审美心理体验：当你历尽千辛万苦，终于登上泰山绝顶，那种"会当凌绝顶，一览众山小"的浩然气概会在心头油然升起。你会深感自己的精神境界升华了，由"小我"涌入"大我"的洪流，获得一次超越。

旅游文化体验活动能使人从生理的兴奋和快感转移到心理的舒适和愉悦，从而使人的情感获得某种宣泄和补偿，并进而获得陶冶和净化，改善人们的心理气质和精神面貌。人要通过感觉器官才能和外界建立审美关系，外物必须首先作用的感觉器官，然后才能够显得美。虽然感觉器官受刺激可以给人们带来兴奋和快感，但兴奋和快感却不一定等于美。

大自然中的"雄美"的作用在于使旅游主体对旅游客体形象、形态、气势、氛围的雄壮、博大、惊险、热烈、威武而产生仰慕、敬畏、紧张、惊恐、痛快、豪迈、狂喜等生理、心理上的反应，最终的美感体验是：摒弃了怯懦、悲观，增加了豪情，平添了勇气，热爱生活，立志奋进，征途拼搏，积极追求，自强不息。秀美的旅游景观，可使旅游者心绪平缓、温和、轻松、宁静、淡泊。幽美之境尤能使人凝神静思，潜心自修，怡情养性。奇美之美能使人悦志畅神，开发智商。美不胜收的旅游景观，以丰富的内涵和多姿多彩的形式美，培养和提高了旅游者对现实世界（包括自然和社会）及艺术世界的审美情趣、审美感知能力和审美鉴赏能力，促进人们不断完善自身的审美结构。

在整个旅游文化体验心理活动中，赏心悦目的直觉感受是这一美感活动的外貌和呈现形式；悦心悦意的审美领悟组成这一美感活动的具体内容和过程；令人茅塞顿开的精神升华则是这一活动的终极结果。这三者既展现了旅游文化体验心理活动不断递进的层次，又凸显为旅游文化体验心理活动最主要的特点。

第二节　旅游文化体验中的审美愉悦

可以把旅游者通过审美体验所获得的愉悦称为旅游审美愉悦。就其意义而言，旅游审美愉悦是旅游者在欣赏美的自然、艺术品和其他人文现象时所产生的一种心理体验，是一种在没有利害感的对照中所得到的心理享受。按照王柯平的说法，这种体验“在本质上是一项集自然美、艺术美和社会生活美之大成的综合性审美实践活动”。这种体验，像一般审美体验一样，给予人的快乐是一种天国的而非人间所有的快乐。

旅游者在游览过程中的自然审美，几乎贯穿于旅游活动的始终，是一种最普遍的现象。面对奇妙的自然万物，人类能够随心所至，自由地构形绘影。其基本形状，如天空、山岳、江河、泉瀑、鸟兽……使人顿生超凡脱俗之感。自然风景资源的形、光、音、色造就了自然旅游景观的形状美、光泽美、色彩美、音韵美。瞬息万变的云瀑布、海市蜃楼等变幻造景更为大自然增添了神秘美、变幻美。

按照美学史上传统分类方法，典型的美感心理形态可以划分为崇高、优美悲剧和喜剧等诸多范畴，但是悲剧和喜剧通常情况下是针对艺术作品的审美体验来说的。与此同时，这两种审美体验形态在很大程度上与崇高和优美存在着联系，甚至可以与它们相互转化，或者可以彼此包容。

因此，从旅游体验的角度，主要集中地讨论崇高和优美这两种美感体验形态，将旅游审美愉悦的获得主要归因于两种基本审美类型：由崇高体验所产生的旅游愉悦和由优美体验所产生的旅游愉悦。

一、美感体验之崇高

这里所说的崇高（或者说壮美），可以说是审美体验中的重要范畴，在历史上中外美学家对这个范畴多有论述。英国经验派美学家博克认为，崇高感的主要情感内容是恐惧，这与优美感的主要情感内容是爱有着根本上的不一致。通过崇高体验而得来的快感，往往是由痛感转化而来的。在博克看来，恐怖是崇高所能产生的快感的源泉。但是，博克并没有忘记一个重要的区别：审美对象所引起的恐怖不同于行为主体面临实际生命危险时所产生的恐怖，二者在情感调质上是不同的。对实际生命危险的恐怖只能产生真切的痛感，而对崇高对象的恐怖却夹杂着快感，其原因是，崇高感发生的条件一定要一方面仿佛面临危险，而另一方面这危险又不太紧迫或是受到缓和：“如果危险或苦痛太紧迫，它们就不能产生任何愉快，而只是恐怖。但是如果处在某种距离以外，或是受到了某些缓和，危险和苦痛也可以变成愉快的。”在这个论断当中，看到了博克的思想中实际上包含着布洛的“审美距离说”，正是由于这种距离的存在，才使审美主体在面对对象的恐怖性质时实现了超越，从而获得了崇高体验所带来的快乐。假使没有这种超越，恐惧的情绪就会直接压制崇高感，从而使美感体验的可能性荡然无存。

对于个体旅游者而言，崇高感的获得来自某种超越，尤其是在感觉上对巨大、有力的感性形式，对重大、深刻的理性内容以及对美与丑相斗争的艰巨过程所获得的超越。

（一）自然山水中的崇高审美形态

中国山水素有南秀北雄、阳刚阴柔的美学风貌，山水景观体现了雄、险、奇、秀、幽、旷六种美学风格。

1. 雄伟壮观

雄伟壮观，给人一种崇高的美感，具体分为两种：

（1）山体的厚重雄壮（雄伟壮观，拔地通天）。典型的如泰山有“天下之雄”之誉，原因是泰山海拔仅有1524米，但相对高度却达到1360米，凌驾于齐鲁大地丘陵之上，另外，泰山的山体庞大，基础宽厚，给人以厚重感和稳重感，因此有“稳如泰山”的说法。历代名人对泰山雄伟的描述：孔子，“登泰山而小天下”；汉武帝，“高矣、极矣、大矣、壮矣”；唐代大诗人杜甫，“会当凌绝顶，一览众山小”。东汉光武帝刘秀欲登泰山封禅，虎贲郎将马第伯试登之后报告道路的险状，曰：“仰望天关，如从谷底仰观抗峰。其为高也，如视浮云；遥望其人，端端如杆升，或以为白石，或以为冰雪。久之，白者移过树，乃知是人也。”文人的渲染造成了雄伟的形象，成为一种标志。

在如此环境之下登顶，旅游者陡然之间形成的那种“会当凌绝顶，一览众山小”的审美感受，就是一种典型的崇高感。这种感觉产生自登泰山之前的景仰之情，以及登顶之后所产生的超越之情。

（2）水体的气势磅礴、场面壮观。山西吉城县西南的黄河壶口瀑布，两岸为高山峻岭所夹，是河床宽达30米、深约50米的峡谷，汹涌的黄河水奔腾至此，被挤压抬高，形成万马奔腾之势，场面极为壮观。黄果树瀑布位于贵州省镇宁布依族苗族自治县的白水河上，瀑布高74米，宽81.2米，流量每秒16立方米。每当夏秋汛期，漫天倾泼的黄果树瀑布翻崖直下，捣金碎石，万练飞空，并且发出雷鸣般的轰响，震得地动山摇，展示出大自然无敌的力量与气势。瀑布跌入深潭后，激起轩然大波，水柱腾空而起，万朵浪花四溅，水烟云雾飘逸，神秘，朦胧，壮观。倘若丽日当空，黄果树瀑布则宛如一条溢彩溅金的巨龙，它所喷吐的烟雾，常常形成五彩缤纷的虹霓，景色分外迷人。

在这种情况下，恐惧成为一种强烈的刺激，唤起应付危急情境的非同寻常的巨大生命力。它使心灵震惊而又充满蓬勃的生气，所以也就包含着令人陶醉的快乐。这种快乐就与崇高感有关。

2. 惊险峻峭

华山“削成而四方，其高五千仞”。华山之险是由于花岗岩随着地壳运动上升速度较快造成的，山的四壁非常陡峭，直上直下，没有坡度，几乎与地面成90度角，而且峰顶与谷地的落差达到千米左右。华山险峻的景点很多，有回心石、千尺幢、百尺峡、擦耳崖、上天梯、苍龙岭、长空栈道等。其中苍龙岭是华山最长、最险的绝径之一。岭长1里多，宽仅1米，岭脊光滑圆溜，刻有300多级石级。环顾四周，重峦叠嶂，连绵起伏；俯瞰脚下，万丈深涧，风吼云乱。岭脊时而露出云层，时而没于烟雾，宛如一条沉浮游弋于云海之中的苍龙。

相传唐代著名文学家韩愈当年登华山时走到此处，回望山下，云腾雾绕，不见归路，顿觉性命休矣，于是抱头恸哭，并将写好的遗书投下悬崖，诀别家人。苍龙岭尽头的石壁上至今尚留有“韩退之投书处”五个石刻大字。

又如，山西恒山的悬空寺。悬空寺始建于北魏后期，距今约1400年。历代都重修，但原来的结构没有改变。悬空寺是在悬崖上凿洞，插入木梁，寺的一部分建筑就架在这一根根木梁之上，另一部分则利用突出的岩石作为基础。游客在远处见不到这些木梁，却见到不少细木柱斜顶住寺的底层。游客见到此景会想：这些颤颤悠悠的木柱能顶得住这样一座寺庙吗？当人们仔细观察，发现承受重量的除木柱外，还有那些插入岩石的巨大木梁后，对古代匠师的智慧，不得不由衷地生发出感叹和敬佩了。前人评价悬空寺“面对恒山，背倚翠屏；上载危岩，下临深谷；凿石为基，就岩起屋；结构惊险，造型奇特”。因为是建在悬崖上，悬空寺便以曲折玲珑取胜。进寺后，有楼梯可攀上楼，这里不并不显得多么惊险，但当你在楼上，沿着紧贴在崖壁的通道，由南往北走，通过一条栈道，走到北边的那座三层三檐的楼阁时，就会发现这里的地势已相当高。往上望“上载危岩”，往下看“下临深谷”，脚下的楼板又有晃动的感觉，真是惊心动魄，惊险之至。在寺的栈道石壁上，刻有“公输天巧”四个大字，赞赏悬空寺的建造技艺。公输就是鲁班，也叫公输般，春秋战国时期人，被认为是建筑工匠的祖师爷。这四个字是说，这座建筑物简直是鲁班那样巧夺天工的匠师所为。当地有一首形容此寺惊险的民谣：“悬空寺，半山高，三根马尾空中吊。”明代大旅行家徐霞客在他的游记中将悬空寺称为“天下巨观”，并对整个寺庙的建筑、部署作了极高的评价。此外，四川峨眉山金顶、安徽黄山天都峰、江西庐山五老峰以及辽宁凤凰山叠翠峰与箭眼峰之间的“老牛背”都是中国极其险峻的风景。

这种外观的自然景观让人产生一种带有痛感的愉快。这种感觉复杂，富于变化。观赏的对象过于险峻，使观者的抵抗力在它们的威力之下相形见绌，显得渺小微不足道。随着恐惧感的解除，痛感逐渐转化为愉悦感，压抑渐次转化为振奋，游者经历了先惊后喜，化险为夷的心理体验，心灵处在动荡不已、跌宕起伏的状态之中，有助于提高个体挑战自我极限的能力，升华道德精神。

3. 旷远宏阔

旷景是以宽阔的水面或平川为主体而构成的风景，视域开阔，水面平坦，没有遮挡物，一望无际，使人感到心胸开阔、心旷神怡、豁达豪放、醒目壮志。旷景因观赏位置不同，又可分为平旷和高旷两种。其中，平旷以水面和平川得景，人与景亲近不隔，视域平面开阔。如500里滇池，烟波浩渺，平远辽阔，极目远眺，能使人胸襟开阔。杜甫《登岳阳楼》："昔闻洞庭水，今上岳阳楼。吴楚东南坼，乾坤日夜浮。"高旷则是以高山峰顶览胜，人与景拉开距离，视域自上而下散开，空旷开阔。登鹳鹊楼"欲穷千里目"，带给人一种超拔壮阔的审美感受。

(二) 人文景观中的崇高审美形态

中国有许多生产民俗传承，诸如生产经验民俗、英雄崇拜民俗、自然崇拜民俗、神话偶像崇拜民俗。

1. 生产民俗

生产经验民俗，多为长期生产实践积累形成的良俗。云南绿春骑马坝傣族的"巡田仪式"，是其典型形式。为了不误农时，此地传承了早稻须在农历正月十三插完的习俗。正月十三这天，全寨的人敲锣打鼓聚在一起。当公推的一位长者讲完话宣布巡田开始时，人们便列队从东到西巡视田坝。内容是生产大检查，看秧是否插完，插秧的质量如何，田水是否自然流通和适量，有无损人利己的抢水、偷水现象，禁伐区内的树木是否遭到破坏。如有违犯，便对当事人加以处罚。

湘西土家族的"薅草锣鼓"、哈尼族的吹"栽秧号"，也类似"巡田仪式"。

英雄崇拜民俗，是对生产能手当做英雄崇拜和给以奖励。独龙族狩猎，分配猎物是见者有份，但对直接捕获猎物者要奖以兽头和兽皮。受奖者把野兽头骨悬挂在门前，人们见了便生敬意。这生产能手是活生生的英雄形象。

· 自然崇拜民俗，是拜高山、古树、巨石、岩洞等自然物为神，向它们求福禳灾的习俗。

原始社会生产力极其低下，人们认识自然的能力很差，相信万物有神，总存畏惧心理。进行生产活动，在他们看来是同神打交道，为了求神保佑，便产生种种自然崇拜习俗。自然崇拜习俗，至今在某些民族和地区仍有传承。在那些奉行图腾崇拜的民族中，则以所崇拜之物为不可亵渎侵犯的神。万不得已有所触犯，便须通过仪式赎罪。东北鄂温克族的熊图腾崇拜，称公熊和母熊为祖父母，万一猎熊，须举行一系列的仪式来讨好熊，为自己解脱。自然崇拜民俗的审美价值，主要在于提供审美创造素材。

神话偶像崇拜民俗，是把神话中的主人公当做偶像崇拜，以求生产丰收和生活安泰的习俗。蒙古族普遍供奉的"保牧乐"和"吉雅其"，就是神话传说中的畜牧保护神。神话偶像崇拜民俗的神秘性固不可信，但是所歌颂的英雄形象却有一定的审美意义。

2. 原始宗教

以巫术为例，巫术是原始人的观念和信仰，是原始宗教的一种形式。原始人认为：有一种超自然力——神在主宰自然和社会，人要得福消灾就须求神庇护，而最有力的方式是通过神在人间的使者——巫师施行巫术来沟通人神关系。巫术没有美的本质，但作为人类社会初级阶段的一种文化现象和后来人类文化的一个源头，又有一定的审美价值，这主要是巫术岩画的艺术美、巫术舞蹈变异的艺术美。

巫术岩画，在中国和世界广大地区均有发现。如中国云南沧源、耿马、麻粟坡大王岩岩画，甘肃张家川、黑山岩画，青海哈龙沟、巴哈毛力沟岩画，宁夏贺兰山大小西伏沟、苏峪口岩画，黑龙江鄂温克岩画，内蒙古白岔河、夏勒口、阴山山脉狼山地区岩画，新疆北部、天山以北、库鲁克山岩画，广西花山岩画等。除花山岩画有祭水神的舞蹈场面外，其他岩画描绘的主要是人物和野兽构成的狩猎等场面。古人作这些岩画，一般都是企图以巫术力量控制自然，使狩猎成功。它们是人类悠久的文化遗产，而且以具体可感的形象反映了社会生活，无疑具有艺术审美价值。

巫术舞蹈的艺术美，在中国和世界许多民族和地区也有变异传承。中国景颇族的“龙洞戈”，跳时一人领先，众人随后，回旋曲折，时而挥刀示威，时而齐声呐喊，歌声鼓声相伴，动作粗犷，节奏强烈，所表现的就是古时狩猎的预演或猎后的欢庆。这类舞蹈都源于古代狩猎生活中的巫术仪式，但随着社会的进步其娱神性多已变异为娱人性。

二、美感体验之愉悦

优美感的产生，不仅表现为美的对象引起感官直接的快适的感受，还表现为直接的感情上的愉快，而这样的结果，来自审美对象本身所具有的美学特性和审美主体之间心理特性在结构上的某种契合和呼应。比较崇高感的形成，优美体验过程中审美主体的整个心理活动都是和谐统一的，各种心理要素之间的功能彼此协调、自由运动，从而使心情处于相对宁静、和缓、轻松、舒展的状态。

例如，苏东坡《饮湖上初晴后雨》对西湖的描写：“水光潋滟晴方好，山色空蒙雨亦奇。欲把西湖比西子，浓妆淡抹总相宜。”如范仲淹在《岳阳楼记》中所述：“登斯楼也，则有心旷神怡，宠辱皆忘，把酒临风，其喜气洋洋者矣。”又如王维在《山居秋暝》中所描述的境界：“空山新雨后，天气晚来秋。明月松间照，清泉石上流。竹喧归皖女，莲动下渔舟。随意春芳歇，王孙自可留。”当人们观赏这样美妙的景色时，心里总是洋溢着一种难以名状的喜悦。人们常常以对象引起的心理愉悦感来表达其美感。而这种感觉与牟参在《走马川行奉送出师西征》中说的那样：“君不见走马川，雪海边，平沙莽莽黄入天。轮台九月风夜吼，一川碎石大如斗，随风满地石乱走……”给人们带来的心灵上的触动显然是不一样的。

（一）自然山水中的愉悦审美形态

1. 柔美秀丽

秀是一种与雄相对应的审美形态，一般指山水形象的秀美、玲珑、柔和。形成这种审美形态必须具备两个方面的因素：

(1) 山体由茂密的植被覆盖，即山体很少裸露，郁郁葱葱的感觉，在色彩上充满着暖色调，放眼望去，一片绿色的草地和枝叶繁茂的林海，南方的自然条件更容易形成“秀”的审美形态，降雨量充沛，气候湿润，代表如峨眉山、武夷山。

(2) 山体必须缓和，没有悬崖峭壁，水面平静，不是惊涛骇浪。给人的感觉必须是非常放松，主体与客体之间没有对立冲突，形成一种和谐的审美关系，比如桂林漓江山水、杭州西湖、浙江富春江。典型的代表是峨眉山。郦道元在《水经注》中引《盖州记》的话说：“去成都南千里，然秋日清澄，望见两山相峙如娥眉焉。”这两段话都将峨眉山形比作美女的两道秀眉。不仅如此，而且由于峨眉山雨量丰沛，气候温润，漫山遍野，植被葱茏茂密，更兼烟云缭绕，真似“云鬟凝翠，鬓黛遥妆”的少女，态媚色秀。

2. 幽深静寂

封闭的空间，迂回曲折，一眼看不到底，非常有层次感，往往有崇山深谷，高大的森林，阳光穿透树木照在地上，不是很明亮，伴随着鸟的鸣叫和小溪流水的潺潺之音，给人一种非常幽深、幽静、宁静的感觉。主要的形象特征是“深山藏古寺，曲径通幽处”。其中典型代表是“青城天下幽”。青城山山上林木葱茏，岁寒不凋，古木遮天，浓荫蔽空，苔藓满壁，藤萝缠绕，修竹摇曳。整日万籁无声，偶尔树叶的婆娑，涧水的丁咚，山雀的啁啾，反而把环境映衬得更加安静，宛如一幅天然画卷，一座人间仙境。“千岩迤逦藏幽胜”，青城山的道观建筑，一处处，一座座，无不体现一个“藏”字：或藏在峡谷之中，或藏在繁枝密叶之间。

3. 奇异独特

主要是指相对于常见的普遍地形地貌而言，形态千姿百态，幻怪离奇，往往出人意料，给人惊喜。天下名山最奇的莫过于黄山，黄山四奇：峰奇、石奇、松奇、云奇。

(1) 峰奇：黄山千米以上的山峰有 72 座之多，三大主峰为莲花峰（像一朵盛开的莲花）、天都峰（群仙都会）、光明顶（像一只倒扣的钵头）。

(2) 石奇：黄山险峰林立，危崖突兀，峰脚直落谷底，山顶、山腰和山谷等处广泛分布着花岗岩石林和石柱，巧石怪岩犹如神工天成，形象生动，构成一幅幅绝妙的天然图画，其中有名可数的有 120 多处，著名的有“松鼠跳天都”“猴子望太平”等。

(3) 松奇：松是黄山最奇特的景观，百年以上的黄山松数以万计，多生长于岩石缝隙中，盘根错节，傲然挺拔，显示出极顽强的生命力，已命名的多达近百株，玉女峰下的迎客松更成为黄山的象征。还有许多形象化了的松树，如凤凰松、黑虎松、蒲团松等。

(4) 云奇："自古黄山云成海"，黄山是云雾之乡，以峰为体，以云为衣，其瑰丽多姿的"云海"以美、胜、奇、幻享誉古今，尤其是雨雪后的初晴，日出或日落时的"霞海"最为壮观。怪石、奇松、峰林漂浮在云海中，忽隐忽现，置身其中，犹如进入梦幻境地，飘飘欲仙，可领略"海到尽头天是岸，山登绝顶我为峰"的境界。

(二) 人文景观中的崇高审美形态

1. 居住民俗审美

各民族的居住形式各具特色，古代民族，特别是北方游牧民族习用的居住形式是帐篷型；古代百越民族居住的建筑，尤其云南西双版纳的竹楼是典型干栏型；而南方和北方大量存在的居住样式还是上栋下宇型。多样形式的居住，呈现出丰富多彩的建筑美。

各个民族民居的布局均有不同。各民族屋内火塘和厨房的位置、房间的分配、什物的堆放，以及祭祀、供奉、禁忌等，都有自己的一套习俗和独特的文化内涵。通过对这些文化内涵的了解，可以获得许多审美情趣。

民居住室的造型艺术。建筑技术比较先进的民族，对室内装饰、雕刻、绘画都有讲究。云南大理白族民宅，特别讲究门楼的装潢和门窗的雕刻。诸如此类的民宅，富有较高的建筑艺术美。

住宅与周围自然环境的和谐。如大理白族民宅，院内一般配置有各式花卉的花坛，整个建筑与苍山洱海的自然景观相映成趣，形成恬静幽雅的审美特征。傣族的竹楼与四周的椰林竹木融为一体，构成亚热带的特有风光。

2. 服饰民俗审美

服饰民俗是人们穿戴的风俗习惯。由于各民族的经济生活、文化传统、审美观念、自然环境等不同，形成了不同的服饰民俗，在服饰上呈现出诸多的美。

在式样上百花争艳。中国 55 个少数民族，各有各的民族服装。就是在同一民族中，其服饰也还有性别、年龄、时令甚至社会地位的区别。满族妇女的旗袍，穿在身上显得自然明快，经改进已成为中国妇女最喜爱的一种中式服装。维吾尔族妇女喜戴"朵巴"（四楞小花帽），再佩戴耳环、手镯、项链等装饰品，加上画眉（两眉连成一线）和染指甲，颇富特有的民族风情。

在色彩上异彩纷呈。不同民族、同一民族中不同支系和不同性别及年龄的人们，对服饰有不同的色彩追求。贵州苗族服饰绮丽多彩，所谓黑苗、花苗、青苗、红苗、白苗、紫姜苗，就是据其服装颜色来区分的。朝鲜族妇女上穿白色短衣，下配长大黑裙，显得特别素雅。

在花样上，独特新颖。节日盛装，都具有本民族的艺术特色。苗族的节日盛装，更是服装艺术的展示。贵州东南清水江一带苗族妇女的花衣（“银衣”），以绸缎为面，土布衬里，用彩线在绸缎面上刺绣禽兽花卉，多彩生动。其百褶裙常在500褶以上，裙面或绣花、挑花、镶花，花团锦簇。还很讲究佩饰，头、颈、胸、背、肩、手、足银饰达50多种。全身银饰，一般重达1000克，甚至有1500～2000克的，真是富丽堂皇。苗族独有的银饰工艺品，以及挑花、蜡染、刺绣，因极富民族特色并具有艺术性而享誉国内外。

3. 饮食民俗审美

中国各民族的饮食民俗异常丰富多彩，既有营养学价值又有美学价值。这主要包括食品制作和食用习俗、饮料制作和品饮习俗、居家饮食习俗、节日饮食习俗。

食品制作和食用习俗。人类经历了生食、熟食、烹饪三个阶段。为了保存食物的营养和鲜美之味，中国不少少数民族仍传承着生食和半生食的习惯。云南大理白族吃生皮（猪里脊肉），赫哲族吃生鱼片，侗族的腌鱼肉生吃，都别具风味。中国被世界称为“烹饪王国”。烹饪是在熟食的基础上进一步对主食品和副食品的精心搭配制作。中餐烹饪方法有煎、炒、烹、炸、煮、蒸、烧、烤等数十种，所用甜、酸、咸、辣、鲜等调味品上百种，而且各民族各地区有独特的烹调技艺，食品色、形、香、味、质美俱全。

饮料制作和品饮习俗。饮料包括水、酒、茶、动物奶汁等。特别是饮酒和喝茶，是中国各民族的普遍习俗。“酒”字在甲骨文中已有出现，可见早在商代饮酒就已经成为中国人民的习俗。喝茶的习俗，在中国也早已形成。汉代就有以茶作地名者。《汉书·地理志》下“茶陵”条，即指位于茶山之阴的地方，就是长沙郡的茶陵县。唐代陆羽嗜茶，创造了煎茶法，并著有《茶经》，被后世称为“茶圣”。许多民族和地区，对喝茶十分讲究。广东、福建等地有“茶道”，讲究喝“功夫茶”。藏族喜喝酥油茶、奶茶和甜茶。云南拉祜族婚俗行茶礼，即确定婚期以后男方须向女方送茶、盐、酒、肉、大米、木柴为聘礼，而茶是必须有的。他们流行一句话：“没有茶，就不能算结婚!”酒茶之乐，使人们沉浸在融和美好的气氛之中。

居家饮食习俗。居家饮食，是平时的家庭饮食。其习俗的内容主要是：每日用餐的次数及时间；用餐时对产妇、老人和病人的优待；不同时令对食品结构的调整；招待来客。居家饮食习俗具有道德的、科学的、礼仪的等文化内涵和审美性。

节日饮食习俗。中国各民族共同的和独有的节日很多，但都有娱乐性这个特点，不仅食品丰富多彩，而且制作方法五花八门。节日喜悦场面的形成，是以美食为中心的。

4. 民间口头文学民俗审美

民间口头文学是用口头语言传承的文学，是民间文学的主要形式。人们通过对民间口头文学的审美欣赏，既可以直接获得艺术美的享受，又可以领略丰富的民俗风情。

民间口头文学可分为三大类，即讲述、韵唱和说唱。

讲述是用口头语叙述人和事，是民间神话、传说、故事的主要载体。神话一般是从原始社会先民们那里传承下来的关于世界起源、自然现象和社会生活的原始理解，它的主人公是主宰自然和社会事物的神和半神，它反映了先民们认识水平低下和可贵的幻想的现实，但其内容是不可信的。像“夸父追日”“后羿射日”“女娲补天”“精卫填海”等皆是。传说晚于神话，是民间长期留传下来的对过去事迹的记述和评价，有的以特定历史事件为基础加上人的想象，有一定的可信度，但也有的是纯属幻想的产物，然而它们都在一定程度上表现了人民群众的要求和愿望。我国各民族都有大量的传说，其中风物习俗传说占了很大比重。故事的产生更晚于传说。故事是讲过去的事，侧重于事件过程的描述，有人物、情节甚至细节。故事一般具有现实性和幻想性，源于史实，但又不等于历史。故事的种类繁多，尤其是爱情故事、英雄故事在民间传承相当广泛。

韵唱主要是民歌，也有押韵的谚语和谜语。唱歌民俗在我国各民族中都很盛行，许多民族被称为“歌的民族”，许多民族地区被誉为“歌的海洋”。民歌的内容，多为传达爱情、抒发情志、赞颂劳动、赞美英雄等。其形式多为短篇，但也有长篇叙事诗、抒情诗。藏族的《格萨尔王传》、柯尔克孜族的《玛纳斯》、蒙古族的《江格尔》，被誉为我国三大史诗，在国际上享有很高的声誉。

说唱又叫说说唱唱，是运用散文（说）和韵文（唱）讲述故事的形式。有以说为主加唱的，常见于儿童故事的说唱。也有以唱为主加说的，多见于英雄史诗的说唱。

5. 民间游艺民俗审美

民间游艺是具有娱乐功能的艺术，往往伴随其他民俗活动开展并得以传承。其种类很多，最为流行的是民间音乐和舞蹈、民间竞技和游戏、民间工艺。

民间融音乐和舞蹈于一体，音乐是舞蹈的伴奏。民间舞蹈的社会内涵，主要有三个方面：一是劳动生活。多以人的生产动作和作为狩猎对象的禽兽的姿态来表现。如鄂伦春族的黑熊舞、拉祜族的斗鸡舞、阿昌族的猴舞、独龙族的孔雀舞和打苞谷舞等。二是巫术仪式。巫术仪式本是娱神的，但在传承中有些逐渐演变为娱人的民间舞蹈。三是纪念活动。如纪念某个英雄人物或某个历史事件。

竞技和游戏二者也往往融合起来。我国各民族都有许多竞技游戏习俗，主要包括赛马、射箭、摔跤、赛龙舟、斗牛、斗鸡、踢球、踢毽子、打秋千、跳跳跳板、放风筝、爬竿等。其审美意义在于，给人们提供健美的审美对象和欢乐的审美气氛。一年一度的蒙古族的“那达慕”大会，以赛马、射箭、摔跤为主要项目，表现出草原民族的勇武机智之美。大会还进行贸易活动，物品如山，人潮似海，衣着花团锦簇，人们笑逐颜开，别具一番民族风情美景。

民间工艺包括民间绘画、剪纸、雕塑、刺绣、陶瓷、漆画、皮影、脸谱等。它们汇成了民间工艺艺术海洋。

6. 社会关系民俗审美

社会关系民俗，是通过某种独特方式把人与人的关系固定下来并约定俗成的民俗事象。它主要包括家族和亲族民俗、村落民俗、民间组织和民间职业集团民俗、岁时民俗、人生仪礼民俗等。最有审美价值并广泛传承的是村落互助民俗、节日民俗、婚姻民俗。

（1）村落互助民俗审美。村落互助包括生产互助、生活互助、建立公共设施等。它自身是一种美德，又创造了许多美好事物。生产互助在我国自古传承有共耕制和换工互助这两种形式。新中国成立后共耕制已逐渐消失，但换工互助至今仍有存在。换工互助能够克服生产中的许多困难，带来生活的美。生活互助是各个家庭之间通过人力、财力、物力的互助办好生活上的大事，如修建房屋、举办婚事、操持丧事等，古风也传承至今。公共设施的项目很多，如道路、桥梁、水利、学校和其他集体活动建筑，以及墓地等。自古以来，其修建多由村民出力出钱。其结果是方便了群众，美化了村落。

（2）节日民俗审美。我国自古传承的节日民俗很多，大致上可分为宗教性节日民俗、生产性节日民俗、年节民俗、纪念性节日民俗、文娱性节日民俗。宗教性节日包括原始宗教节日、现代宗教节日。其中有的活动有一定的审美意义。云南永宁地区纳西族支系的摩梭人信奉的“干木”女神崇拜，是一种母权制社会形态下的自然崇拜。每年农历七月二十五日是祭祀女山的重大节日，鸡叫时分青年们便带上酒食来到干木山下，点燃松毛向女神敬献贡品，往篝火中撒酒、丢鲜花，绕女山一周，在这里赛马、野餐、唱歌跳舞狂欢和露宿，沉浸在幸福美好的气氛中。生产性节日民俗是在农、林、牧、副、渔、猎等生产实践的基础上产生的，有些具有一定的科学性，但又往往把丰收寄托在神灵的帮助上。然而它毕竟反映了人民的劳动生活和良好愿望，而且带来了喜庆气氛，流行最为广泛的“新米节”（又叫“尝新节”）就具有一定的审美意义。年节是除旧布新的重大节日。我国许多民族因岁时不同而各有自己的年节，但汉族和绝大多数少数民族的年节是春节。过年节的共同特点是穿新衣，吃美食；讲禁忌，求吉利；祭祖先，敬鬼神；访亲友，系感情；张灯结彩，千家万户喜气洋洋。纪念性节日是纪念受人们崇敬的历史名人或神话、传说中人事的群众性活动。我国几乎各个民族都有自己的纪念性节日。纪念性节日民俗，以被纪念者的美好形象给人以审美感受。文娱性节日一般起源于生产、宗教、战争等历史事件，但是随着历史的变迁，逐渐突出了文娱性，冲淡了生产性、宗教性和战事性，成为具有联欢性质的群众性活动。

（3）婚姻民俗审美。人生有四件大事，即诞生、成年、结婚、丧葬。这些大事都有一定的仪礼，每种仪礼都烦琐复杂。其中有相当多的陋俗，也有一些良俗。比较有审美意义的，要算婚姻民俗中的一些良俗，即入赘习俗、五服内不通婚习俗、开放式择偶习俗。入赘是男子到女方成家的古老婚姻习俗传承。汉族旧时入赘现象甚少，入赘男子多为讨不起老婆的穷汉，受人歧视。但是在许多少数民族中，情形就不同了，入赘男子在女家享有与其他成员一样的权利，因此入赘民俗一直盛行。这种习俗对于破除“男尊女卑”的传统观念，实行男女平等，带来幸福美好的家庭生活，都有一定的积极意义。五服内不通婚的习俗，在我国普遍传承。五服即从高祖、曾祖、祖父母、父母到自己这五代人。五服内不通婚，指未超出五代的同姓男女不通婚。这种习俗对于避免近亲繁殖、实行优生是有好处的。我国传承的择偶习俗，有封闭式和开放式两种。旧时在封建家长制和买卖婚姻形态下，女子（主要是汉族女子）无权过问自己的婚姻大事，只能凭“父母之命”“媒妁之言”成婚，酿成了许多悲剧。这是封闭式择偶习俗，是陋俗。开放式择偶习俗，是指达到成婚年龄的男女青年自由地选择配偶。这在我国少数民族中较普遍。壮族的“歌圩”、仫佬族的“走坡”、白族的“石宝山歌会”、苗族的“芦笙会”、瑶族的“坐歌堂”、西北各民族的“花儿会”等未婚男女青年聚会，都是自由选择配偶的好场所。傣族的“串卜绍”（傣语，即“串姑娘”“丢包”），瑶族的“交客姑”和“带后生”，侗族的“行歌坐月”，苗族的“游方”，布依族的“赶表”，则是以歌为媒选择配偶的独特方式，颇具诗情画意。

三、美感体验之悲喜剧

悲喜剧通常情况下是针对艺术作品的审美体验来说的，而在对旅游者的审美体验过程中，也会经常以艺术作品作为审美对象。在这种情况下，审美体验的愉快感受便呈现在一种悲剧情怀或者是戏剧情怀当中。有学者认为，在旅游这个特定的场景中，悲剧情怀在某些方面有很大程度上的相似，对于这一点，中国美学大师朱光潜先生也曾经做过比较明确的概括：“悲剧感是崇高感的一种形式，但是这两者并不是同时并存的：悲剧感总是崇高感，但是崇高感并不一定总是悲剧感。”旅游者在旅游过程中所进行的悲剧体验，也同样是超越了真实的悲哀和恐惧，但是却是因为沉浸在一种没有利害感的悲剧气氛中而得到的快感体验。悲剧的快感也是因由痛感而生的，因此，它和崇高感的形成十分相似。至于喜剧作品，那是一种以丑作为表现对象（包括形式的丑，如人的形体背离生活常规：本质的丑，如失去历史存在必然性的旧的事物；局部的丑，如本质的美和部分的丑的结合）的艺术形式，旅游者在欣赏这种艺术品的时候，获得的是直接的、即发的、轻松的快乐，旅游者通过对于丑的认识和否定，最终获得美感体验。

中国上下五千年文化给这种旅游活动中的艺术欣赏创造了无穷无尽的资源，在此无法全面论述，只举出几例，以期达到管中窥豹之效果。

（一）建筑艺术

中国古代建筑在世界建筑中自成体系，形成了固有的艺术风格与构造特征，包括完整的木架构体系，三段式的外观特征，群体组合的配置形式，均衡对称的布局原则，美丽动人的构件造型，装饰色彩与等级的紧密结合等。

1. 完整的木架构体系

世界上没有哪一个民族的建筑文化像中国这样具有亲木文化情结，在近现代西洋建筑东渐之前，如此漫长地热衷于土木结构及其群体组合。

其主要优点主要表现在以下几个方面：

（1）取材方便、加工容易。如意大利佛罗伦萨主教堂 1420 年动工，1470 年完工；紫禁城 1407 年动工，1420 年完工；法国凯旋门 30 年完工，同时期乾隆建造承德普陀宗乘之庙开始于 1767 年，1771 年完工。

（2）灵活性强。由于墙壁不负担屋顶和楼面的重量，中国的建筑物具有极大的灵活性，门窗开设比较自由，并发展成精妙而独特的中国门窗文化。

（3）抗震性强，墙倒屋不塌。木材具有一定弹性，梁柱的框架结构有较好的整体性，因而木架构房屋的抗震性能较强，墙是隔断不承重，能够防御地震。

这种形式的代表作为修建于 1056 年的应县木塔，此塔除了石头基础外，全部用木头建造，各层用内外两圈木柱支撑梁架，而木柱之间使用了 60 多种斜撑梁、木枋和短柱，规格和手法变化多样，组成不同方向的复梁式木架，使整个塔的构架联结成一个整体，既坚固，又美观。这座塔 900 多年来，经受风雨侵蚀以及多次地震、战争的破坏，依然巍然耸立，可以称得上是我国乃至世界古建筑中的一件珍品。

2. 群体组合的配置形式

以木架构为主的中国古代建筑体系，平面布局的基本原则是以“间”为单位构建单体建筑，再由若干个单体建筑构成庭院。单体之美，只有体现为“群”的一部分时才有价值，也只有存在于“群”中，其艺术价值的丰富性才能得到充分展现。甚至可以说，“群”是中国传统建筑的灵魂。太和殿的威武壮观只有在紫禁城的森严氛围中才能得以表现，祈年殿也只有在松柏浓郁的天坛才有生命。群体组合使中国古代建筑远远超过了其他造型艺术的复杂性和深刻性，获得了极为特殊的美学风格和震撼人心的艺术效果。

3. 均衡对称的布局原则

均衡对称是以纵轴线为主，横轴线为辅。我国庭院布局为两种，三合院和四合院。

受中国古代社会的等级观念和宗法意识影响，古代建筑的庭院与组群布局大多采用均衡对称的方式，以纵轴线为主、横轴线为辅进行设计建造。

一般庭院布局大体可以分为两种。一种在纵轴线上先安置主要建筑，然后在院子的左右两侧沿着横轴线以两座体量较小的次要建筑相对，构成三合院；或在主要建筑的对面再建一座次要建筑，构成正方形或者长方形的四合院。四合院的四角通常用走廊、围墙等将四座建筑连接起来，成为封闭性较强的一个整体。这种布局便于安排家庭成员的住所，符合中国传统文化中的礼制观念。

另一种四合院则在纵轴线上建造主要建筑，在其对面建造次要建筑，在院子的左右两侧用回廊将前后两座建筑联结成一体。这种以回廊和建筑相结合的方法可以起到艺术上大小、高低、虚实、明暗的对比效果，同时回廊各间装有直棂窗，可向外眺望，扩大空间感。除上述各种布局方法以外，汉朝以来还有很多在纵横二轴线上都采取对称方式的组群。与四合院的建制相反，它以体形巨大的建筑为中心，周围以庭院环绕，在外面用矮小的附属建筑、走廊或者围墙构成方形或圆形外廓。历代坛庙等礼制建筑采用的多是这种布局方式。以均衡对称方式为原则构成的古代建筑具有层次感和空间感，是一个可以满足各方面用途，又能成为一个完整的建筑群体的严密整体。以北京故宫为例，它的总体布局是沿着南北轴线纵向布置起来的，以天安门为序幕，外朝三大殿为高潮，景山作为殿尾，既有主有从，又前后呼应，是中国古代建筑的杰出代表。因此可以说，中国古代大组群的建筑形象，恰如一幅中国的手卷画，只有自外而内，从逐渐展开的空间变化中，才能体味到它的美妙与精华所在。

4. 美丽动人的构件造型

善于将建筑的各种构件进行艺术加工是中国古代建筑的突出特征之一。以木架构为结构体系的中国古代建筑，柱、梁、枋、檩、椽等主要构件几乎都是露明的，这些木构件在用原木制造的过程中大都进行了美的加工。屋顶上的鸱吻和宝顶、瓦当，屋脊上的瓦头雕刻花草、禽兽等纹样，增加了建筑鲜活的生命感。总之，中国建筑从整个形体到各部分构件，利用木架构的组合、各构件的形状以及材料本身的质感等进行艺术加工，达到建筑的功能、结构和艺术的统一。

5. 装饰色彩与等级的紧密结合

善于用色是中国古代建筑的突出特点之一。

中国古代建筑惯用大面积的原色，包括黄、红、青、绿、蓝、白、黑等。由天安门、午门走入宫城，进入游客视域的是碧蓝色的天空，蓝天下是成片的闪闪发亮的金黄色琉璃瓦屋顶，屋顶下是青绿色调的彩画装饰，屋檐以下是成排的红色立柱和门窗，整座宫殿坐落在白色的石料台基之上，台下是深灰色的铺砖地面。这蓝天与黄瓦，青绿彩画与红柱红门窗，白台基和深色地面形成了强烈的对比，给人以极鲜明的色彩感染。在山清水秀、四季常青的南方，房屋色彩受气候、环境、社会等方面的影响，多用白墙、灰瓦和栗、黑、墨绿等色的梁架、柱装修，形成了与环境相调和、秀丽淡雅的格调。安徽徽州地区一带的祠堂、民舍都是白粉墙，黑色的瓦和灰色的砖、石墙脚，黑、白、灰组成了这个地区乡土建筑的主色调。浙江永嘉楠溪江自然风景区一带的民舍，用的都是当地的材料，穿斗式的构架，露出木料本色，柱间都是白灰墙，顶上盖着黑瓦，在黑、白、灰中加上赭石色的木柱，配上起翘的屋顶，弯弯的曲线，朴素而且秀丽。

6. 三段式的外观特征

就外观而言，中国古代建筑由台基、屋身、屋顶三个部分组成，称为“三段式”。台基是中国古代建筑的基础部分，具有承托建筑物、防潮、防腐的实用功能，弥补了单体建筑物不够雄伟壮观的遗憾，还有昭示身份和权力的象征功能。屋身是中国古代建筑的主体部分，采用梁柱式结构形成梁架，梁架与梁架之间组成“间”。建筑的屋身一般由若干间组成，开间越多，等级越高。

古代能工巧匠经过长期的实践，创造出造型独特的“大屋顶”，这是中国古典建筑区别于西方古典建筑最鲜明的特征。这种屋顶不但体形硕大，而且是曲面形，屋顶四面的屋檐两头高于中间，整个屋檐形成一条曲线，令原本笨重的屋顶变得轻盈活泼，好似一条充满活力的天际线，柔和而有韵律，古代文人形容其为“如鸟斯革，如翚斯飞”，成为整座建筑极富神韵和艺术表现力的一部分。在唐、宋、元、明、清各个时代，无论宫殿、陵墓、寺庙等大型建筑，还是普通的民间建筑，这种大屋顶的造型都很常见。古人在实践过程中还创造出了形式不一的屋顶式样，包括庑殿式、歇山式、攒尖式、悬山式、硬山式、卷棚顶等不同形式的屋顶。

（二）雕塑艺术

中国古代较少纯粹的雕塑艺术品，这是一般人不重视中国古代雕塑的主要原因。西方雕塑发源于古代希腊，古希腊人重视人体，将神塑造成完美的有血有肉的人。他们崇拜神，也崇拜和神一般完美的英雄——战士与运动家。为他们塑造供人膜拜瞻仰的偶像和纪念像。如此形成传统，在西方世代相传，成为一种纯粹的雕塑艺术。

而中国古代社会的制度、文化、哲学与宗教，都不同于古代希腊。

中国远古时期重礼教，尊鬼神，艺术重心倾向于工艺美术，在礼器、祭器上发挥艺术天才，并从陶器、青铜器、玉器及漆器等工艺品发展出以装饰功能为主的实用性雕塑，在历代都占有主流地位。

中国古代实用性雕塑可分为两大类，一类是纯粹的工艺品，例如象形器皿和供摆设的小型工艺雕刻。一类为建筑（包括陵墓）装饰雕刻，如南朝王陵石刻辟邪和唐代顺陵石狮。实用性除反映在装饰雕刻上以外，还反映在明器艺术与宗教造像上。明器是随葬用品，其中雕塑品占有重要地位，主要是俑和动物雕塑，如秦始皇陵陪葬坑兵马俑和唐三彩俑等。俑是人殉的取代物，动物雕塑也用来代替活体陪葬，它们的实用性很强，并非纯粹的雕塑艺术品。宗教造像也是如此，它们是供信徒顶礼膜拜所用的，以佛教造像最有代表性。佛教造像有宗教上特殊的造型要求，它们和古希腊的以人为范本的真实自然的神像有所区别，在欣赏时需要了解经、规、仪、规的种种规定，如佛像两耳垂肩，手长过膝等，否则很容易认为比例不准确，解剖有错误而加以否定。纯粹的雕塑一般以纪念性雕塑为代表。出于上述原因，中国古代雕塑的装饰性相当突出。这是它孕育于工艺美术所带来的胎记，无论是人物还是动物，也无论是明器艺术、

宗教造像还是建筑装饰雕刻，都普遍反映着传统悠久的装饰趣味。

（三）园林艺术

园林是自然与人工的完美结合，既是对自然的模拟，于方寸之间显露自然的意趣，也是对自然的加工，一草一木都能显出造园者的匠心独运。中国园林是中国风景美的一种人工物质载体。自然风景的结构，是各种形式的自然因素有规律的组合，包括地形、水系、植被、色彩、声音、线条等。大自然是美的源泉，组成中国园林风景的审美元素大致有形象美、色彩美、音响美、嗅觉美、节奏韵律美等。园林艺术是人类长期社会实践的产物，具有历史必然性与民族性，同时又不乏个体的特殊性。与山水园林为伍者，有不与众谋、全生养性之“道隐”，也有沽名钓誉的“终南之隐”，更多的官僚衙署及皇家园林其实质或许并称不上“隐”，但同为山水林泉之乐。究其根本，“儒隐”也好，“道隐”也罢，所共通的审美理想在于“天人合一”。它是创造园林艺术、园林美的内在依据。

为了进行审美活动，还要提高审美的修养和能力。正所谓“涉浅水者得鱼虾，潜深水者得蛟龙”。有较高审美能力的人，可以从美景的色、形、音得到悦耳悦目的愉快，从美景的表层内容得到情与意的享受，从美景的“象外之象”“味外之味”得到畅神畅志的精神提升。

随着人们审美修养的提高，审美经验的积累，人们在旅游中一定会自觉地体会和感悟到更丰富、更深广的审美内涵和文化意蕴。这也是永无止境，值得毕生去追求的。

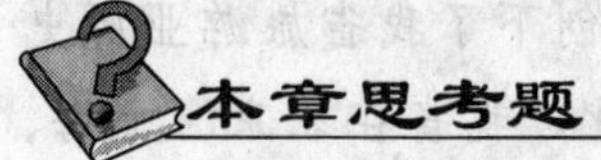

本章思考题

1. 详细描述旅游活动的文化体验价值。
2. 如何认识旅游文化体验中审美愉悦的构成？
3. 结合自身体验，论述旅游文化体验在旅游产业中的重要地位。

案例分析

冰雪旅游进入高潮，“冷资源”变“热产业”

2010年10月30日，北京市王府井商业街上的一派北国风光令人叹为观止：茫茫长白林海银装素裹，凝霜挂雪的雾凇，大红灯笼点缀下的雪乡小屋似冰雕玉琢——雪屋、雾凇、雪人的实景营造，让北京市民如身临雪乡，震撼不已。

在旅客吞吐量已突破4000万人次的上海浦东机场，在旅客必经的过道上，有一个展示吉林风光的照片长廊。旅客走过这条长廊，犹如穿行在吉林省雄浑壮美的江河山川中……

这是2010年我省冰雪旅游推介中最具创意的两个场面。近期，上至由副省长带队的全省旅游代表团，下至旅游景区、旅行社的促销团，足迹遍布大江南北，一场场别开生面的冬季旅游推介活动，将一幅幅浓郁的关东民俗风情图，呈现在全国人民面前。赏雾凇、泡温泉、杀年猪、包饺子、扭秧歌，到吉林过大年，成为全国冬季旅游市场中最具人气的一道风景线。

我省具有丰富、广泛、优越的冰雪旅游资源。积雪期长、雪质好，交通便利、气温适中。雾凇、冬捕等景观壮美、奇特，分布地点多、区域广，是国内开展冰雪旅游活动的最佳区域。在全省培育旅游业支柱产业的总体目标中，建设冰雪旅游强省是其中重要一环。近年来，全省优先发展冰雪旅游，以长白山冰雪旅游为龙头，以各地开展的特色冰雪旅游活动为载体，不断推进资源整合、品牌提升、市场开发。经过综合开发建设，形成别具一格的冰雪旅游产品格局和特色鲜明的冰雪旅游目的地形象。目前，全省共有近30家滑雪场、92条雪道，已构成规模较大、设施先进、条件优越、体系完备的滑雪旅游基地群。

2010年，我省冬季旅游推介活动启动早、规模大、层次高、影响范围广。早在深秋时节，全省就启动了冬季冰雪旅游市场开发工作。副省长陈伟根率团分赴北京、深圳、上海等地，在京津唐、珠三角、长三角等我省主要客源地区，开展吉林省冰雪旅游系列推介活动。活动期间，以“冬季到吉林去滑雪”“到吉林过大年”为主线，推出冬季长白山、吉林雾凇、滑雪、冬捕、温泉、冬猎、漂流和东北民俗等独特的旅游资源和产品。这些活动规模之大、层次之高、影响范围之广，都创下了我省旅游业历史之最，在当地掀起吉林旋风。为了使吉林旅游营销推广常态化，我省在北京、上海、深圳等地设立旅游推广中心，使吉林旅游宣传推广有了新的支撑体系。

紧扣时代脉搏，谋划旅游节庆活动，各地冰雪旅游节的内容和形式不断丰富和创新。为进一步展示我省冰雪旅游资源，突出产品特色，形成市场吸引力，省旅游局适时组织“2010—2011吉林省冰雪旅游季主题系列活动”。其中5个重点旅游节庆，共设计安排150多项旅游活动，涵盖冰雪观光、滑雪娱乐、民俗体验、温泉度假等特色内容。活动从2010年的12月初开始，将一直持续到2011年5月中旬。旅游节庆活动更加注重品质的提升。长春冰雪旅游节从最初的雪雕观赏，发展到如今以滑雪运动为主，成为集观赏、娱乐于一身的旅游品牌。推动冰雪旅游由观赏型向体验型的更高境界发展，滑雪正在升温成一项全民运动，展示出长春旅游健身、休闲度假的独特魅力，使冰雪节走上可持续发展之路。已经连续举办15届的吉林国际雾凇冰雪节，常办常新。2010年，吉林市进一步整合资源和活动载体，把冰雪观光、滑雪娱乐和温泉养生等优势产品融为“三位一体”，强力推出，为这一传统的节庆活动注入新的活力。加入“赏凇滑雪过大年、两岸同胞手相牵”的新元素，届时，将有数百名台湾游客前来观赏雾凇奇观，体验滑雪激情。

突出地域文化和多姿多彩的民俗风情。在2010年冬季旅游产品打造上，着力将冰雪旅游与东北独有的年俗特色相结合。省旅游局根据区位与交通、基础设施、经营管理等要素条件，精选出23个“到吉林过大年”农家乐旅游点。省内多家旅行社，相继设计多款以“冰雪过大年”为主题的产品。松原凭借“三江一河两湖”和满蒙民俗风情，将“过大年”融入旅游活动中。游客不仅可以亲历“千米巨网潜入冰下、万尾鲜鱼呼之而出”的壮观场面，更能参与包豆包、抽冰猴、扭秧歌、杀猪宰羊拜大年的年俗体验活动。在“延边之冬”中，游客住在朝鲜族民居中，睡热炕、品民餐、观歌舞，感受朝鲜族家庭的温馨与淳朴。

伴随各类冰雪旅游节庆活动的全面启动，全省迎来了2011年冰雪旅游的旺季。全省各大旅行社反馈的信息让人欣喜不已——入冬以来，接团数量节节攀升。告别“冬季封山”的长白山，出现“冷资源”跃升为“热产业”的态势。2006—2010年，全区旅游接待人数794.2万人次，旅游总收入达到60.1亿元，年均递增30.5%和37.5%，成为全省旅游发展速度最快地区。

（资料来源：http：//www.jlsina.com 2011年1月5日 09：45 吉林日报）

请结合旅游文化体验的相关知识点谈谈旅游文化体验的价值，并结合案例与自身经验阐述吉林省冰雪“冷资源”一跃成为“热产业”何以成为可能。

第三章 旅游消费行为

1. 认识文化差异对旅游消费行为的基本影响
2. 认识中国社会经济文化与旅游消费行为之间的内在联系

第一节 文化语境中的旅游消费

旅游业是最有发展前途的朝阳产业，旅游消费将越来越兴旺发达。众多的高品位旅游文化消费资源使得中国发展旅游产业的条件显得异常的得天独厚，近年来，这种得天独厚的条件已显示出巨大的发展优势与潜力。除了巨大的经济价值之外，旅游消费还具有巨大的社会文化功能。发展旅游消费，既能促进人的文化素质的提高，又能发掘、弘扬优秀的民族文化，有利于培育社会文化肌体，提高全民科学文化素质。由此可见，高质量的旅游消费，对人的发展，对社会经济的发展，对社会文明的进步，起着越来越大的作用。

一、消费文化概述

消费文化是消费社会研究的中心议题，费瑟斯通指出："使用'消费文化'这个词，是为了强调商品世界及其解构化原则对理解当代社会来说具有核心地位。"

目前，关于"消费文化"概念的界定国内主要归结为三种类型。

其一是以尹世杰教授为代表的，认为"消费文化是消费领域中人们创造的物质财富和精神财富的总和，是人们在消费方面创造性的表现，是人们各种合理消费实践活动的升华和结晶"。消费文化是社会文化一个极其重要的组成部分，是消费文明的内在本质，是社会文明的重要内容。"那些反映封建主义、资本主义腐朽的生活方式、音像制品、作品等，只能算是文化垃圾、非文化、反文化的东西。"

其二是大多数学者认同的，消费文化是指消费者的消费价值判断、指导思想与行为准则，以及反映在物质产品上的文化层次和文化趋向。它有健康向上的消费文化，也有颓废落后的消费文化。

其三是“所谓消费文化，或者如一些人所称的消费主义文化，是一种以推销商品为动力，无形中使现代社会的普通大众都被相继裹挟进去的消费至上的生活方式与价值观念”，“消费即文化，文化即消费”。

然而，欲说明消费文化的内涵，必须结合现时代的文化背景。消费文化是现代社会进入变革和转型期的一种特殊的文化模式，是对经济发展和文化发展彼此间出现的冲突矛盾起调节作用的新的生成结构；它“既不表明某种控制出现了失控，也不表明它就是某种更为严厉的控制，而是既掌握了正式的控制又把握着解除控制，并在这两者之间轻易地转换交切的一种弹性的、潜在的生成结构”。它是物质生产和人类生存目的相互作用在工业化大生产开始之后所产生的、占据生活支配地位的文化形态。要说明这个问题，应对文化与消费文化的关系有所认识。

对于文化与消费文化之间的关系，王宁在其著作《消费社会学——一个分析的视角》中是这样论述的：“从个体主义和行为主义角度看，消费是一种行为。从交流主义和符号主义角度看，消费则是文化。如果说消费行为学是把消费行为和文化看做两个各不相同的东西，那么，消费社会学则认为，消费本身就是文化。这不仅仅是说消费受到文化的影响、驱动和制约，也不仅仅是说文化本身离不开消费，依赖于消费，要以消费为工具和载体，而且也是说，消费本质上就是文化，因为消费及其消费品均是表达意义的符号体系和象征体系。所谓消费文化，就是伴随消费活动而来的，表达某种意义或传承某种价值系统的符号系统。这种消费符号不同于一般意义上的满足需求的自然性、功能性消费行为，它是一种符号体系，表达、体现或隐含了某种意义、价值或规范。文化规则及其历史积淀赋予了消费行为的等级和层次，一个人能够消费什么，并不完全取决于个体选择，它在很大程度上是由文化场域对关系位置的配置所规约的。这种在消费活动中呈现出来的行为和物品符号体系，就是在这里所讲的消费文化。”

二、旅游消费行为

就旅游这个特定场域来说，消费不再是一种简单的使用价值的自然属性得到实现的过程，它承载着消费主体对某种事物或现象进行评价，认同而作出的姿态，是生活方式的一个组成模式。旅游消费行为的背后展示着旅游主体、旅游客体与旅游中介等之间产生的社会联系，当把个体的背景置于其社会义务，并把旅游消费背景置入社会过程之中时，商品以其对理性生活的一种极其实在的贡献而展现。

事实上，在旅游消费过程中，每一个旅游客体对旅游主体的价值，都取决于它与其他旅游客体的关系，“物以稀为贵”，同样是历史古镇，但对生活在不同地方的旅游主体的意义是迥然不同的。旅游客体在旅游主体的旅游过程中被重新编码，赋予指向性的意义，从这个意义上说，只有把旅游主体、旅游客体与旅游中介三者共同置入文化视野中进行考察，才能理解上述三者在旅游消费活动中呈现出来的具体行为。

下面以旅游消费行为主体旅游者为载体，将旅游主体、旅游客体与旅游中介三者共同置入文化视野当中，对三者之间的文化关系进行全面阐述。

旅游者的和谐旅游消费是一种以和谐为本质诉求的旅游消费，旅游者的旅游消费以促进人自身、人与社会、人与自然的全面和谐为行动指南和终极目标，即在旅游消费中实现人的全面发展、经济社会的可持续发展和自然生态的可持续利用。

在旅游消费过程中，旅游者通常要对自己的身份、情感、需求和心理预期进行定位，而定位的正确与否，直接关系到和谐旅游消费能否实现。

（一）身份文化

一般来说，旅游者在旅游消费中主要扮演三种角色：经济性角色、文化性角色和环境性角色。

（1）从经济意义上讲，旅游者是旅游产品的消费者，是被服务者，但也是消费行为过程中的参与者、合作者（事实上，他们与服务者以及其他旅游者等结合成暂时的利益共同体）；既是权利享受者，也是义务承担者。

（2）从文化意义上来说，旅游者既是异地文化的体验者，又是客源地文化的传播者和维护者。同时，旅游者在某种程度上又是“民间外交大使”，是国家和地区形象的代表。

（3）从环境意义上来讲，旅游者既是优美环境的欣赏和享受者，又是环境生态的保护者，在倡导“负责任旅游”的生态旅游中尤其如此。

如果旅游者对自我角色定位错误，只单纯以权利享受者、文化体验者、环境享受者自居，而全然忘记同时为义务履行者、文化传播者和文化责任承担者、环境生态保护者，或虽有角色意识，但意识淡漠甚至失落，造成消费行为的过程和结果与自我身份不相符合甚至背离，就产生了身份定位的异化。值得注意的是，身份的异化又将进一步演绎出情感、需求、心理预期等方面的异化。

（二）情感文化

旅游消费中，旅游者对消费对象（旅游产品和相关资源）和服务提供者、消费伙伴、消费地的自然和文化环境、当地人民等应有一个基本的情感定位，其中平等、友好、博爱、感恩应是主旋律。

如果这一定位被扭曲了，就构成了情感定位的异化。当下，情感定位异化的突出表现为由旅游者的非平等心态或盲目的优越感等非正常情感所外化出来的、对其他主体或客体所表现出的“傲慢”，如甲方对乙方的傲慢（以旅游合同中的“甲方”或“上帝”自居，不尊重甚至侮辱乙方人员的人格）；城市旅游者对农村居民的傲慢（不尊重对方的生活或风俗习惯，对其农作物肆意践踏和破坏，特别是来自发达地区或大都市的旅游者表现出“阳春白雪”对“下里巴人”的傲慢和无礼）；高学历、高职位、高收

入旅游者对低学历、低职位、低收入旅游者的傲慢；经济贡献者对被贡献地居民的傲慢（以“扶贫者”自居，对旅游地的经济社会发展状况表现出轻视或不屑一顾）；人类对自然和环境的傲慢（随意采摘植物，随意惊吓和击打动物或强迫动物做超负荷的表演，随意丢弃垃圾等废弃物，在旅游地随意展示不文明行为，破坏文物古迹等）。

（三）需求文化

旅游者在一定程度上“求新、求奇、求异”的旅游动机是产生旅游需求进而付诸旅游行为的原动力。但是，旅游者在旅游六要素“食、住、行、游、购、娱”方面的需求必须合理而可能。

然而，当这一需求超越或凌驾于“合理而可能”的原则时，需求定位的异化就出现了。需求异化的主要表现有：在“食”方面，超出法律法规和当地宗教习俗允许的范围，要求非正当的物质摄取，如追求所谓“吃野味”的体验，要求餐饮服务方提供穿山甲、白鹤等国家保护动物的食物制品，忽视宗教禁忌要求回民提供猪肉制品等；在“住”方面，追求宾馆的星级、设施的豪华、用品的精致、感官的舒适，对水、电、纸张、日用品等进行过度消耗等；在“行”方面，追求交通工具的档次，盲目进行炫耀性消费；在“游”方面，为追求旅游的“原生态性”，侵入自然保护区的核心区（旅游禁区）或宗教禁区，不正当地使用交通工具或制造异常声响，干扰动植物的生境或宗教活动的正常秩序，造成事实上的生态干扰和文化干涉；在“购”方面，在旅游购物中（尤其是出境旅游购物中）进行攀比式、炫耀性购物，导致疯狂购物、超高消费；在“娱”方面，苛求民族或地方节日活动的非节日性表演，甚至奢望在景区、度假区尤其是在境外旅游地实现一时的无度享乐与放纵。

（四）心理预期文化

旅游者对旅游活动全过程中的自然环境、人文环境、服务设施设备以及其他物质和精神供给要有合理的心理预期定位，并根据情势的变化作及时的调整，如在黄金周或旅游旺季等时间段或者贫困落后地区等地域适时降低自己的心理预期，以提高旅游消费的满意度。因为旅游体验满意度的高低往往与旅游者的心理预期的高低成负相关：预期越低，满意度越高，反之亦然。

当心理预期定位不当或过高（如在食宿消费方面，奢望旅游生活只是舒适的、惯常性家居生活在经度和纬度上的空间位移或异地复制等）时，心理预期定位的异化就不可避免了。心理预期定位的异化使旅游者对旅游消费中的不便和困难估计不足，对克服困难的心理、知识、技能准备不够，当过高的心理预期与现实之间的差距一旦显现时，旅游者即感到失望、沮丧、焦虑、紧张，进而作出不当乃至过激言行，如吹毛求疵、责难、恶语相向，甚至无理投诉等。特别是在“黄金周”这样景区（点）人满为患、宾馆客房吃紧的特殊时期出游，如不对心理预期作更低的调整，其异化所导致的负面后果就表现得更为明显和激烈。显然，心理预期定位的异化必然导致旅游体验质量的降低，甚至使整个旅游消费过程归于失败。

显然，上述四个方面是基于人的物质和文化需求的满足、人的全面发展、人类社会可持续等诸多角度提出的，将礼仪、道德、自律、文化认同、生态伦理等多重社会因素凝聚而成的多维人生观和价值观。因此，必须采取有效的对策来促进旅游者正确定位，包括全社会应夯实和谐消费的人文基础；引导旅游者树立和谐旅游消费观；加强对旅游者的教育，特别是加强旅游服务提供方（包括旅行社的导游员、景区的服务人员等）进行即时的、现实的、现场的教育，对旅游者的消费行为进行动态的指导、劝说和纠正。

第二节　文化的差异及其对旅游消费行为的影响

在本书的第一章，对文化作出了详细的阐述，英国文化人类学家泰勒在其代表作《原始文化》中，给文化下的定义是“文化或文明，就其广泛的民族学意义来讲，是一复合整体，包括知识、信仰、艺术、道德、法律、习俗以及作为一个社会成员的人所习得的其他一切能力和习惯”。

如果将民族价值观作为基本出发点，并以此为视角看文化，那么文化应该作如此解释：文化是一个民族长期社会实践中积淀而成的精神状态、价值观或思维方式，包括行为方式、标志、思想和与此相关的价值标准。文化是动机、决策的影响因素和阻碍因素。文化作为一套信仰、价值观念、态度、习惯、风俗、传统以及行为方式，必然影响旅游者的生活志向——他所扮演的角色、他与别人的关系、他感知事物的方式、他需要的物品和服务以及其他的作为消费者的具体行为。影响旅游消费者心理的、个人的、社会的因素，都不可避免地要打上文化的烙印。

从消费者行为学的角度讲，文化可定义为：“用来调节某一特定社会消费行为的信念、价值和习惯的总和。”其中，价值观构建了人们的信仰和态度，并指导着人们的行为。文化价值观本身具备两大基本特征：时间稳定性和对个体行为的影响性。时间稳定性表现为，一个现代社会的文化价值观系统较强地依赖于该社会的传统文化价值观；对个体行为的影响，表现为文化价值观影响人类的行为。

对于价值观，美国学者罗基切是这样定义的：“价值观是人们关于什么是最好的行为的一套持久的信念，或是依重要程度而排列的一种信念体系。通俗地讲，它是关于什么是重要的什么是不重要的、什么是值得做的什么是不值得做的一套信念。”

如果要对影响旅游消费行为的因素进行一个从大到小的排序，那么文化特征及价值观毫无疑问是影响其旅游消费决策的根本因素，是旅游动机产生、旅游方式选择、旅游产品偏好、旅游目的地形象感知的深层次内因。

与此同时，文化是某一群体或社会所共有的现象，并常常表现出与其他群体或社会的明显差异，形成文化丛、文化群、文化圈，进而产生文化差异。这种文化差异在影响旅游动机产生、旅游方式选择、旅游产品偏好和旅游目的地形象感知的同时，又是构成可以满足人类好奇心的一种推力，文化差异使旅游者前往异国他乡旅游。

综上所述，文化对旅游行为的影响调节作用主要表现在两个方面：一是文化决定旅游者的消费观念和行为规范；二是文化造就和影响旅游者的消费习性和具体消费行为。此外，文化的差异是吸引境外游客最具吸引力的资源，也是中西方旅游者在旅游消费行为上不同表现的根本原因。

一、消费伦理文化对中西旅游消费行为的影响分析

（一）中西方消费伦理的不同特点

消费伦理是建立在一定的物质生活条件之上的，并受到文化传统的深刻影响。尽管人类在消费伦理方面有许多共同点，但由于中国和西方在物质生活条件和文化传统方面的明显区别，中西方消费伦理有其不同的特点。

1. 发展的特点不同

中西消费伦理思想在近代以前，大多强调节俭为消费的伦理原则，这不是偶然的。生产决定消费，在物质产品不丰富的条件下，选择节俭的消费伦理原则，有其客观的历史必然性。但在近代以后，中西伦理思想开始出现重大差异。西方社会进入了工业革命时期，生产力的发展要求与之相适应的消费观，鼓吹享乐、追求奢侈消费的观点开始抬头，一直发展到现代西方社会的消费主义。而中国在近代以后，尽管有思想家批判传统的崇俭思想，如谭嗣同，但节俭依然是中国现代社会的主流。

2. 人性基础不同

中西的消费伦理的差异与中西文化传统中对人性不同角度的理解有关。西方文化张扬人性中的自然性，特别是文艺复兴以后，反对封建的禁欲主义，强调人生的享乐一面，为孟德威尔等的消费观以及现代西方的消费主义提供了文化土壤。中国文化突出人性中的伦理一面，强调以伦理制约人的欲求，宋明理学的“存天理，灭人欲”更是把对人性的压抑推到了极致。把握了中国文化关于人性问题的观点，就不难理解节俭为什么在中国历史上始终是消费观的主流了。

3. 评价的角度不同

近代以后，西方关于消费观问题的争鸣是围绕如何推动经济的发展而展开的，即是用节俭的消费观推动经济的发展，还是通过刺激消费、拉动消费来推动生产。对消费问题，不仅要进行经济的评价，而且要进行伦理的评价。在两者中间，西方显然将经济评价放在优先的地位。而中国则不然，中国的文化是伦理性的文化，古代中国在对消费的评价中，伦理评价处于优先的位置。

（二）中西方在旅游消费意识及行为上的差异

中西方消费伦理的不同致使中西方在旅游消费意识及行为上存在差异，主要体现

在以下几个方面：

1. 旅游消费意识不同

从传统观念来说，中国人是“父母在不远游”。这种远游不是现代意义上的旅游，而是游学交友。游山玩水、休闲度假式的现代旅游，在崇尚读书与提倡节俭的传统中，被认为是不求上进、浪费钱财的行为。由于受传统观念的影响，即使在比较富裕的今天，旅游也多少让人有奢华之感。所以，在现实生活中，普通的中国人在旅游消费上除了要具备一定的经济条件、相应的空余时间，还需要从观念与心理上消除来自传统的束缚。与中国人把旅游消费视为一种奢华的享受不同，西方人更把旅游视为一种生活方式。在工作之余，外出度假，旅游观光是西方人的生活习惯。

2. 旅游消费行为不同

对户外活动的爱好，对大自然的向往，使西方人把旅游消费作为生活中必不可少的重要部分。举一个例子，现代西方青年常常一边读书，一边打工，一边旅游。很多青年学生在大学毕业之前就已经游走过许多国家或地区，并以此自豪。中国的青年学生则大多寒窗苦读，甚至到了成家立业时也未曾萌生过游走全国各地的愿望。

培育国内消费者的旅游意识是推动中国旅游业腾飞亟待开展的工作。要做好这项工作应注意以下两方面的问题：一是加强旅游消费的宣传，营造一种良好的旅游文化氛围。要结合中国人的特点，宣传旅游消费不仅是一种生活享受，而且十分有益于人的身心健康。旅游是人通过与人文景观、自然景观的接触，体验生活的乐趣，它对于消解现代社会由于工作紧张、城市喧嚣所带来的身心疲惫很有帮助。从这个意义上讲，它是一种十分有效的保健措施。旅游使人乐观、开朗，有助于形成积极向上的人生态度。同时，旅游能够开阔人的视野，增长知识与才干。还有助于增添家庭生活乐趣、和睦家庭关系、增强家庭凝聚力等。总之，要把旅游与现代人的生活方式联系在一起，造就一种旅游客生的观念，营造一种良好的旅游文化氛围。二是提高旅游服务的质量。旅游是一种消费行为，旅游服务质量的好坏直接关系到消费者的旅游满意度与舒适度。服务质量好，消费者的旅游意愿会加强；反之，则会削弱。从这个意义上讲，旅游服务不但关系到消费者旅游意识的培育，还涉及如何使消费者的旅游意愿转化为旅游消费行为。因为，只有当人民大众热心参与旅游活动，旅游业才能得到真正可持续的发展。

二、文化差异对中西旅游消费行为的影响分析

（一）文化差异的表现形式

文化与文化都存在差异。人类的衣、食、住、行等需要是一致的，在满足这些需要的基础上创造出的文化具有差异性。寺庙由于宗教信仰的需要而产生，但同是寺庙，希腊的神殿、欧洲的教堂、中国的道观、印度的佛寺、阿拉伯的清真寺却各有不同，

它们不仅代表了不同的宗教信仰，也体现了不同的建筑文化与精神文化。在不同的历史、环境、民族等种种因素作用下，人们创造了各具特色的物质产品、经济生活、工艺技术，也创造了特殊的风俗、习惯、伦理、道德以及宗教、语言、制度等社会文化。

文化的差异性在文化共性中显而不露。衣食住行、婚丧嫁娶、风俗习惯、道德伦理等，在每一种文化里都存在，但其所包含的内容本质在不同文化间存在着极大的差别。同是建筑（单体），西方的造型色彩多变，各具特色；而中国则沿袭祖制，缺少变化。表象上的区别相当明显，但文化的差异性不仅仅表现在这表象的不同中。现象是由本质决定的，表象的不同在于它文化本质的不同。变化与特色意味着创造力与个性化，西方的文化崇尚自由与个性，建筑的变化正是西方文化精神的体现。而沿袭祖制、缺少变化意味着对传统与礼法的重视，中国文化中“传统”与“等级”的观念很强，“礼制”从古至今一直将人的个性压制在群体中，建筑的形制也是对中国文化理念的一种反映。这些文化本质上的不同不是一眼就可以看出的，它隐藏在表象的背后，需要分析研究才能辨别。

文化差异的性质是多重的，集中在两个基本的结构上，一个是空间，一个是时间。时间分隔了古今的文化，空间划分了现代的文化。

1. 空间性

空间性是指文化（语言、宗教信仰、艺术形式、生活习惯、道德观念、社会组织、经济特色等）在不同的地域呈现不同的特点。

（1）文化与地域是紧密联系的，但文化区域不一定就等同于行政区域。

文化区域不仅是一个空间地域概念，而且是一个随时间的演替、历史的发展而不断变化的空间单位。

一个文化区中，常有许多共同的文化因素：民族同源、语言相近、宗教和风俗习惯同一等。从空间上划分文化是非常复杂的。

（2）文化区划分的因素是多种多样的，没有统一的划分标准。

文化区通常是根据一定的经济体系、社会组织、行为系统、宗教信仰、人种语言等文化现象的差别划分。有以某一种文化因素作为标志而划分的文化区，如根据宗教因素划分的伊斯兰文化区、基督教文化区、儒教文化区、印度教文化区等。也有以多种文化特征——语言、宗教、经济类型、社会组织、居住形式多种因素为标志划分的文化区，如根据多种文化因素，主要是宗教和语言可以划分出西方文化区、伊斯兰文化区、印度教文化区、东亚文化区和非洲文化区等。

（3）文化区是一个动态的概念，它在形成后并非一成不变，会随着文化的扩散、接触、融合，文化中心的变迁而变化。

2. 时间性

随着时间的流逝，每个文化都会发展变迁，一个时代的文化有一个时代的特点。

千姿百态的文化环境和文化景观在时间上延续，形成一个特定的时代文化。

许多文化在历史的风沙中消失了，仅留下些许残迹，供后人凭吊与追忆，如美洲的玛雅文明等。但更多的是物质文化虽然消亡了，文化精神却在社会的发展中延续与发展，如中国的儒学文化等。传统的累积与时代的发展巧妙结合形成了今天的文化气象，历史与现代对比、交融。

（二）文化差异下的人类旅游需求分析

人本主义心理学认为，旅游动机是旅游需要的表现形式，是在旅游需要的刺激下促使人们离开居住地外出旅游的内部驱动力。旅游目的地因其自身旅游资源等条件而成为不同类型的旅游目的地，只能满足相对应的旅游需求类型。旅游动机决定着旅游类型。由于旅游动机不同，选择的旅游类型不同，人们对旅游目的地的选择也就存在一定的差异。因此，在旅游动机作用下，旅游者的旅游目的地选择有十分显著的地区指向特点。

人们在社会中生活，按照自身的各种需求创造了丰富多彩的社会文化，在社会长期的发展过程中这些文化又反过来给生活于其中的人们打上了特有的烙印，使不同文化下的人类需求折射出不同的文化色彩。

世界民族的多样化造成了世界文化的多样化，各种文化经过几千年的发展，根深蒂固地沉淀在人们意识深处，对人们的文化传统、价值取向、民族精神、宗教信仰、生活方式等造成深远的影响，这种影响是不容易在一朝一夕中被消除的。

文化多样性的发展使各种文化在全球化中益发活跃起来，而这种丰富多彩文化的存在恰好适应了旅游发展的需要。感受异国风情、了解异国文化一直是旅游的主要目的之一。因为每个国家的文化、风俗都不相同，所以人们才有了出外游历、增长见闻的需要。不同的国家、不同的城市、不同的生活方式、不同的价值观念、不同的语言、不同的历史使不同旅游目的地对人们充满了吸引力。

旅游过程是一种连接历史，又通向未来的连续的“文化流程”。跨文化旅游，使旅游者超越了自身生活空间的限制，了解异国他乡的历史文化，民俗风情，并且使旅游者沿着时间长河溯流而上或顺流而下，在时间里漫游，去领略历代人类的生活和创造。人类在历史的演进中创造了大量的文明，走进凝结着人类智慧和才能的文化内涵丰富的艺术历史长廊，旅游者可以体味作为主体的人类的生命历程，产生对历史和文化的深深认同，相伴而生是丝丝的敬畏和淡淡的亲切，转而变成一种心灵慰藉，一种与历史、与文化同呼吸共命运的祥和。中西方的旅游产品各具特色，而猎奇本就是刺激旅游的重要因素。旅游活动在整体意义上就是透过本国、本土和本地文化的视角，去审视异国、异地、异质文化的新奇性价值，从而充分享受旅游观光的乐趣。

第三节　旅游消费行为的文化走向

一、现代思潮与现代社会旅游消费行为的文化走向

随着旅游业的发展，可支配的收入和闲暇时间的增加，人们的旅游需求越来越强烈，旅游需求也趋于多样化，这其中主要体现在旅游消费选择的不断增加、旅游消费内容的不断更新、旅游消费方式的不断创新三个方面。

（一）旅游消费选择的多样化

1. 旅游消费主体日益多样

随着世界经济的发展，旅游业也产生着巨大的变化，旅游服务意识和服务手段与以往相比都有了很大的发展，旅游的舒适性增强，更多的人产生了强烈的旅游需求。从年龄上来说，旅游活动不再是身体强壮的年轻人的专好，老年人和儿童的旅游需求也在增长。从身体状况来说，由于旅游功能的开发，旅游活动具有了保健、医疗、疗养的功能，因此，一些身体不十分健康的人可以在旅游活动中获得有益于健康的收获。从社会阶层区分来说，社会经济的发展使更多的人拥有了可自由支配的闲暇时间和金钱，同时，社会福利在向更好的方向发展。在物质生活条件有保障的情况下，旅游不再是富有阶层的奢侈享受，转变为一种更为大众化的文化消费，更多社会阶层的人们产生了旅游需求。从世界范围来看，过去，发达国家的旅游消费水平和消费能力较高，而发展中国家则相对较低，尤其是远程出境旅游方面，发展中国家和发达国家之间存在着很大的差异。而新的情况是，非传统的旅游大国的出境旅游正在迅速增长，世界范围内的旅游消费主体群在增大。

2. 对旅游功能的需求日趋多样，旅游消费的含义将更加广泛

人们的旅游消费需求不仅表现在对旅游景象形貌声色及文化内涵的要求和欣赏，还表现为对旅游服务的审美感知和评价，并将旅游服务的审美性作为旅游需求的组成部分。在旅游过程中除了观光和审美的需求之外，健康、生态、交际等也将成为旅游的功能需求。一些旅游者希望在旅游过程中得到健康和快乐，也会有一部分旅游者希望在旅游过程中结识更多的朋友，将旅游作为一个流动的交际空间，培养友情。而一些公司也将奖励旅游作为增强员工间的感情联络，增强团队合作精神和力量的重要选择之一。

（二）旅游消费内容的多样化

如今，旅游市场和与之相对应的旅游消费行为正在发生着巨大的变化，旅游消费内容呈现出多样化趋势。旅游消费内容的多样化表现为以下几个方面：

1. 传统旅游形式的复兴

以观赏自然风光、人文景物为主要内容的传统旅游形式正在复兴，但是，传统的

观光旅游和文化旅游的内容却在发生着变化。首先，旅游者对异质文化的态度由观赏而变为体验，其在旅游地文化中的身份也由观赏者变为经历者，旅游的目的也已经不再仅仅是为了增长见识，而成为理解旅游地文化，并将旅游地文化和自身的背景文化形成一定程度的交流。其次，传统的旅游形式将对生态环境和旅游文化环境提出更高的要求，对景观的独特性的要求也更明显。另外，流行文化正成为旅游的热点，比如，有影响的电影和电视的拍摄现场、影视故事的发生地，与各类明星有关的场所等，都因为有旅游者喜爱而成为旅游热点地区。

2. 对新型旅游产品的需求有所增加

随着人们旅游消费需求的多样化，传统的旅游形式已经不能完全适应人们的需求了，现代旅游业出现了很多新型的旅游产品，对新型旅游产品的需求仍将继续增长。比如，家庭旅游、健康旅游、生态旅游等。

(1) 家庭旅游。家庭旅游是现在很受欢迎的旅游形式，包括夫妻度假旅游、婚礼旅游和儿童旅游。如今，儿童的旅游需求越来越明显，更多的家庭希望孩子通过旅游得到快乐或知识，因此儿童已经开始影响到家庭旅游目的地和旅游目的物的选择，甚至儿童可以参加不需要家长陪伴的团体旅游项目。在这些旅游项目中，儿童拥有了更大的活动空间。与传统的家庭模式相比，现代婚姻家庭的一个重要特点就是不少的夫妻决定不要孩子（丁克家庭），他们拥有更多的闲暇时间和可自由支配的收入，夫妻旅游成为新型的旅游产品，拥有广阔的市场。另外，新婚旅游（包括婚礼旅游）也成为颇受欢迎的旅游产品。目前在世界范围内已经形成了一批婚礼旅游胜地。旅游者对家庭旅游的需求不仅呈现出越来越普遍的趋势，也表现出个性化的特征，从旅游目的地和旅游方式的选择，到对旅游服务的要求都是如此。

(2) 健康旅游。保持健康一直都是旅游的重要目的之一，现代社会竞争日益激烈，来自各方面的压力越来越大，同时，自然环境存在严重恶化的趋势。健康成为社会关注的焦点问题。健康旅游覆盖了很多的旅游类型，如度假是为了放松身心、缓解压力、调养身体，以及各种具有保健和治疗功能的旅游项目，如沙浴、海泥浴、温泉等，都受到了越来越多的旅游者欢迎。

(3) 生态旅游。生态旅游由于其破坏性小、温和、对环境影响较小，更符合生态环境保护要求，而被认为是一种可持续发展的旅游产品。生态旅游活动令旅游者能更加接近原生态的自然，无论是获取知识还是开展体育冒险活动，都可以给旅游者带来更大的满足感和旅行的独特感。

（三）旅游消费方式的多样化

1. 汽车自驾游

经济的发展使得私家车的拥有量越来越大，汽车自驾游因为其活动自主性强、自由度高，可以不受团体旅游的时间和旅游项目等的约束，可以随着自己的意愿决定旅游的线路、时间和速度，更好地享受旅游过程的惬意和轻松，而受到很多私家车拥有者的喜爱。

2. 自助游

自助游的特点是比较自由，充分满足个人的个性需求，不受线路、时间的限制，因而越来越被当做一种时尚而得到推崇。

3. 全包价旅游

全包价旅游不是新出现的旅游方式，在旅游业发展的早期，一些旅游业发展早而且快的国家旅游业中就出现了。但是现在全包价旅游的概念有了新的变化，方式和内容更加灵活，旅游者在旅游过程中拥有更多的选择和决定权，比如，饮食、旅游行程安排等。由于这种形式的旅游可以使旅游者在旅游活动开始之前就能很好地预见自己的旅游费用，可以更好地制订旅游计划，同时也可以使旅游过程更加轻松，因此这种旅游产品还是受到很多旅游者的喜爱。

4. 巡游

巡游是指在一定时间内逐一观赏和体验某一区域景点和其他旅游项目的旅游方式。这种旅游方式过去很长时间内被认为是少数成功人士的特有休闲旅游方式，因为这种旅游方式花费较大，所需时间也相对较长。但是旅游业的发展一方面使巡游的消费价格有所降低，另一方面，更多的人有能力选择巡游的旅游方式，因此，巡游将会被更多的旅游者所接受和选择。

二、后现代思潮与后现代社会旅游消费行为的文化走向

（一）社会时代的变革

时至今日，人类已经历了两次巨大的变迁浪潮：第一次浪潮——农业革命使人类从原始的渔猎采集生产方式进入以耕种畜牧为特征的农业为本的时代。第二次浪潮——工业革命在短短的两个多世纪里，使全世界人民的生活发生了革命性的变化。第二次浪潮迄今仍在蔓延，许多至今依旧属于农业社会的国家，工业化的势头未见减弱。但是，从世界范围内来说，工业化在第二次世界大战后10年达到了顶峰，第二次浪潮文明已经走到了尽头。又一个重要的过程——第三次浪潮开始兴起，20世纪最后30年里先后遍及大部分工业化国家，并开始席卷全球，其浪头所到之处，一切为之改观。

美国学者丹尼尔·贝尔分析后工业社会第一个也是最简单的特点是使大多数劳动力不再从事农业或制造业，而是从事服务业，如贸易、金融、运输、保健、娱乐、研究、教育和管理。未来社会的发展将把更多的人从各种束缚中解放出来，不去干那些束缚人的工作，而更多的是从事创造性的工作。工作对人来说不再是一种被迫，而是一种志愿，变工人农民为知识分子、技术人员、社会管理人员。几个人操作机器即可

以完成以前成百上千人的工作，解放出来的人有了更多的旅游时间。

甘哈曼在《第四次浪潮》一书中对后现代社会中旅游活动的情况作过预测，认为第四次浪潮中经济活动的主要内容，多多少少是以目前所说的旅游活动为中心的。如会唤起壮丽、矜持、华丽、敬畏或社会性、宗教性、自然性以及与万物一体性感情的仪式和艺术性的活动；创造禁忌、图腾制、戒律严格的宗教传统与习惯；特别为自己而进行的读书、著作、绘画、演出、作曲、工艺制作；观光、游戏、竞技、仪式性行事、展览会、公演；美食主义者到处品尝佳肴，贵族形式主义者的生活样式，享乐主义者以家庭为中心的价值观，包括访问、招待和聚会；狩猎、钓鱼、郊游、露营、泛舟；学习和利用趣味性技能；非经济性动机的园艺、管理、室内装潢、手工艺品使用等；会话、议论、讨论、政治活动和社会性活动；大部分的福利、社会保障机能；其他的度假，如改变情绪、扩大经验、冒险、兴奋、娱乐等。20世纪最后的10年发生的全球信息化进程，已不可逆转地将人类提升到一个新的社会文明阶段。

著名的未来学家格雷厄姆·莫里托在《全球经济将出现五大浪潮》一文中认为，到2015年人类将走过信息时代的高峰期而进入旅游时代。在美国，旅游经济产值将占GNP的50%以上，旅游经济会给人们带来许多新的生活态度、观点和活动。人们将购买经验而不是物品。而提供娱乐和冒险的行业将有望繁荣昌旺。

美国最大的体育娱乐顾问机构创办人迈克尔·沃尔夫在《娱乐经济》一书中指出，人类即将进入娱乐经济时代。为此，他提出了“娱乐因素”概念，认为“娱乐因素”将成为产品与服务竞争的关键，消费者不管购买什么，都在其中寻求“娱乐”的成分。在这种“娱乐导向消费”的驱使下，会有越来越多的产品、服务提供娱乐功能和娱乐因素，只要能让人感受到轻松有趣，跟旅游娱乐甚至文化艺术有关的人、事、物，都是娱乐经济不可缺少的组成部分。当其他产业不断仿效娱乐业或大致采取相同的策略时，社会便进入了“娱乐经济时代”。

还有的美国学者在预测未来经济时，提出了“体验经济”概念，认为人类社会继“服务经济”之后将进入“体验经济时代”。“体验”一般被看成服务的一部分，但实际上体验是一种商品，像服务、货物一样是实实在在的产品。与过去不同的是，商品、服务对消费者来说都是外在的，但体验是内在的，存在于个人心中，是个人在形体、情绪、知识上参与的所得。每个人的体验不会完全一样，因为体验来自个人的心境与时间的互动。创造体验一直是娱乐的核心，但如今的娱乐体验已在影视、游乐园之外的产业中生根，新科技的发展，带起互动游戏、动态模拟、虚拟现实等新的体验，更进一步刺激电脑业的新发展。

一般认为，从经济学角度分析，后现代思潮是指在未来20年或更长的时间里，在全球将出现一个以满足人们旅游的、精神文化需求为主要内容的经济时代，这种经济的产值和吸引的就业人数将会占国民生产的重要地位。它以旅游经济、娱乐经济、体

验经济等具体方式体现出来。

（二）国际旅游市场的新变化

在后现代思潮的影响之下，20世纪80年代以来，国际旅游市场明显出现了一些新的变化。进入90年代，一种全新的旅游消费模式正在形成。世界旅游组织指出：随着人们旅游消费行为的改变，世界旅游业开始迈进新的时代（New Age of Tourism, NAT）。在这个新的时代里，旅游业的各个环节都具有了新的特点。旅游消费表现出以下特征：

旅游消费主体群的年龄结构发生了改变，中青年所占的比例逐步增加。这种变化在20多年来——第三次浪潮文明开始兴起以来，表现得越来越明显。在西方，推崇努力工作的新教伦理思想对人们的影响似乎日渐式微，享乐思潮渐隆。

过去，西方国家普遍主张少壮努力工作，暮年以丰厚的积蓄广游世界，因此老年人在旅游市场中所占份额较高。而近年来，越来越多的中青年步入旅游市场，在紧张工作之余外出度假，寻求身心的放松，丰富人生的经历。

大量的资料表明：在美国，第二次世界大战以后成长起来的中青年人大都受过良好的教育，有积极进取的精神，他们普遍认为消遣性旅游度假是一个人成功的重要表现，因此逐渐成为旅游市场的主体。在欧洲的度假市场上，一个相对年轻而富有的、主要由商界和高技术专业人员组成的消费者层正在崛起，晚婚、晚育、小型家庭使他们具有比前辈高得多的消费水平和不同的消费模式——喜欢外出度假，向往遥远的旅游地。

就是在日本——其国民素有“工作狂”、“重节俭”之称的这样一个东方国度里，近年来，出境旅游客次数的年增长率超过了两位数，而持“既要奋斗也要享乐”价值观的所谓“新人类”是旅游市场增长最快、最引人注目的客源层，许多国家或地区的旅游地都把日本的女青年作为重点促销目标。

中国的国内旅游市场也有类似的情况，20世纪80年代中期以来，不少青年人主张工作、享受两不误，虽然受收入水平低的限制，不得不选择乘坐火车硬座车厢、携带大包方便面出游，甚至在异地投宿朋友、亲戚之家（有人戏称这种旅游方式为“乞丐式”旅游），但旅游的热情甚为高涨，成为成长最为旺盛的客源层。

（三）旅游需求的细分化

在全球正在步入的旅游新时代，旅游需求具有进一步细分、供给与分配灵活化的特征。旅游市场细分不再只是理论上的一个词汇，类型众多的较小规模的专门市场，如商务客人、度假者、老年人、女青年、蜜月旅行者、双薪无子女家庭、特殊兴趣爱好者等在分割、取代原来的大众市场。每一个细分市场都有其一定的特点和与众不同的需求，从而构成总体需求的多样性和每个小市场的特殊化。

当代旅游需求还具有另一个鲜明特征，那就是渴望参与的意识越来越强烈。旅游者更希望自己是表演者、运动员，而非一般的旁观者。

（四）文化旅游动机的强化

尽管现代旅游者的需求趋于多样化，但文化旅游动机正得到明显强化，出于求知的欲望，希望学习和探索异国他乡的文化、历史、艺术、风俗、语言、宗教的旅游者日趋增多，文化旅游成为一种颇受青睐、生机盎然的旅游形式。

第一，构成旅游市场主体的中青年旅游者大都受过良好的教育，求知欲望强，乐于了解新文化和接受新思想，把旅游和学习合而为一，从中开阔思路，拓宽视野，获得高层次的精神享受。

第二，新技术革命推动了由工业社会向后工业社会的转化，人们的社会行为观念发生了显著变化，开始自觉地关注文化，学会了强调文化特点，推崇民族的多样性，意识到了文化与经济、政治乃至人类未来发展的重要关系。

第三，冷战结束之后，世界经济出现一体化倾向，国家之间、地区之间、人民之间的交流和联系越来越密切。这进一步刺激了文化旅游动机的强化，而新技术成果在交通、通信等行业的应用又为跨地区文化旅游动机的实现创造了条件。

在由工业化向后工业化转变的时期，人类的自然价值观发生了明显的改变，人与自然的和谐关系得到真正的重视，许多人希望返璞归真，逃离都市的喧嚣，走向清静、优美、开阔、洁净的大自然，由对自然的把握而赋予自然以生命，同时也扩大自己的生命，使主体与客体在融合中同时得到升华。

于是，追求淳朴、回归自然、享受自然的旅游动机在全世界范围内得到强化，生态旅游、乡村旅游、海洋旅游、探险旅游方兴未艾，成为世界旅游发展的一种潮流。据载，欧美、日本等发达国家的旅游者普遍偏重自然风光，乡村旅游流量增长迅速。西班牙旅游部门的一次抽样调查结果表明，52%的旅游者愿意到恬静的环境中度假。中国国内的一些大城市也出现了类似的旅游流向。

综上所述，后现代思潮已成为现代旅游消费行为的重要影响因素，而文化因素将成为影响后现代社会旅游消费行为的决定性因素之一。

（五）旅游方式的新变化

适应后现代思潮中旅游经济、娱乐经济、体验经济等形式的需要，结合旅游者消费行为的上述变化，旅游企业必须在需求多样、参与意识加强、供给充分、信息技术发达等因素基础上，发展自助式、自选式、组合式等全新旅行方式。

1. 自助旅游潮流的涌起

在远程旅游市场上，包价团仍是一种主要的方式。但是，在近、中程旅游市场上，自助旅游者即所谓散客所占的比重越来越高。据统计，早在20世纪80年代中期，散客在世界国际旅游市场所占的比重就约为70%；到90年代，这个比例又有所升高。自助旅游合乎人的自发消费倾向，因而具有极强的生命力和日益扩大的前景。

2. 自选式旅游消费的流行

在旅游发达国家，随着旅游经验的日趋丰富，人们很少再像过去那样不加选择随团出游。游客不再是被动适应的角色，他们可以向旅行代理商提出关于目的地和旅行路线的具体要求，然后由旅行代理商去组织落实。在价格构成上，放弃传统的全包价形式，代之以其他灵活的包价方法，如只含机票和饭店的包价。

3. 组合式旅游的热潮

组合式旅游是一种介于团体旅游和散客旅游之间的更加灵活、更加尊重客人意志的旅行方式，客人通过旅行商预订之后，三三两两地从不同的地方出发，前往同一目的地，抵达后就地成团，由当地旅行社接待。组合式旅游有长线也有短线，可以有领队也可以没有领队，其随机性强，游客有更多的自由选择和活动的机会，因而颇受旅游者尤其是青年人和家庭式旅游者的欢迎。著名旅游胜地夏威夷开展组合式旅游较早，经营手段非常灵活，即使只有一个游客也能成团。

第四节　中国社会经济文化与旅游消费行为

文化决定了消费者对不同活动和产品的总体偏好，对于旅游产品的消费也是如此，从某种程度上来说，文化甚至决定了具体旅游产品和服务的成效。不能离开文化去简单理解旅游消费者的选择，一直以来，学者们都认同“消费选择来自文化”的基本观点，他们认为文化是一面透镜，人们通过文化来审视各种产品的消费服务。在中国旅游业的发展初期，由于历史欠账太多，国内游客的基本行为或许并非完全能够印证上文所述。但是，近年来，随着中国旅游业的逐步走向纵深区域，国内旅游的发展所体现出来的新形势使越来越多的人开始由低层次的旅游活动向高层次的文化旅游和有特色的“生态旅游”“森林旅游”等转向。

在“回归大自然”这种旅游心态下，森林旅游的发展前景极为乐观。生态旅游也方兴未艾，中国有五千年的丰富历史文化，有56个各具特色的民族，有很多名山大川和历史文化遗迹，发展文化旅游、生态旅游，均大有可为。

中国是一个旅游大国，名胜古迹、历史文物、各种景观极为丰富。因此，中国旅游消费蕴藏着巨大的发展潜力。文化旅游消费热点，将不断升温，成为新的经济增长点，对扩大内需、活跃消费市场、促进经济增长，将发挥越来越重要的作用。

旅游消费是一种享受和发展的消费。它的发展不是孤立的、随意的，而是受各种经济和社会因素影响。其中经济发展程度、生活方式变动、国家城市化水平等因素，对旅游消费的影响尤为显著，在一定程度上起着基础性、决定性的作用。

一、经济发展程度决定旅游消费水平

旅游消费作为较高层次的消费行为的实现是有条件的：经济发展程度决定旅游消

费水平。由于经济发展提高国民收入水平和人均收入水平，势必引发消费欲望，提高旅游消费的支付能力，使旅游消费成为普遍消费。

（一）世界经济的总体发展推动旅游消费

由于世界经济高速发展，旅游已从少数权贵豪富的特权享受，进入寻常百姓的家庭，成为现代生活方式的一个组成部分。旅游活动遍及全球，旅游的内容和方式日趋多样化，各类旅游产品和项目层出不穷。旅游业已成为许多国家国民经济的重要产业和创汇来源。

现在人们的闲暇时间也越来越多。据统计，目前世界上已经有 145 个国家实行每周五天工作制，而且，部分国家和地区还将有可能进一步缩短工作时间。弹性工作制的推广、退休年龄的提前、人口的老化、就业妇女的增多、晚婚趋势的发展、移民和出境限制的放松等，使更多的人有更多的时间、财力和兴趣参加旅游活动。

（二）改革开放以来中国经济的发展给旅游消费带来了机遇

从 20 世纪 80 年代旅游从政治接待活动转变为经济产业起，旅游业成为由行、游、住、食、购、娱六个要素组成的综合性的相对独立的新兴产业。在接待对象上，从过去的半封闭式转为向世界全面开放；在接待区域上，从少数几个旅游城市，相继开放了 400 多座城市；在经营接待体制上，由中国旅行社和国际旅行社两家包揽发展为众多旅行社网络；在产业规模上，从少数几家旅行社发展为综合性的产业；在文化体系上，旅游的文化含量逐渐加重；在所有制构成上，从单一的全民所有制转向以公有制为基础的多种所有制结构；在管理体制上，从政企合一的指令性计划管理向政企分开的市场经济管理转变；在国际联系上，1983 年 10 月中国正式加入世界旅游组织，成为其第 106 个会员国，继而当选为该组织的执行委员会委员、亚太地区委员会副主席。

20 世纪 90 年代是中国旅游产业从初始起步期步入成熟期的时段。在这一阶段中，旅游从以发展海外入境旅游为主、国内旅游为辅、限制国内公民出境旅游，转向入境旅游、国内旅游和出境旅游三者互相促进、共同发展。旅游产品结构适应世界旅游发展的新趋势。接待方式逐步实施国际标准，遵循国际惯例，与国际市场最大程度地适应和接轨，加入亚太和国际旅游市场的大循环。在旅游发展模式上，从粗放型、数量型、速度型模式，逐步转向集约型、质量型、效益型模式。从以对外创汇、回笼货币为重点的旅游业，逐步转向兼顾经济效益、社会效益、文化效益和环境效益的经济文化并重的旅游业。

（三）产业结构的升级换代为旅游消费提供了发展空间

从当今世界各国产业结构变动趋势中不难看出，第三产业所占比重越来越大，甚至在一些发达国家中已经成为主导产业部门。根据配第—克拉克定理，产业结构的变动趋势，表现为劳动力从第一产业向第二产业，然后再向第三产业转移。旅游业作为第三产业的重要组成部分，成为新的经济增长点，在某种意义上标志着产业结构的升

级换代。产业结构升级换代的加快使旅游消费日趋扩大。由于产业结构的升级换代，第三产业规模越来越大，分工越来越细，直接把人们从繁重的工作、生产和生活劳务中解放出来，因此使人们具有旅游消费的条件和成为旅游消费者的可能。同时使各种服务配套发展，推动了旅游这一综合交叉经济门类的大发展，为旅游消费创造了物质基础条件，使人们实现旅游消费成为可能而且消费规模越来越大。

二、生活方式变动拉动旅游消费

目前中国国内经济正处于高速增长期，消费由温饱型向享受型发展。现代经济发展逐渐改变着人们的生活方式，突出表现在消费社会化、享受时尚化、追求文化化、家庭小型化等方面。这些方面的变动都对旅游消费产生很大影响。

（一）消费社会化促进旅游消费

所谓消费社会化，即人们凭借社会服务，从繁重家务中解脱出来，由此便增加了人们的休闲时间，萌发了旅游消费的主观愿望。旅游活动的诸要素（包括吃、住、行、游、购、娱等）是人们消费社会化的集中表现形式。实践证明，生活社会化程度越高，旅游就能更好地发展。

1. 家务劳动社会化解脱了消费者

家务劳动是每个消费者日常生活所不可缺少的，它消耗了人们的精力，占用了人们自由支配的时间，使人们的闲暇时间变短。缩短家务劳动时间的途径有两个方面：一方面家务劳动机械化；另一方面家务劳动社会化。通常来讲，家务社会化程度的高低反映着人们消费方式的进步与落后及消费水平的高低。家务劳动社会化的内容十分丰富，而且会越来越多。

2. 社会公共消费事业为旅游消费创造了条件

社会公共消费事业发达与否，是消费社会化程度高与低的一项重要指标。所谓社会公共消费服务，是由社会公共消费机构投资，社会有关开发和管理部门举办的直接以社会服务的形式满足人们的物质和文化需要的消费服务。发展旅游业可以扩展消费领域，启动消费市场，不仅仅是在有形物质商品的市场，也包括旅游等无形的劳务及文化消费市场。

（二）享受时尚化吸引旅游消费

所谓享受时尚化，其本质在于在满足基本物质要求基础上，解决生活用品从“有没有”的状态，上升为“好不好”的状态。这表现为求新颖、赶时尚。旅游消费是一种新兴消费领域，人们从中可以获取多种全新的享受，旅游消费既是人们持续消费的内容，又容易受消费流行的影响，成为一种潮流。这是因为：

一是旅游消费在某些方面是社会时尚在消费经济活动中的反映，是人们在生活消费中的一种行为模式的流行现象。旅游消费流行的渠道多、速度快，往往自发地形成一种“消费导向”，为众多消费者接受或趋从。一旦消费者及时掌握了社会上的最新旅游消费信息，就会很快蔓延。

二是旅游消费的特点是消费者范围广泛。不仅限于生活富裕的有钱人，还包括少年儿童、青年人及老年人。

三是旅游消费所引起的对某种商品劳务的需求具有新特征，是在新的条件下人们的审美观念、价值观念的产物。

四是旅游消费商品具有新奇性。

中国现期人们的收支预算通常有两种情况：

一种情况是收入预算硬化，即人们的职业工资是收入预算的唯一来源。这种硬化的收入预算使人们在消费上必须量入为出。因而在某种程度上限制了消费的时尚性。只有当职业工资收入提高到一定水平时，旅游消费才具有社会经济基础。

另一种情况是收入预算软化，即一些人除了固定的职业工资之外，还有其他额外收入作为收入预算的来源。如第二职业收入、非固定的劳务费、高额年终奖金等，使人们可以追求自己向往的商品。这使得旅游消费具有更大的市场和潜力。

（三）追求文化化推动旅游消费

旅游本质上是一种通过物质的和非物质产品组合，以服务为中介的精神文化消费。它从交换方面讲是经济活动，从旅游者获取的感受方面讲是精神和文化活动，可以满足多层次、多方面的文化追求。旅游又是一种消费文化，包括物质消费文化和精神消费文化，它贯穿于消费者物质和文化消费的全过程，包括消费品文化、消费服务文化及嗜好文化等，具有消费哲学的意味。旅游则既含有消费文化成分，又是文化消费的行为。

旅游消费的层次体现了文化消费形态的两个基本方面，即物质形态和劳务形态。文化消费的形态是分层次的，一般说有普及型或大众化的文化消费、提高型或高品位的文化消费、基于生存需要的文化消费、基于发展的文化消费。消遣型、娱乐型文化消费属较低层次，享受型、社交型、发展型和智力型文化消费属较高层次。旅游消费主要是享受型和发展型消费，但也包括消遣、娱乐消费等。

旅游消费实现了某些文化消费的功能：

一是启蒙和教化，使人们摆脱和消除原始蒙昧状态，接受历史文化和近现代文明及外来文化；

二是社交，增进人们之间的社会交往和相互了解；

三是享受和愉悦身心，使消费者得到精神享受；

四是益智和发展个性，从而符合信息时代对复合型人才的需要；

五是促进社会和谐，提高人们的文化素养；

六是扩展消费和启动市场。

因此，文化消费有利于经济的有序发展，对经济运行具有启动和推进作用。

（四）家庭小型化便利旅游消费

当家庭小型化、个性化出现以后，单位家庭人口下降，就业比例增加，年均收入、可支出收入和消费性支出增加。其中在消费性支出中，各种类型家庭的交通通信支出和娱乐文化支出都会上升。这是旅游作为享受型和发展型消费活动的最基本条件之一。从而，人们具备了对旅游消费的选择能力和出游费用、时间支出条件，参与旅游活动更加便利了。

三、国家城市化水平决定旅游消费潜量的形成和释放

从经济社会发展影响生活方式，进而影响旅游消费的角度看，旅游消费与国家城市化是密切相关的。在一定意义上讲，国家城市化是国家现代化产物，其主要标志是一个国家经济社会在一定阶段市场化和工业化的程度。因此，国家城市化应该包括农村城市化和城市城市化。

城市是商品经济出现、社会生产分工细化和社会协作扩大化的产物。城市总体水平受一国经济发展状况和社会总体水平制约。中国国内的许多城市尚需进一步随经济和社会发展而丰富城市功能，完善城市作用的问题。其中社会分工协作和消费需求市场化，也是提高城市的城市化水平进一步要解决的问题。解决好这些问题对旅游业开发至关重要。

国家城市化的作用，一是促进城乡二元经济结构的调整。提高农村经济整体水平，向城市经济过渡，二是解决目前一些城市发育不成熟，存在城市农村化的问题，提高城市的城市化水平。这样：

首先，可以促使市场经济的成熟，有利于旅游产品与旅游消费的商品交换环境的改善，走向规范化、法制化。

其次，可以使经济和社会发展结构合理化，有利于产业间的协调，给第三产业形成发展空间，使之加快发展。

再次，可以促使社会分工细化和社会协作扩大化，有利于向旅游业集中更多的人力、物力，生产和组织更多旅游消费产品。

最后，可以促使人民生活质量改善、内需增加，提高消费层次，改善消费结构，有利于旅游消费品进入消费领域，走向市场，拉动旅游产品的增长和更新换代。

旅游消费的巨大潜力在于提高农村城市化水平。目前，中国国内农村城市化水平很低，改革开放以来，由于市场的作用，农业和农村的商品化、专业化、市场化经营逐渐发展，农业生产、农村面貌发生了很大变化，正在改变着农村生产方式和生活方式，为解决二元经济结构，提高农村城市水平提供了机遇。随着未来城乡二元经济结构矛盾不断解决以至消失，农村城市化水平的提高，人们从传统的生产方式和生活方

式中解放出来，农村生产力将加快发展，劳动生产率会大幅度提高，社会分工将日趋细化，两个文明建设将取得不断进步，人们消费观念和消费结构会发生新的变化，一个巨大旅游消费市场就会在中国形成并成熟起来。因此，应重视旅游消费目前在农村的断层问题，揭示旅游消费的巨大潜力在农村，认识其城市化的滞后性、不平衡性及其发展潜力，分析旅游消费的潜量，提出开发农村旅游业对策。

本章思考题

1. 为什么说文化是影响旅游者消费行为的根本因素？
2. 结合现实中的案例，分析中西方传统文化差异对旅游消费行为的影响。
3. 当代旅游者消费行为的演变会对旅游业产生哪些影响？

案例分析

缘何“老龄群体”成了鸡肋
——年龄与旅游消费行为

案例1　“夕阳红线路”成为包头老年人冬季旅游首选

在包头市，随着家庭经济收入增加，人们的生活方式和质量也得到大幅度提升，越来越多的老年人开始改变现有的休闲方式，将外出旅游、度假当成生活的调剂。另外，很多老人也希望趁着生活条件改善、身体还好的时候，多出去走走，看看祖国的大好河山。孝顺的子女也乐意为父母定期安排外出旅游机会，送老人外出散心，陶冶性情。

据了解，“夕阳红旅游线路”是包头市这几年新兴起来的一项旅游业务，其市场份额也逐年增大。从事多年旅游业务的包头世纪旅行社总经理艾丹说：“目前，旅行社推出的‘夕阳红’旅游业务，已经聚集并形成了一个人数近百人的高端老年‘回头客’团队。旅行社会定期根据老人们的出游需求，安排设计好旅游行程，满足老人们的个性需求。”

有专家也表示，随着我国逐步进入老龄化社会，“银发消费”必然成为朝阳产业。旅游行业只有根据不同年龄段的老人的需求，有针对性地开发特色旅游市场，锁定目标消费群体的消费特征，尤其是重视购买能力较强的、正在产生的“新一代”老年人，为更多的老年人提供便捷、温馨的消费环境与市场，便能迎来“银发消费”的新时代。

案例2　冬季到三亚度假，候鸟老人“乘机”南飞

冬季到三亚度假，已在内地老年人群中形成一种热潮。进入11月后，赋闲在家的内地老人纷纷组团飞来三亚，候鸟老人游客量也升至三亚旅游总体市场的30%以上。

冬季是航空市场的淡季，“候鸟老人飞天涯”便成为航空市场中难得的兴奋点。入冬以来，各航空公司纷纷推出飞往三亚的候鸟航班。在充分研究市场后，南方航空公司往返三亚航班增加了14班；哈尔滨、贵阳、乌鲁木齐等城市往返三亚航班大幅增多，机票价格也比去年相对优惠，主要面对组团到三亚过冬的老年人旅游团；海南航空公司则增加了重庆往返三亚的航班，为老年散客群体提供优惠的机票价格；山东航空公司也增加了济南—福州—三亚航线，由波音737—800机型每周二、周四、周六执飞。航空公司纷纷增飞航班不仅为候鸟老人提供了诸多便利，也直接促使机票价格走低，郑州、广州等地飞往三亚的机票价格甚至低于火车票价。

三亚市旅行社协会负责人说，与其他旅游市场目标群体相比，三亚对老年人游客更具吸引力。舒适的气候、优越的自然环境等是老年人最为看重的冬季度假资源。大小洞天景区内3000株千年松树形成的不老松景点、南山景区内海上观音和吉祥祈福园区都是老年人热衷的观光地。

观点总结：

大众观点——老人团，钱难赚。

“从未做过老人旅游专线，老年团的成本比较高，出行麻烦。”杭州某旅行社的导游张小姐说。

“老人就像小孩子，需要照顾的地方非常多，有时候一个导游不够，还要配备随队医生，这会增加出游的成本。老年团的团费一旦贵了，选择的出游线路也随之变得困难，老年人消费能力比较弱，价格高的团不太愿意参加，所以近几年就不作了。”另一家旅行社的导游部主任沈先生认为，带老年团难以给公司带来赢利空间。

老人落后时尚不懂旅游？——思古怀旧是最爱。

“现在看来，国内的老年人旅游市场在不断扩大，应该是个朝阳行业。”杭州新世界国旅策划部经理陈苑苑给记者的说法，和前面几家旅行社正好相反，“老年团现在是主打市场。老年人好思古怀旧，旅游意愿往往是重温年轻时的感觉，找回那个年代的生活影子。他们喜欢和熟悉的朋友一起出游，可是退休后，生活圈子变小了，找一帮朋友出游并非易事。他们也喜欢重大事件的景点，如杭州湾大桥、上海国际金融中心等，对时事的关注能让他们感觉到与社会紧密相连，没有和主流脱节。”

老人要求高麻烦多？——重口碑胜过重广告。

“公司有四位同事专门为老年人俱乐部服务，其中两位同事还兼职上老年大学的旅游课。”陈苑苑认为，专业化的服务队伍，也是获取老年人认可的重要因素。

“觉得哪家旅行社做得好，就不会轻易更换了。”退休教师张大伯认为，有些旅行社为老年团安排了专门的随队医生，还会从衣、食、住、行各方面注意适应老年人的节奏和爱好，这些做法让人感觉很踏实。

为了稳定顾客人群，杜绝和一些商家合作向老年人推销产品，虽然会损失掉一部分利润，但这样保障了诚信度。老年人对旅行社的忠诚度高，只要做得好，不欺骗他们，顾客就不会流失。

老年人组团便宜难赚钱？——小细节省出不少钱。

“老年人拥有的空闲时间多，他们喜欢选择便宜的旅游价格。淡季时的机票酒店价格下调，对他们而言真是出游的好时机。”一位在旅行社工作了多年的客服人员杨小姐介绍，老年人对便宜的旅游产品兴趣浓厚。

陈苑苑回忆起四年前让他们一炮走红的“老顽童夏令营”时记忆犹新。“五天行程价格都控制在三百元以下，这样的成本控制有很多小窍门。联系酒店时，取消了毛巾、香皂等一次性消费用品，老年人喜欢随身携带生活用品；尽量把酒店安排在景点的边上，可以步行到景点，接送车只要负责来回两趟就可以了。”

老年人旅游不购物？——曾把农家土鸡全买光。

国内游的老年人一般自己埋单，现在城市的退休老人有退休金，手头有积蓄，完全可以承担出游的费用。出国游让子女出钱的比例大一些。

“很多人认为老年人旅游的市场不好做，觉得他们抠门，不肯买东西，其实这是一个误区。老年人的消费能力还是很强的。”导游陈小姐认为，老年人的购物热情一点不比年轻人弱，他们喜欢买实用的东西，如日常生活中吃的、用的物品。

“去年组织的一次老年人临安的农家乐短线游，一位大妈觉得饭馆里的土鸡味道不错，便把那家餐馆的土鸡全都买下了。不仅如此，每到一处，当地的土特产都是他们必买之物，花生、笋干、鸡蛋一样都不落下。

“老年人不喜欢奢侈品的消费，他们理智购买动机强，讲究经济实惠，不易受旅游商品的包装、外观、色彩、广告、销售气氛的影响，所以造成的印象是老年人吝啬。”

请结合旅游消费行为相关内容，分析年龄对旅游消费行为的基本影响，并简单论述影响旅游消费行为的其他因素有哪些。

第四章　作为文化现象的旅游资源及其开发

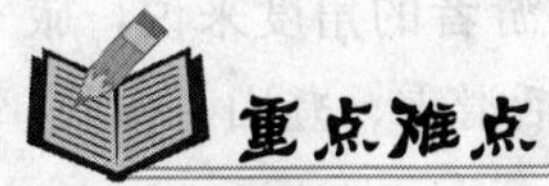

1. 理解作为一种文化现象的旅游资源的基本内涵与外延
2. 理解自然资源及其文化内涵
3. 理解人文资源及其文化内涵
4. 掌握作为一种文化现象的旅游资源的开发
5. 认识文化因素在旅游资源开发过程中的促进作用
6. 认识旅游资源开发过程中对文化因素的保护

第一节　旅游资源的基本概念及其文化特征

一、旅游资源的基本概念

国外学者多将旅游资源称作旅游吸引（物）（Tourist Attraction），是指旅游地吸引旅游者的所有因素的总和。国内学术界关于旅游资源的定义有几十种之多，可谓见仁见智，一直没有一个统一的定义。

综合分析国内学者有关旅游资源的定义可以发现，虽然学者们对概念的表述有所不同，对旅游资源的范畴还有争论，如旅游者和中介体能不能纳入吸引物系统、服务类资源究竟是不是旅游资源的一部分等，对一些概念的基本表达方式有些不同，但是这些基本概念大都包含了基本一致的内容，就是对旅游者的吸引力，即“旅游资源具有吸引旅游者这一属性，称之为旅游资源的理论核心”。在旅游资源调查实际工作中，一般采用国家标准《旅游资源分类、调查和评价》(GB/T 18972—2003) 中对旅游资源的定义，即“自然界和人类社会中凡是对旅游者产生吸引力，可以为旅游业开发利用，并可产生经济效益、社会效益和环境效益的各种事物和因素”。

二、旅游资源的文化特征

要理解旅游资源的文化特征，还需要明确一下文化的含义。据《辞海》的定义，广义的文化是指人类在社会实践过程中所获得的物质、精神的生产能力和创造的物质、精神财富的总和。狭义的是指精神生产能力和精神产品，包括一切社会意识形式：自然科学、技术科学、社会意识形态。文化是人类活动的产物，是人类实践的结果，是人类智慧和实践创造能力的结晶。它既体现在人们的精神活动和行为活动中，也体现在人们创造的各种精神产品和物质产品中。

在通常情况下，认为旅游是个人或团体离开自己的居住地到他乡异国去从事观光的活动，以此为获得物质上的满足或精神上的放松。从字面上看，旅游包括旅行与游览等两种行为。可见，旅游是人们有目的、有价值的活动。从旅游者的角度来说，旅游可以分为观光型旅游、度假型旅游、生态旅游、特种旅游（包括滑雪、登山、探险、狩猎等）、专项旅游（美食、修学、医疗保健等）。

自旅游活动产生以来，它就与文化就结下了不解之缘。在人类的发展历史中，有过很多与旅游相关、相似、类似的活动，如迁徙、游牧、漂泊、商贸、征伐、差役、出访乃至后来的地理发现、移民等。中国旅游历史的起点甚至可以追溯至三皇五帝——“这些英雄时代的巨人们率先迈开了中华民族涉渡江河、登攀峻岭、穿越林莽、驰驱旷原的步伐。是神话、是传说、自然更是青史，使他们得以成为中华民族祖先的代表，从而也就因此享有了被礼崇为中国古代旅游事业的揭幕人的殊荣。”

此外，中国历史上许多有名的人物，其文化上的巨大成就，或多或少都与旅游活动有关。春秋诸子周游天下，传播百家思想、治国理念，成就历朝历代史家所津津乐道的“百家争鸣”之文化繁荣时代，各子、各家之思想汇成中华民族文化之大传统；司马迁走遍大江南北，即铸成被后人称为“史家之绝唱，无韵之离骚”的《史记》名篇；唐代大诗人李白写出“朝辞白帝彩云间，千里江陵一日还”、“蜀道难，难于上青天”、“日照香炉生紫烟”等千古名句，没有周游中华大地的游历经验，怎会有如此优美的诗句；宋朝大儒范仲淹之“先天下之忧而忧，后天下之乐而乐”为任何一个中华儿女所称道、传颂，如果没有万里路上的亲身体验，怎会酝酿出此等气势磅礴的万古佳句；旅行家徐霞客，到处出游，细心观察，撰成《水经注》一书。古人说：“读万卷书，行万里路”。说明旅游在开阔视野、增长见闻的作用。

在旅游过程中，旅游者涉足于与自身文化相同或不同的文化环境中，受到有形或无形的文化熏陶，并在这些活动中得到身心的享受。人们看山，山各有不同；人们看水，水各有其状。不同的经历带给人不同的感受、体验，赋予了不同的文化内涵。然而，旅游本质上就是一种文化行为，文化是旅游的灵魂，或者说旅游就是一种文化。

第一，旅游资源所具有的文化属性，能给人以美的享受，使人产生美感、快感和愉悦感。人们把自己作为旅游资源的一部分融入其中，把人的躯体和意念融入自然之中，使人也具有自然本性。许多人文资源本身就是一种精神寄托与意念的产物。如苏轼在《赤壁怀古》中提到“三国周郎赤壁”，他当然没有见到过“周郎”，但可以想象

周瑜当年的英姿，进而感叹自己的命运，这就是旅游的文化，它使人受益匪浅。人们通过观光活动，可以得到新的知识，许多书本上不曾记载的知识，却能烙在游客的脑海里。在中华大地上，各类旅游资源均蕴涵着丰富的文化内涵，无论是自然赋予的，还是人为创造的，或者是自然与人文相结合的各类不同起源的旅游资源都是如此。

第二，由于地域文化的差异性，旅游资源的文化属性也不同。人文景观千差万别、各具形态，对游客产生了巨大的吸引力。人们离开居住地，前来感受不同的文化特征。这种旅游资源的文化属性，同其他物质资源相比，最主要的区别是它的观赏性。众所周知，不论旅游者的动机如何，也不论旅游地在何处，观赏都是不可缺少的内容。旅游资源只有具备观赏性才能吸引游客，观赏性越强，对旅游者吸引力越大。古朴典雅的文物古迹，别具一格的民族风情，甚至土特产、旅游商品，也无不具有观赏价值。观赏性是一种文化特征，也显示经济效益。旅游资源必须具有吸引旅游者的功能，才具备社会意义和经济价值。从一定意义上来说，旅游资源的价值是通过观赏来实现的。观赏性越强，所取得的经济效益越大。同时，旅游资源具有地域的差异，主要表现在民族特色和地方特色上。所谓地方特色，指不同地域有不同的景观。不同的政治、经济、宗教和文化，也都能显示出旅游资源的地域性。由于旅游资源是在一定地理环境和社会环境下发生、发展的，其空间分布必然受到环境的制约。由此可见，地域性旅游资源划分的标准，其中的文化属性为主要因素。

第三，人文旅游资源本身就是人类文化遗产，现代文化风貌、民族文化、地方文化资源等本身也是文化体系中的一部分。人文景观、民俗风情、传统饮食，以及都市和田园风光，都以文化为主体。也就是说，上述各类旅游资源都以一定的文化形式表现出来。

人文旅游资源的最大特点便是具有历史性和时代性，以及文化内涵的丰富性。在人类发展进步的漫长历史中，各个阶段的政治、经济、文化教育发展水平都在人文旅游资源中得以体现，可以说，人文旅游资源是人类历史的写照。

第四，地球不同区域地质地貌的差异，形成具有不同特征的自然环境，即使是在同一个国家，也会因为地理区域地质地貌的差异，形成不尽相同的自然环境。这种自然环境，就是旅游学意义上的自然旅游资源。因此，自然旅游资源从根本上说就是指自然条件和自然风光，即能使人们产生美感的自然环境和物象的地域组合，包括地貌、水态、气候、动植物等，具有不可移置性、物质实体性、时间变化性等独立特性。与此同时，自然风景类旅游资源还具有科学性，是人们认识大自然、研究大自然、进行科学考察的理想场所。人类从生物圈脱胎而出，成为地球上最具智慧的生物群体。由于地球各区域地质与地理环境的差异，就将地球各区域人们的生活区别开来。聚居于不同地球区域的人类群体，都在基于所处自然地理环境之下进行创造，形成带有不同地域和民族特点的生产主体、生活习惯、思想信仰、文化表现、建造技术等，反映了处于不同自然地理条件下人类文化的区别和行为规律，这些特点与规律的汇总就形成人类不同种族的社会文化，即人文的总体特征。

人类所处不同的自然地理区域分布而相比较存在的自然与人文的差异，就形成旅游学意义上的旅游吸引力。研究表明，大自然和人类自身社会是与人类生活息息相关的两个环境，这两个环境从来就是人类注视的两个物质客体，形成为现代旅游业所依存的两类资源——自然资源和人文资源。人类自然地理分布差异是永恒的，由此形成人文特征也将是永恒的，对于异地他族产生的文化吸引力也将是永恒的，对于旅游业的发展也就将是永恒的话题。

第五，旅游资源的文化特性，构成了旅游的主体。就中国的许多优秀旅游目的地来说，基本上以历史文化名城著称，历史文化内涵丰富。这些城市不但环境优美，还保存着具有重要历史价值、艺术价值和科研价值的文物、建筑、遗址。

不仅如此，中华民族悠久的历史，灿烂的文化，也融入山水之间，构成天人和谐。每当登山涉水，旅游其间时，也都会处处感受到浓厚的文化氛围。

第六，在全新的知识经济时代，旅游者的价值取向、旅游行为、旅游需求都将随自身的知识素养、经济收入不断变化，文化旅游则具备了与知识经济时代相适应的特性。首先，文化旅游产品大都是历史文化的沉淀或人类思想精华的凝积，以坚固实物、知识技能或信息意念等形式存在。与其他旅游形式相比，文化旅游对已有旅游资源的破坏力较小，更利于现有资源的传播和保存。人们吸收了文化旅游产品的丰富内涵，再通过自己的思维加工变成更加丰润的形式传承于后人，因此可以满足一代又一代人的旅游需求，进行持续性开发利用。其次，各种文化旅游还使游客接受艺术熏陶、提高文化修养，从中得到某些感悟与升华，经过大脑的理性加工与处理，便成了新的知识财富。同时，文化旅游产品蕴涵着大量的知识信息，是一种知识密集型旅游产品。再者，文化旅游产品会聚了古今中外各方志士的智慧结晶和经验总结，集中体现了各种文化在相关体系中的地位及演化创新过程，给游客提供了很好的创新参与资料和思维新视点。正是基于这些因素，文化旅游以其丰富的形式、深刻的内涵表现了强大的魅力与旺盛的生命力，已成为当代世界旅游业发展的新潮流。

第二节　自然旅游资源及其文化内涵

自然山水是人类生存、繁衍、活动的根本基础，也是人类旅游活动的大舞台。其中优美奇异的自然山水是观光旅游最基本的对象，宜人的气候与生态环境则是修身养性、度假旅游的首要吸引因素，特定的自然条件还为登山、滑雪、泛舟、狩猎等娱乐与探险活动提供了难以替代的天然场所。因此，自然环境作为开展旅游活动最基本的场所和对象，又被人们称为“旅游的第一环境”。

一、自然旅游资源的基本特征

自然旅游资源是指可供人们旅游观赏、进行参与性的旅游活动并从中获得旅游享受的自然景观和自然环境。自然旅游资源内容丰富，有高山峡谷、奇峰怪石等山地景观，也有河流海洋等水景景观，包括草原等自然环境，也有山林草木、野生动物等动植物景观。总之，自然旅游资源分布在世界的每一个角落。

总体而言，自然旅游资源具有原生性、地域性、丰富性和季节性 4 个基本特征。

（一）原生性

自然旅游资源是自然界的产物，是在一定的地理条件和气候条件以及地质条件下自然生成的，无论多么令人惊叹的自然美景都是大自然的原创，是天生自在的，不以人的意志为转移。

（二）地域性

世界上不同的地方有着不同的气候条件和地质条件，产生的自然景物自然也是不同的，一些地方的自然景物是由于其特有的地质条件或是气候条件形成的，在其他不具有相同气候或地质条件的地方就不可能出现。

（三）丰富性

自然旅游资源包括的范围广，内容十分丰富。地球上的岩石、水、大气和生物都可以构成自然旅游资源。随着科技的发展，有一些人类以前不能到达的地方也成为旅游资源，被开发成相应的旅游产品，比如深海中的珊瑚礁、各类深海鱼类和海中的各种动植物都成为重要的旅游资源，使自然旅游资源更加丰富。将来，科技的发展还将使人类的旅游空间更加扩大自然旅游资源也将更加丰富。

（四）季节性

自然旅游资源具有季节性特征，一些景观只有在特定的季节才能出现，比如，雾凇、红叶等景物都有明显的季节性，只有在适当的季节才能够欣赏到。

二、自然旅游资源的文化内涵

自然旅游资源包括所有自然形成的、没有经过人工设计和规划的自然旅游景观，如山水景观、动植物景观、各类地形地貌景观等。自然旅游资源最突出的特点便是就是天然性，它们是天然生成的，完全是大自然的杰作，无论是以奇松、云海、怪石、温泉而美冠天下的黄山，还是以雄奇险峻著称的华山，或是“淡妆浓抹总相宜”的杭州西湖，不管它们拥有着多么优美的风光和独特的气质，也都是自然生成的，不以人的意志为转移。那么这种天然生成的自然旅游资源是否不具有文化内涵，或者说，在自然旅游资源的美感内容和审美价值中，是不是就没有文化的因素呢？答案是否定的。任何自然旅游资源，即便是远离人们生活范围的地理空间中的自然旅游资源，其审美内容和价值中也一样包含有文化的内容，也就是说，文化是构成自然旅游资源美感的重要组成部分。

（一）自然物之所以会成为具有经济价值和审美价值的旅游资源，是因为它们符合人们的审美标准

人们对于山峰的审美要求是雄、奇、险、秀、幽、旷和阔。拥有以上特征的山峰会被认为是美的。自然旅游资源的外在形态、体量、色彩等方面与人们对山峰之美的评价和要求相契合，才具有吸引人们前去观赏游玩的力量。除了形体的美感之外，自然景观还可具有色彩美、音响美、动态和静态美。然而，地球上存在的自然物种类众多、数量巨大，山峰、河流、林木花草等遍及世界各地，但并非每一座山、每一条河、每一片树林都会被当做旅游资源来对待。一些山川峡谷、溪流岩石成为旅游资源，另一些则仅仅是一种自然的存在。可以说，对自然旅游资源的选择是经过了人们的取舍的。那些被认为是自然景观或是自然旅游资源的景观是美的，而美的标准首先是对人类无害，其次是在形态、色泽、声音等方面给人们带来感官的舒适，并由此而引起心理上、精神上的愉悦。

（二）自然旅游资源在长期的存在过程中已经和人的历史、活动发生了密切的联系，深深地打上了人文的印记

形貌之美只是美的一个层面，自然景观除了形色美之外，还包含着丰富、深刻的人文内涵。中国有着悠久的历史和灿烂的文化，中华大地上屹立着的山峰，流淌着的河流见证了五千年的风雨，很多自然旅游资源都与历史人物和事件有着密切的联系。从某种意义上说，自然旅游资源的文化内涵已经成了评价其价值的重要标准和依据，历史文化内容越丰富的自然旅游资源，越值得人们前去观赏，其价值也就越高。“山以贤称，境缘人胜”，是对中国传统山水自然审美心理的总结和概括。

（三）神话传说和故事等民间智慧融入山水之中，形成具有民族和地方特色的山水文化内涵

自然旅游资源中的奇石、奇松是美景的重要组成部分，但是奇石、奇松的审美价值并不仅仅在于它们拥有奇特的形态，更令人享受的是它们拥有的贴切、传神的名字。这些名称是人类的创造，是融会在自然景物中的文化内容。不少的山川景物都有相应的神话传说，这都为自然旅游资源植入了文化的内涵。

（四）传统的审美思想经过长久的积淀，赋予了自然旅游资源文化的品格

自然景物虽然是客观存在的，独立于人的意识之外，但是对自然景物的审美却离不开人的感受。中国的旅游历史悠久，出现过众多的旅行家和自然美的热爱者，对自然景物的审美评价非常丰富，在自然旅游资源的审美评价中深深地打上了民族传统文化的烙印，传统的审美观念深入自然景观之中，成为自然旅游资源的文化内涵。古代中国的旅行家和旅游热爱者们以深邃的洞察力领悟自然界无言的启迪，并将他们的感

悟传给他人，给自然的美注入了新的血液和灵性。

三、中国自然旅游资源的文化内涵

中国位于亚欧大陆的东部，太平洋的西岸，是一个海陆兼备的国家。优越的地理位置和地域广袤的国土空间，使中国拥有复杂多样的自然地理环境，为多种自然景观旅游资源的形成提供了广阔载体。

由于中国绝大部分地区位于季节性变化明显的温带和亚热带，故春季草长莺飞，百花吐艳；夏季高温高湿，万象峥嵘；秋季天高气爽，果木飘香；冬季雨雪纷飞，山河露骨。夏季北方的海滨和中纬度地区的山地凉爽宜人，是避暑度假的理想之地；冬季的海南岛海滨又成了人们避寒度假的好处所。观泰山的日出以冬、春二季最佳；看黄山云海最好是春夏之交。

中国的名山不计其数，或以雄、奇、险、秀、幽、旷等美学特征取胜，或以科学上的典型性和悠久的历史文化见长。由于游山或登山可以锻炼体魄、磨炼意志、陶冶情操、洗涤心灵、抒发胸怀、培养美感，故孔子提出“仁者乐山”。中国的极高山，如天山、昆仑山、喜马拉雅山等，集中分布于兰州—成都—昆明一线以西地区，为冰川风景地貌的主要发育区，是开展登山探险、科学考察和高山冰雪观赏的理想场所。中国的其他风景名山，如黄山、庐山、天柱山、阿里山、武夷山、玉山、西樵山等，广泛分布于东部地区，多已成为观光游览和避暑度假的胜地。风景迷人的低山丘陵，如普陀山、崂山、罗浮山、鼓浪屿、洞庭山等，往往此起彼伏，或随江河而延伸，或环列于湖滨，或挺立于海中、湖中、山水相映，风景独特。

中国是一个山高水长、河川纵横、湖泊星罗棋布、泉眼众多、冰川雪原丰富的国家。全国流域面积在100平方千米以上的河流有5000多条，流域面积超过1000平方千米的大江大河有79条，另有数以万计的小溪小涧遍布全国各地，总长度约43万千米。水域面积在1平方千米以上的天然湖泊全国有2800多个，总面积约8万平方千米。中国西部高山的现代冰川和永久积雪面积达4.4万平方千米，是许多江河的源头，不仅对河流水源具有补给调节作用，而且高山冰雪奇观令人神往。它们同中国辽阔的海域，共同构成了中国极富活力的水域景观旅游资源。

山无水不活，水无山不媚。水是构景的基本要素，富有魅力的水体是一项重要的旅游资源。中国广而多的河流与各种地形地貌相结合，景色各异，或雄伟险峻，或秀丽清逸。如万里长江穿行三峡，“两岸猿声啼不住，轻舟已过万重山”；“黄河之水天上来”波澜壮阔，气势雄奇；漓江“江作青罗带，山如碧玉簪”；富春江一路山送水迎，步移景换，堪称“天下独绝”。还有湖水清澈、景色秀美的湖泊，如鄱阳湖、洞庭湖、太湖、洪泽湖、青海湖等。中国的湖泊以长江中下游地区、青藏高原、云贵高原最为集中。瀑布如银白色的链带自天而降，形成雷鸣般的巨响，飞溅的水珠雨雾蒙蒙，与蓝天、白云、青山、峰洞、名胜古迹等自然人文景观构成有动有静、有声有形的画卷。中国著名的瀑布有贵州黄果树瀑布，落差 84 米，最大洪峰流量每秒 2000 立方米，气势磅礴，为中国第一瀑。还有“原出昆仑衍大流，玉关九转一壶收”的黄河壶口瀑布，“飞流直下三千尺，疑是银河落九天”的庐山香炉瀑布，“龙湫山高势绝天，一线瀑走兜罗棉”的雁荡山瀑布，“泻千尺银河，溅玉飞珠”的衡山水帘洞瀑布，“水石相喷薄，咆哮如雷声”的镜泊湖吊水楼瀑布，以及长白山天池瀑布、云南大叠水瀑布、崂山潮音瀑、武陵源白丈峡瀑、台湾乌来瀑等。

中国海域辽阔，海岸线漫长曲折，形成了形态各异的海岸景观，既有壮美奇特的海蚀地貌景观可供观赏，又有众多的优良海滩可开辟为理想的海滨浴场和海上体育娱乐场所。

这些自然山水旅游资源要成为旅游产品需要经过人类劳动的改造。把山的雄奇与水的秀美组合在一起的旅游产品是更有吸引力的。登山则情满于山，观海则意溢于海。自然山水可以让人放下世俗生活的压力，投入山水中，体味与自然和谐的美感和惬意。

中国的自然旅游目的地，经过几千年的历史积淀，大都具有丰厚的文化内涵，大致可将之分为三类：

第一类，大量的山水诗文作品。中国人把自然作为审美客体的历史悠远，中国第一部诗歌总集《诗经》中有许多诗篇都是以山水风景作为起兴的，例如“蒹葭苍苍，白露为霜”（《蒹葭》）；“河水洋洋，北流活活”（《硕人》）。庄子在《知北游》中说“山林与皋壤与，使我欣欣然而乐焉”。数千年来，从老子、庄子至谢灵运、陶渊明，从李白、杜甫到苏轼、徐霞客，一代又一代的文人墨客，面对自然之美，留下了无数经典的诗词游记，这些传世的艺术作品经由旅游者的心理活动，与自然景观发生协调作用，给旅游者更为丰富、更为独特的审美感受。苏轼有诗《饮湖上初晴后雨》，寥寥数语，杭州西湖千变万化的景象尽在笔端，虽然“天下西湖三十六”，能美如西施者非此湖莫属。李白的《望庐山瀑布》夸张而不失真实，故天下瀑布不可胜数，而庐山瀑布名声极大。桂林山水美，讲到它如何之美时，总要引用“江作青罗带，山如碧玉篸”和“碧莲玉笋世界”。前者出自韩愈《送桂州严大夫》一诗，后句出自徐弘祖《徐霞客游记》。字虽不多，却足以勾起人们前往桂林的游兴，置身其地更能体会到比喻的贴切。确实是“文以景生，景以文名”。又如在 1988 年被联合国教科文组织批准为“世界自然与文化遗产”的东岳泰山，自然风光优美，有日出东海的奇观、阳光夕照的晚霞、波澜壮阔的云海及古老的岩石等。如此壮丽的自然风光也吸引着历代文人墨客前来观光游览，留下了诸如古建筑、碑碣刻石和文学作品等不朽的文化景观。泰山现有 58 处古建筑，体现着各个时代建筑艺术的水平，无论从选址，还是从形体、空间、色彩、质料、光线等方面来看，都是尽善尽美、恰当适宜的。泰山石刻从古到今、从山脚到山顶，比比皆是，其规模之大、品位之高、精品之多，其历史价值、艺术价值和审美价值之高都是国内大山无可比的。

有关泰山的著名的诗歌有《望岳》、《泰山吟六首》、《泰山历代诗选》等。《望岳》入选中学语文课本，成为脍炙人口的名作。关于泰山最早的诗句是“泰山岩岩，鲁邦所詹”，载于孔子修订的中国最早的诗歌总集《诗经》。关于泰山的著名散文有《苛政猛于虎》、《登泰山记》、《泰山极顶》、《雨中登泰山》等，皆入选中学语文教材。描绘泰山的画作有《泰山神启跸回銮图》，仿宋真宗封禅泰山的情景而作，画长62米，宽3.3米，画幅巨大，色彩绚丽，是绝无仅有的。以泰山为题材的音乐、戏曲、散文和绘画也可以算得上是不胜枚数的。除了以外，东岳泰山还是研究中国封建王朝文化的一个重要基地。根据中国第一部纪传体通史《史记》记载，史前有72君王封禅泰山。如周成王于公元前一千多年封泰山，建明堂，至今遗址尚存。长达两千多年的封建时代，几乎每朝每代都有皇帝亲自或遣使来泰山封禅祭祀，给泰山留下了许多形色各异的文物古迹。

第二类，丰富的神话和民间传说。这些神话传说如同一条彩链，把自然景观和历史文化巧妙而协调地联结起来，进而对旅游者产生了更大的感染力。长江三峡巫山十二峰，峰峰奇丽，最让游客感兴趣的是神女峰，这是因为有巫山神女的传说；小孤山之所以吸引旅游者，固然因其兀立江中，一峰耸秀的景观，更因这里美丽而神奇的关于建诸其上的小姑庙的传说；云南路南石林峰林丛峙，象形者很多，诸如“万年灵芝”“凤凰梳翅”“母子偕游”等数十个，但是最引人注目者为“阿诗玛”，因为它使人想到美丽的民间故事《阿诗玛》。关于东岳泰山的神话传说成千上万。如有关泰山石敢当的神话传说，石敢当见义勇为，捉妖驱邪，成为人们心目中的英雄。晋人便把“泰山石敢当”刻石立于宅基、桥头，以避邪镇鬼。以后渐成习俗，不仅传遍祖国各地，而且传至东南亚各国，乃至日本及欧洲的一些国家。另外还有许多民间传说，如“姊妹松”“泰山奶奶赠孝匾”“惩逆子”“紫草的故事”等，讲述了发生在泰山及其周围孝敬父母、夫妻恩爱、抗婚、勤俭节约等方面的故事。

第三类，自然旅游目的地的民风民俗各有特色。一方水土养一方人。大自然孕育了许许多多的、拥有着许多不同生活习惯的族群，多元的族群中自然存在着多元的民俗风情。这些民族风情与缤纷多彩的自然资源相映成趣，吸引着来自四面八方的游客。民俗是一个国家或民族集体创造、共同享用并世代传承的一种生活文化，它以有规律的活动约束人们的行为和意识。民俗的形成与地理环境、经济、政治、民族、宗教及语言等诸因素关系密切。民俗在人民群众中具有历史功能、教育功能和娱乐功能。民俗的内容主要有经济民俗（包括居住、服饰、饮食、生产、交通和交易等）、社会民俗（包括家族和亲族、乡里及都市社会、人生礼仪及岁时节日等）、精神民俗（包括信仰、巫术、宗教、禁忌、道德和礼仪等）和游艺民俗（包括民间旅行、民间口头文学、民间文化娱乐、民间传统竞技和民间杂艺等）。

四、中国民俗旅游的类型

文化遗产旅游资源是能够吸引旅游者的古今人类文明活动的成果，即人类文化遗产、物质财富和各种人文现象的总和，带有鲜明的历史烙印和民族地域特色。中国广大的沃野良田、众多的江河湖泽、丰富的自然资源，以及适宜的气候条件，孕育了独具中国特色的人文景观旅游资源。中国疆域辽阔、民族众多、历史悠久，民俗风情多彩多姿。俗语有云“入国先问禁，入境先问俗”，中国古代的旅游者在徜徉山水，留恋古迹之余，总是十分注意对民俗景观的欣赏，从而使民俗成为旅游的一个重要内容。主要表现在以下几个领域：

第一，民间节庆。重大节日活动、结婚喜庆等民间节庆活动。民间节庆与旅游，常常自然地融为一体。如清明节，本是汉族祭扫祖坟的宗教节，但由于清明时分嫩草青青，新枝吐芽，一派蓬勃生机，后人遂将扫墓与踏青结合在一起，发展成为旅游节。

第二，风俗习惯。主要是与日常生活和生产紧密相连的各种风俗习惯，如吃、穿、住方面的偏爱，以及信仰、崇尚等。有些风俗习惯就是旅游的专利产物，如折柳赠别、远道相送，其他如观鱼、养鸟、饮茶等时尚，也与旅游相关。

第三，信仰崇拜。例如，出海有妈祖祭祀、山行有西王母之拜、在船上吃鱼不得翻身（只吃一面，以忌翻舟），这些旅俗信仰反映了观念的幻想世界与现实的自然世界，借助旅游的中介而实现的神秘整合。

据一项国内抽样调查表明，在来华美国旅客中，以欣赏名胜古迹为主要目的的只占26%，而对中国人的生活方式、风土人情最感兴趣的却高达56.7%。有许多在当地司空见惯的事物，对于旅游者而言则可能是非常新鲜、有趣的事物。在广西柳州鱼峰山下，每日傍晚，当地群众即自发聚集一处对歌，此起彼落，怡然自得。旅游者常为之陶醉，流连忘返。四川在开发“世界自然遗产”九寨沟时就注意到了其民风民俗的独特性：在56平方千米的核心地带保留了9个藏族原始村寨，其文化形态和生活习俗保存了安多、嘉绒藏族过渡带的文化风情，因此策划、开发出以茂族风情为核心的一系列文化旅游产品，把九寨沟多姿多彩的水和藏族风情有机地结合在了一起，产生了良好的经济效益。

位于中国四川和云南交界处风光绮丽的泸沽湖，周围住着五万余名纳西族人。这个古老的民族，迄今还遵循“以母为尊，以女为贵”的传统习俗。最令人啧啧称奇的是：这个神秘的“女儿国”，迄今还保留着原始的“走婚”习俗。所谓“走婚”，就是男子于子夜过后，悄悄到女子所住的花楼去，饮酒谈情，尽情享受鱼水之欢，次日曙光初露，男子必须在女方家人醒来之前离开。男女双方感情稳定了，便可以在村子里公开走婚关系了，这时，男子也就可以堂堂正正地出入女方家门，共享天伦之乐，不过双方过的依然是“暮合晨离”的生活。女子如果生下孩子，便跟随母姓，居住在母亲家，由母亲和娘家人如舅舅、姨母等共同抚养。“走婚”这个奇特的风俗，不但吸引了许多民俗学家，同时也吸引了世界各地的游客。

作为自然旅游目的地，其自然生态特色无疑是开发的基础，中国传统的文化沉淀和奇异秀美的自然景观相辅相成，使中国自然旅游资源散发着独特的迷人魅力——“中国风景美的特点概括地讲，就是以具有美感的典型的自然景观为基础，渗透着人文景观的地域空间综合体”。因此，必须十分了解、熟识自然旅游资源，并发现、挖掘出文化内涵的独特性。准确把握自然旅游资源的文化内涵，是使自然旅游资源和其文化内涵相得益彰的基础。

因此，自然旅游目的地的旅游接待设施不仅要具备满足游客各种旅游需求的基本功能，而且在外观风格上应体现出地域文化特色和民族特色，与自然景观和周围环境达到和谐统一，以协调和强化整体旅游景观的审美效应。

第三节　人文旅游资源的文化内涵

文化遗产旅游资源是能够吸引旅游者的古今人类文明活动的成果，即人类文化遗产、物质财富和各种人文现象的总和，带有鲜明的历史烙印和民族地域特色。中国是一个有几千年历史的文明古国，人文旅游资源丰富多彩。它包括古代人类遗址和伟大工程、现存古代城防建筑、宗教建筑、宫殿坛庙、陵墓园林等，对于上述内容他们大都具有同样的属性：

一、历史性

人文旅游资源是人类活动的产物，人类历史经历了漫长的发展过程。在这漫长的发展历程中，人类通过自身的努力，适应自然、改造自然、利用自然，创造了丰富的历史文化成果。其中一部分在人类的发展进程中消失了，而另一些却保存了下来，或以文字、思想、精神的形式，或以建筑、遗迹等形式记录着历史。人文旅游资源包括的范围很广泛，非自然的物质存在、经过人类改造过的自然状态和人类的生活状态都属于人文旅游资源的范畴。多种多样的人文旅游资源有着共同的特征——历史性，无论是古代建筑还是历史遗迹，无论是民俗生活还是田园风光，都是在一定的历史条件下形成的，不可能脱离历史而存在。从一些人文旅游景观上便可以看到特定历史时期的科技文明和审美特色等历史性的内容。

以中国历代的帝王陵墓为例，历代帝王陵墓与陵寝制度与当时的社会状况密切相关，不仅反映了意识形态上的礼制习俗，而且反映出了社会的政治、经济、文化状况，是中国传统文化的重要表现。古陵墓多选于“乾坤聚秀之区，阴阳汇合之所”，环境优美，地面建筑豪华，地下墓穴宏大，殉葬品丰富，格局独特。陵墓的殉葬品为了解当时的社会状况、生产水平，衡量当时的文学艺术，科学技术发展程度，研究中国古代史、天文史、地理学史、工艺史以及医学史等提供了极为珍贵的资料，具有很高的科学研究价值。著名的有黄帝陵、秦陵、汉陵、唐陵、宋陵、明十三陵、清陵等。

中国自第一个奴隶制王朝夏代起，至最后一个封建制王朝清代历时三千余年，其间汉族与其他少数民族建立的统一王朝和地方政权共有帝王 500 余人。至今地面上有迹可寻的帝王陵寝尚有 100 余处，分布于全国的半数以上省区。中国的帝王陵寝不仅数量众多、历史悠久，在世界上独一无二；且布局严谨、建筑宏伟、工艺精湛，具有独特的风格，在世界文化 史上占有举足轻重的地位。

二、民族性

人文旅游资源都是在一定历史背景下产生的，同时也是在特定的民族生活和民族文化的背景下形成的，从形态的设计建造和精神内核上都带有浓厚的民族文化的色彩。不同的民族有着不同的生活环境和文化气质，也有着不同的生活方式和生产方式以及审美标准，因此会产生不同的物质文明和精神文明，当这些带有民族风格的物质文明和精神文明成为旅游资源时，必然带有民族性。如中国几乎所有的旅游项目都包括建筑，许多建筑往往成为一个地区的标志。古代建筑是各种族、各民族传统文化的真实载体，具有很强的地域性、民族性和时段性，是了解各地区文化及其发展的一个重要侧面。中国的木构架建筑早在原始社会末期就已经开始萌芽，经过奴隶社会到封建社会初期，基本形成了一个独立的建筑体系。在漫长的封建社会里，由于各族劳动人民的不断努力，聪明才智的不断积累，在建筑单体、建筑组群和建筑艺术等方面日臻成熟，最终形成了一个完美的、无可替代的建筑体系。建筑中的绘画与雕塑、斗拱梁架、屋顶结构、室内空间处理与独特的顶部装饰都是非常有特色的展示古代建筑文化的实例。

三、艺术性

人文旅游资源具有鲜明的艺术性特征，很多人文旅游资源本身就是精美的艺术品，比如摩崖石刻、书法绘画、雕塑、石窟造像、民间工艺品等，都是具有极高艺术价值的人文旅游资源。还有一部分人文旅游资源在实用性的基础上带有很强的艺术性，如建筑，无论是古代建筑还是现代建筑，都是实用性和艺术性的结合，它们是为了某些特定的实用目的而设计建造的，但本身也是艺术作品，形态的设计、材料的选择、色彩图案的装点等，都具有很高的艺术价值。以宫殿为例，宫殿是历代统治者的房舍，是规模最大、装饰最华丽、建造技艺最高超的古建筑群。中国宫殿建筑最大的特点是处处体现帝王至高无上的权力，总体规划和建筑形制则体现封建宗法制和象征帝王权威，也是统治者的哲学思想和审美观点在都城建设中的具体体现。秦汉以来，宫殿规

模更为宏大，如秦始皇的阿房宫，汉武帝的未央、长乐、建章诸宫，唐代的大明宫等。

四、宗教性

在人类文化中，宗教占有很重要的地位，宗教活动有着很长的历史，宗教文化对人类生活的影响是巨大的，同时产生了众多的具有旅游价值的宗教性旅游资源。“天下名山僧占多”，在中国宗教中影响较大的是佛教和道教，在全国各地建造了为数众多的庙宇和道观，这些宗教建筑和其中蕴涵的宗教内容和氛围，与它们周围的自然景观及其他类型的人文景观结合在一起，构成了或独立或综合的旅游景观。

除此以外，中国古代传统文化思想中包含着浓重的对祖先的崇敬和对天地、日月、各种神的崇拜。为了寄托这种崇敬和感恩的心情，便产生和形成了许多坛庙建筑如北京的太庙、社稷坛、天坛、地坛和山东曲阜的孔庙、孔府等。

随着城市化进程的加快，文化消费需求量增大，文化旅游业具有很强的发展潜力。中国大地文化旅游资源丰富，文化旅游消费需求量巨大，决定了中国文化旅游必将会有一个飞速发展时期。在现有条件下，进行中国文化旅游产品开发，要做到不断挖掘资源的文化内涵，突出主题，增强特色，寓参与性、趣味性于其中；需要不断创新中国文化旅游产品功能，以科学技术为载体，以文化内涵为核心，对文化旅游资源进行重新再设计；在政府、旅游相关部门的支持和配合下，坚持保护与开发并重的原则，开发出具有吸引力和市场竞争力的文化旅游产品，以满足现代游客的需要，适应旅游业发展的新局面。文化，是中国旅游最响亮的王牌，也是城市建设的推动力，唯有如此，城市的发展才能更有凝聚力和竞争力。文化旅游产业的长足发展，已成为中国展示魅力的平台，成为中国经济增长的源泉，也将使中国文化得到永续传承。

第四节　旅游资源开发中的文化影响因素

旅游作为一种现代社会经济现象，文化一直密不可分，并能产生多种结合形式。旅游资源是旅游业发展的一个重要元素，是自然界和人类社会能吸引旅游者，并能为旅游业所利用，开发后能产生经济效益、社会效益和环境效益的事物和因素。它包含两个大的类别：自然旅游资源和人文旅游资源。

在我国旅游业高速发展的这 20 多年里，中国旅游产业以超常规的速度，进行着跨越式的发展，成功地完成了由亚洲旅游资源大国到亚洲旅游大国的转变。据世界旅游组织的预测，到 2020 年，中国将成为世界第一大旅游目的地和世界第四大客源国。但 2008 年在桂林召开的“第二届联合国世界旅游组织旅游趋势与展望国际论坛”上，专家们认为这一预测将提前到 2015 年前后实现。

据相关组织对美、日、法、英、德五国游客访华目的的综合调查结果看，游客首先是想了解民众生活（占100%），其次是了解历史文化（占80%），再次是游览风光（占40%）和品尝佳肴（占40%）。旅游业在中国会有如此迅速的发展势头，与我国所拥有的丰富旅游资源密不可分。广袤的土地疆域、多样的气候地形、悠久的历史文化、独特的民族民俗等都是吸引游客的良好资源，其中，多彩的民族文化和多姿的民俗生活显得更为突出。

中国是一个有着五千年悠久历史文化的文明古国，文化旅游资源极其丰富。中国的文化旅游产品可分为以下几个层次：

以文物、史迹、遗址、古建筑等为代表的历史文化层；

以现代文化、艺术、技术成果为代表的现代文化层；

以生活习俗、节日庆典、祭祀、婚丧、体育活动和服饰等为代表的民俗文化层；

以人际交流为表象的道德伦理文化层；

以宗教圣地、各种宗教活动为代表的宗教文化层。

因此，有充分的理由相信文化因素会在中国旅游业发展开发过程中起到越来越重要的作用。

一、文化因素在旅游资源开发中的促进作用

目前，中国国内旅游学术界对旅游资源开发中的文化影响研究，主要集中在文脉开发、旅游文化开发策划等几个方面。

（一）对旅游资源开发中的文脉研究

文脉是指一个地域所处的地理背景，是一种综合性的、地域性的自然地理基础、历史文化传统和社会心理积淀的四维时空组合。北京大学陈传康教授是将文脉的概念引入旅游开发中的第一人，陈传康先生在其学术论文《城市旅游开发规划研究提纲》指出，旅游开发规划应当充分重视对文脉的发掘，景区开发规划既可以顺应当地的文脉，也可以突破文脉，从而达到出奇制胜的目的。也有学者强调了文脉在旅游地形象设计，特别是城市旅游形象策划中的重要地位，认为城市旅游形象策划的内容必须来自当地文脉，要想体现城市的独特个性，必须充分挖掘和分析城市的文脉，唯有地方差异才是绝对的和无限的。旅游项目的文脉开发一般采用文脉协调、文脉突破、文脉协调与文脉突破结合三种方法。但是，一个旅游项目要体现怎样一个主题，怎样体现某一个主题，并不是一个简单选择方法的问题。一个城市或地区的文脉一般有多条，有主有次，有强有弱，旅游项目的主题应当尽量反映最强的文脉，但更要全面考虑分析，所选文脉尽量不要和已经成功的旅游景点代表的文脉冲突、重复；对于雷同文脉的开发，应当注重规划设计特色化、交通区位上占优势和尽量立足本地市场控制投资额等；非文脉项目的决策则应根据潜在客源市场而定。

（二）旅游文化开发实践研究

文化是旅游资源开发实践的源泉，旅游文化的合理开发利用是旅游开发与旅游规

划需要完成的一项重要任务。关于旅游文化开发实践的研究，国内旅游界的工作者和研究者已经作了大量的工作，并取得了很大成绩。例如，有学者 1992 年就将旅游文化开发策划应用于河南省安阳市和丹霞山的旅游区规划，又在 1996 年将旅游文化开发规划作为区域旅游规划的一个组成部分应用于广东省清远市旅游发展规划，并形成了较为成熟的研究体系：文化精华的提炼→文化资源向旅游产品转化论证→文化主题的确定和开发策划→文化旅游产品开发。关于旅游文化开发的实践研究可分为三部分，即专项旅游文化开发研究、区域旅游文化开发研究和旅游地文化变迁研究。旅游资源开发实践活动研究主要集中在以下两个方面：

1. 专项旅游文化开发

专项旅游文化具体包括历史文化、民族文化、宗教文化、节庆文化、服务文化等单一的文化形式。根据赵飞等人的综述论文，目前在中国国内比较受关注的是民族文化和节庆文化。

中国是一个少数民族众多的国家，每个少数民族都有着自己独特的民族文化，如何合理有效地开发利用这些民族文化资源，关系到中国（特别是西部地区）旅游业有无吸引力、有无地方特色和民族特色的重要问题。国内众多学者对一民族文化的开发和保护已经作了许多极为有价值的探讨。

2. 区域旅游文化开发研究

区域旅游文化开发研究可以分为对大区域、城市、旅游区三类大小不同空间地域的文化综合开发研究。

从 20 世纪 90 年代初开始，大区域旅游文化开发的研究一直是旅游学者们比较关注的。一些作者，如喻学才、李并成、刘胜明、王兴昌、刘益、黄乐毅、简王华、滕健、范进军、蒋冰等对一些大旅游带或省域地域范围内的文化综合开发作了极为有价值的探讨。

城市本身的发展就是文化内容层层积淀的结果，旅游文化是城市文化中最富内涵、最为生动、最具魅力的部分，旅游文化的合理挖掘可以使城市文化表现得更为形象和生动。

二、旅游资源开发过程中对文化因素的保护

如前文所提到的那样，旅游资源开发的绝大部分研究集中于如何深挖文化因素，以文化作为体现或者升华旅游资源品行，从而达到发展旅游经济的目的。直到 20 世纪 90 年代后期，中国国内学术界对文化开发的研究仅仅局限于如何对民俗文化进行深度开发的研究，从而振兴民俗旅游经济，获得良好的旅游经济收益。如张铭远提出“中国应当大力开发民俗文化旅游业”。陈南江、吴月照将民俗文化的旅游开发归结为六种形式，即集锦荟萃式、仿古再现式、原生自然式、原地浓缩式、短期流动式、主题附

生式等形式。

（一）文化旅游资源可持续发展开发研究

一直到20世纪90年代后期开始，旅游学者们逐步认识到民族文化的范畴要远远大于民俗文化，并逐渐将注意力转移到如何解决民族文化开发中存在的问题，以及如何实现可持续发展上来。这就是旅游资源开发过程中的文化可持续发展问题。

针对此研究领域，从20世纪90年代起，中国国内学者开始进行系统研究，积累了对旅游资源开发过程中的文化保护有相当积极意义的研究成果。其中较有代表性的研究学者有罗明义、徐赣力、吴必虎、保继刚等人。

其中罗明义提出要着重发掘、提炼和开发民族文化中最具代表性和特色的旅游资源，形成具有民族文化内涵的、特色鲜明的民族文化旅游产品。针对当下民俗旅游中存在的民族文化过分商业化和被曲解、被加工等问题，徐赣力提出要重视民族文化的保护，坚持提高旅游产品的文化内涵，以实现民俗旅游的可持续发展。吴必虎、余青等人则对民族文化旅游开发的现状作出分析，指出应当正确处理民族传统文化与现代化、民族文化保护与旅游开发的关系，认为民族生态博物馆是一种可持续旅游模式。王亚力以湘西凤凰为例，对一民族交界地区的民族文化开发作了探讨。近几年，面对中国国内各地轰轰烈烈的民族文化开发，一些作者冷静地分析，并作了不少很有价值的总结，提出了应用调查法、比较法、综合法、形象定位法、市场预测法对民俗旅游的系统开发方法。

（二）旅游文化影响研究

旅游文化是在不同文化的冲突中产生的，而且即使是在旅游文化内部也同样存在着矛盾冲突。旅游文化的这种属性导致了旅游地本土文化发生变迁的必然性。关于旅游地文化变迁的研究主要集中于两个方面：旅游对旅游地社会文化的影响研究和旅游地社会文化变迁机制的研究。

20世纪90年代初以来，旅游的社会文化影响研究得到了很多学者（如刘振礼、申葆嘉、保继刚、郑向敏、马波、石朝平）的重视，经过广泛的实证研究，他们指出，旅游对旅游地文化具有潜移默化的影响作用，其中积极影响有促进对外文化交流，促进本土文化复兴、本土文化现代化等，消极影响有本土文化商业化、文化遗产遭受破坏等。但总的来说，只要合理开发，旅游发展对一旅游地社会文化环境的积极影响远大于消极影响。

近几年，有学者也开始注重对旅游地文化变迁机制的研究。杨俭波认为，旅游地社会文化环境是一个系统机构，旅游地在未有旅游介入以前，是一个以自循环、自流通、超稳定为基本特征的地域空间系统。此时旅游地社会文化环境在没有或者很少有其他外力的作用下处于静态平衡状态。当旅游地着力于开发旅游资源、改善旅游环境后，伴随着旅游者的大量流入，旅游地社会文化环境系统便在外界各种“流”的注入

下，改变了过去的平衡状态——平衡系统出现波动和紊乱。

随着现代社会的飞速发展，文化旅游正成为一种备受青睐、生机盎然的旅游形式。文化因素对现代旅游活动的影响，将会更加深刻和深远。要加快中国旅游业的发展，提高其国际竞争力，就必须高度重视旅游文化建设。

未来旅游业的竞争主要是旅游文化方面的竞争，人们对旅游资源、旅游服务的需求更趋向于文化性强、科技水平高、富于参与性的项目，因此，旅游业管理者和从业人员的文化素质和经营管理水平必须相应地提高，才能与国际接轨，适应时代的要求，使中国的旅游业立于不败之地。

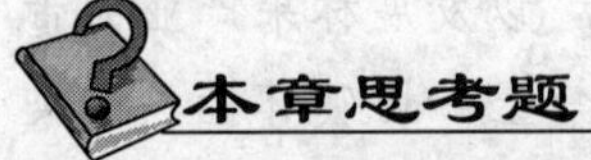

1. 简述作为一种文化现象的旅游资源的基本内涵与外延。
2. 简述自然资源及其文化内涵。
3. 简述人文资源及其文化内涵。
4. 人文旅游资源与自然旅游资源相比具有哪些特殊性?
5. 如何理解和认识文化因素在旅游资源开发过程中的促进作用?
6. 如何认识旅游资源开发过程中对文化因素的保护作用?
7. 在实现旅游资源文化内涵向物质外显转化的过程中应该注意哪些重要问题?
8. 如何理解纽拜所说的“与其说风景是自然所提供的一种形式外表，还不如说它是文明继承和社会价值的体现”?

生态保护和旅游经济发展如何兼顾
——柳埠开发生态资源，打造旅游小镇

在传统发展方式中，生态保护和经济发展是一对宿命冤家。有着“山东生态旅游第一镇”美誉的柳埠也曾在“要生态还是要发展”的痛苦抉择中苦苦摸索。“柳埠最大的资源是山林。如何让有限的山林资源成为经济发展永不枯竭的源头活水，是破解当前发展难题的关键。”柳埠镇党委书记李金国告诉记者，以林果产业为支撑的生态假日经济为南部山区的可持续发展注入了活力，这是一条生态保护与经济增效的双赢之路。

把生态资源变成竞争力

生态是资源，生态资源也能变成竞争力。在柳埠镇，这一理念如今已深深扎根于农民心里。然而，世代依山而居的柳埠人也曾经历过观念转变的“阵痛期”。

改革开放后，山林别墅、生态庄园的房地产开发项目以及租卖林地、石料开采、售卖林木等项目都让不少村民挣得盆满钵满。但好景不长，南部山区生态保护的一纸禁令断了靠山吃山的念想。当时很多人想不通，跑马岭山脚下的王家峪村民同样想不通。村支书王洪和说，“只养山、不破坏”的红线让村民痛苦了很久，后来经过政府部门引导，村民把目光转到林果产业上。他们从治理荒山入手，结合本村种植樱桃的历史，把发展樱桃种植作为主导产业，短短几年内全村大樱桃面积达到1500亩，产品也增加到10多个品种。今年的采摘节期间，他们村销售大樱桃20万千克，实现销售收入400万元，人均收入万余元。村民从发展林果产业中尝到了甜头，王家峪也从穷山村变成远近闻名的富裕村。“过去吃山吃的是老本儿，如今吃的是生态。发展林果产业绿了荒山，建起一座村民发家致富的绿色银行。”李金国介绍说，以发展林果产业为带动和支撑，柳埠镇全面实施“三川增绿”生态造林工程，同时禁止一切破坏性、污染性的矿山开采和石材加工活动，严查严惩林木盗伐行为，森林覆盖率达到62%，实现了全镇人均2亩果园的目标，年人均林果收入800元。

生态假日旅游铺就致富路

“到外地太远，在城市太闹，不如到乡村转转。”每到周末，市民刘先生有时间都要去南部山区休闲。在省城济南，和刘先生有一样想法的市民不在少数。素有“省城后花园”美誉的南部山区每年接待游客350万人次，实现旅游总收入18亿元，生态假日旅游成了拉动当地经济发展的重要力量，地处南部山区腹地的柳埠镇更是游客的首选。

特色景区、采摘节、农家乐是柳埠镇生态假日旅游经济的三大支柱，形成了“春赏花、夏避暑、秋摘果、冬滑雪”的旅游格局。

传统景区注入新内涵

水帘峡风景区近年来完成了园林绿化、河道整治、水系整理、旅游接待中心等项目建设，策划了摄影比赛、楹联撰写、自驾游活动，增加了景区的文化氛围。九顶塔民族风情园开发了“雪之舞”国际滑雪场项目，设有雪上飞碟、雪地摩托、雪地自行车、滑冰等20余个冰雪娱乐项目。

该镇还依托四大林果基地，策划了干鲜果采摘节，采时令果、吃农家菜、赏农家景、体验农家活成为市民亲近自然、休闲度假、亲子体验的新宠。

目前，柳埠镇已建成龙门山庄、水生源生态酒店、水云间等一批高标准的农家乐景点，全镇农家乐经营业户达150余户，直接从事旅游业的人员达到4000多人，年收入2000多万元，仅此一项全镇人均增收500元以上。

生态小镇成假日经济亮点

生态柳埠造就生态的人居环境。夏末秋初的锦阳川河道溪水潺潺、清澈见底，两旁古色古香的栖息凉亭、跨河曲桥、傍水栈道与山河溪流浑然一体，游客在这里戏水、赏景、留影、休憩，尽情享受山水风情带来的惬意。

借力城镇建设行动，以改善滨河环境、营造亲水绿色空间、提升城镇综合配套为重点，柳埠镇投资2000万元，对流经镇驻地的锦阳川河道进行功能提升和景观改造。依锦阳川河道拦蓄而成的12万平方米水面和循水而建的2600米健身路径已成为群众休闲健身、市民游玩的新乐园。城镇综合服务功能明显提升，建成了集中供水厂，小镇居民像城里人一样喝上了自来水；济南港华燃气有限公司投资的管道天然气供气工程也即将开工。

今年4月《济南市南部山区保护与发展规划》出台，成为柳埠转方式、调结构、大发展的新引擎，镇驻地旧村改造又提上日程。相信不久的将来，一个生态低碳、宜居宜游、休闲舒适、凸显生态特色的乡村度假和旅游小镇将展现在人们面前。

（资料来源：http：//jnrbl.e23.cn/html/jinrb/20100822/jinrb9143433.html）

根据本章内容，参考互联网或相关学术研究论文，试分析自然与文化生态保护和旅游经济发展如何兼顾。

第五章 旅游产品

1. 理解旅游产品的基本概念
2. 理解旅游产品的基本特性
3. 掌握旅游产品功能的可持续开发流程
4. 认识现代旅游产品设计开发中的文化因素及其具体运用

第一节 旅游产品的基本概念及其文化特征

一、旅游产品的基本概念

（一）旅游产品的定义

旅游产品是旅游研究的核心概念之一，其复合概念的内涵界定对开展旅游研究具有重要意义。目前学界和业界对这个概念尚有争议，由于使用的角度不同，也就有了不同的标准。

国外对旅游产品的界定中较有代表性的有如下两种：史密斯对旅游产品的概念提出了一种解释模型，这种模型在平面上为一圈层结构，核心为物质基础（P），依次向外第一层是服务（S），第二层是接待业（H），第三层是游客的选择自由（FC），最外层是游客的参与机会（I）。史密斯在旅游产品中融合了旅游者的选择自由和参与机会，他是在客观的物质条件上注重了旅游者的主观意愿；米迪兰敦则认为，旅游产品实际上分为两种情况，第一是综合概念，包括旅游者从出门旅游开始，到回家期间所有涉及的设施与服务所共同构成的综合体，第二是指某一特定的具有商业性的物品，如吸引物、接待设施、交通、服务等。

国内旅游学界公认的旅游产品定义是经济学家给出的。传统旅游经济学派以林南枝、陶汉军为代表，他们依据旅游经济活动的参与主体从三个视角来界定旅游产品，即从旅游者来看，是自己花费了一定的时间、费用和精力所换取的一次旅游经历；景区旅游经营者认为是他们凭借旅游吸引物、交通和旅游设施，向旅游者提供用以满足其旅游活动需求的全部服务；旅行社则认为是以旅游资源为原料，以行、游、住、食、购、娱等诸要素及各个环节的服务为零部件，针对客源市场需求，按照一定的主题，设计、加工、制作、组合而成的旅游线路。新兴旅游经济学派主要以王大悟、魏小安为代表。他们从功能上来界定旅游产品的概念，认为旅游产品是“旅游经营者为了满足旅游者在旅游活动中的各种需要，而向旅游市场提供的各种物品和服务的总和”。他们把旅游产品理解为“物品＋服务”，旅游产品构成中既有有形的物品要素，又有无形的服务要素。应该说这个概念在传统经济学派的基础上前进了一大步。

（二）旅游产品的设计

旅游产品设计是指按照一定的规则，配置旅游资源和首层服务，把旅游服务加入其中，并以一定的主题、内容、形式和价格表示出来的过程。

设计旅游产品，有一套完整的方法。首先要能够选定旅游地的旅游价值点，这是一个旅游产品的核心竞争物。创新是强势群体发展的必由之路。创新的目的是引领新的旅游消费需求。创新设计由三个部分组成：创新主题、创新内容、创新形式。旅游产品的级别设计是按照旅游产品的三级标准、旅游产品的三大组成的量化标准来设计旅游产品，分为初级设计、中级设计和高级设计。三级设计机械地划分是不实际的，现实一定是初、中、高三个级别的不同标准交织在一起的。如此机械地区分的好处，一是便于更清晰地了解和掌握旅游产品设计，二是为将来制定旅游产品设计的评定标准和收费标准奠定基础。这其中提到的初级设计一般指的是配置旅游资源及附属首层服务，另加上旅游服务实现旅游产品“小型、粗品、经济”的特征，并分别完成旅游产品四大组成——主题部分的命名、内容部分里的“生理心理的低层需求”、形式部分里的“慢拙”、价格部分里的“无疑难服务要求”的旅游产品。中级设计指的是通过配置旅游资源和另加旅游服务实现旅游产品“中型、细品、标准”的特征，完成旅游产品组成的主题第二步工作——美名、内容的“中层”、形式的“轻快”、价格上的“疑难服务收费”等。而所谓的高级设计则是指在初、中级设计的基础上，合理配置旅游资源，实现“大型、精品、豪华”，并设法完成旅游产品主题的“树立品牌”、内容的“高层”、形式的“舒缓”以及价格的“代收代付的及时转移、标志法律关系的转移、代收代付的代收部分纳税”。

二、旅游产品的文化特征

当今旅游学界大多赞同这样的说法：旅游是一种文化现象，是社会文化发展的必然产物。旅游的实质是文化交流，由于文化的表现形式多种多样，因此旅游活动的内容和形式也不大相同。但是，进行任何文化旅游活动的旅游者都是为了追求文化享受，获得精神与智力的满足，是一种较高层次的旅游活动。而众所周知的是，旅游产品是一种特殊的产品，它的完整“生产”过程是旅游消费和旅游供给同步实现的过程。

一般来说，旅游产品大多以某一特殊文化吸引力为主线，连接其他一系列相关的文化旅游要素。文化旅游的吸引力要素包括文化旅游目的地的文化旅游景点或景区、文化旅游环境、文化旅游观赏或参与性活动等。文化旅游景点不同于一般的观光旅游景点，它应具有一定的文化主题，特征鲜明，对旅游者有着特殊的吸引力。除此之外，文化旅游产品还包含旅游目的地的服务文化、社区文化和环境文化。

(一) 文化旅游产品种类

根据旅游者的需求和消费指向，文化旅游产品可以分为五类：

其一，适应精神放松需求的休闲型文化旅游产品。这类产品的功能是适应旅游者脱离原有“固定的”生活环境和“程式化”生活方式的需求（如北京的胡同文化旅游）。

其二，满足旅游者文化的好奇心的奇异型文化旅游产品。这类文化旅游产品满足旅游者对新鲜事物、特殊人文景观的兴趣，选择一些具有特例性的文化题材，如奇风异俗、奇闻逸事、奇人奇物进行展示（如美国八大名案旅游目的地）。

其三，满足旅游者求知、学习需求的修学文化旅游产品。修学文化旅游是以学习、研究某一项专题文化为目的的文化旅游类型，是希望以此开阔视野，增长知识、丰富阅历。修学文化旅游的动机是出于文化求知，通过丰富和拓展知识层面，调整自己的知识结构，适应社会的文化需求，提高自身的文化修养。

其四，满足旅游者文化憧憬和追求的理想型文化旅游产品。游者的异地文化憧憬基于远距离的审美联想情感，这种距离不仅是地理上的也是文化上的。

其五，满足发现自我潜能、挑战“文化极限”的发展型文化旅游产品。文化旅游产品的消费者通过文化旅游考察、体验与自己居住地不同的生活文化，增加新的阅历，形成新的思想，实现自己的精神价值。

(二) 旅游产品的特殊性

文化旅游产品除了具有一般旅游产品的共性外，还具有丰富的文化内涵。文化是人类在社会历史发展过程中所创造的物质财富和精神财富的总和。而旅游产品是人类创造的，是人类智慧的结晶，它本身还具有丰富的、独特的文化内涵属性。

具体包括以下几个方面：

(1) 非物质性。文化旅游产品不是看得见、摸得着的物质产品，而是一种非物质的东西，这种非物质东西的实质、主要内容是一种服务。比如，桂林的乐满地主题公园，旅游者只有亲自来到桂林，才能享受到它带给自己的快乐。也因为文化旅游产品的非物质性，对于旅游文化产品的开发者来说，要对文化旅游产品进行多角度的营销，让旅游者更多地了解旅游文化产品的信息，以达到双赢。

(2) 不可转移性。文化旅游产品的不可转移性主要表现在，旅游服务所凭借的吸引物和旅游设施无法从旅游目的地运输到客源所在地供游客消费，且只能以文化旅游产品的信息传递引起购买者的流动来实现。只有将旅游者吸引到旅游目的地，文化旅游产品价值才有可能得以实现。因此，相对于实物产品来说，旅游文化产品是通过中间商的促销活动把游客组织到目的地来进行消费。这种不可转移性还体现在文化旅游产品销售后所有权的变更上，旅游文化产品的资源设施以暂时的使用权为主，其中的文化旅游产品交换虽以所有权转移为主，但这在整个文化旅游产品中并不占优势。

(3) 服务性。服务性产品是能为顾客创造价值的实体或过程，而服务仅是一种行为、一种活动、一种可以被用以交换的无形产品。文化旅游产品的服务性应该指与其他产品相比，服务在旅游文化产品中占有相对较大的比重——旅游者比其他产品的消费者往往购买更多的服务，故有“服务是文化旅游产品灵魂”之说。但笼统地把文化旅游产品看成旅游服务或把两者等同起来是不恰当的。若从各种单项文化旅游产品出发，服务的成分可能是主要部分，也可能是次要部分。

(4) 异地文化特性。任何旅游产品都有自己特定的性质，不同性质的旅游产品的利用价值和功能、开发利用方向都不一样。从旅游产品的异地文化特征来说，任何一种旅游产品在文化吸引上都需具备异地文化或异质文化特征。

(5) 文化创造特性。旅游产品大多是人类在其发展过程中自身创造的，不是天然固有的，即便是纯粹的自然旅游资源，在漫长的人类历史过程中也会不可避免地打上人类的标记。它是人类自身发展过程中科学、历史、生产劳动、生活方式、文化艺术的结晶，是人类宝贵的财富。因此，旅游产品还具有可不断地创造与更新的可持续发展特征。

(6) 时代特性。由于文化是不断变迁的，旅游者的动机和需求也在不断变化，旅游产品也带有很大的不确定性。并且大多数的旅游产品是人为创造的，而人总是生活在一定的社会历史环境中，因而文化旅游资源的形成与社会历史密切相关，必然会深深地打上社会时代的烙印。不同的历史阶段、不同制度的国家、民族，由于生产力水平、科学技术、审美观点、道德规范等的不同，其人文景观的建造水平、风格、性质也就不尽相同。历史上遗留下来的各种文物古迹，都反映了当时的科学文化、社会经济技术水平。

(7) 在产品形态上，文化旅游资源既有物化形态的实在物，也有非物化形态的模式或意境。物化形态可以是显性的、具体的或可明确被感知的（如古迹、古物、建筑等）；非物化形态主要是隐性的，但仍可以不同程度地感觉到它的存在（如民俗、表演、歌曲、制度等），并可以通过象征、渲染等手段，将其从精心营造的旅游文化场景中揭示和显现出来。

(8) 旅游产品内涵的多元可变性。由于文化是一个不断发展、不断变化的人类物质和精神成就的总和，所以导致文化旅游的动机和需求也是在不断地发展和变化。同样，由于旅游者的个体差异（需求差异、消费差异、感知差异等），旅游产品的内涵也带有较大的不确定性。

第二节　旅游产品功能的可持续开发

产品开发（Product Development）是指向市场提供新产品或改进产品，开发者应掌握市场的需要，依此设法增强或转变产品的特色，建立合理的档次结构和类型结构，以更好地满足市场需求。

旅游产品的开发就是深入分析市场需求，根据市场需求特点，结合自身的资源优势，向旅游市场提供旅游新产品或旅游改进产品，以更好地满足旅游市场的需求。

由此可见，旅游产品的开发包括两个方面：一是对现有旅游文化产品的改进，可以利用价值分析的方法，即对现有产品进行价值分析和功能分析（Analysis of Function），确认旅游消费者所喜欢和追求的必要功能，补充缺乏功能，削除不必要功能或过剩价值，力图以较低的成本投入实现旅游产品的必要功能（即为市场所需要的），高效地实现产品价值；二是旅游新产品的开发，是指开发商发现旅游市场产品新的核心利益需求后，生产并提供从核心产品到附助产品的全新产品，以满足旅游市场的新需求。

一、我国旅游产品开发发展阶段

中国旅游产品大致经历了改革开放阶段的卖方市场、卖方向买方转变的市场、买方市场三个阶段。

第一阶段是发挥初级资源优势特点的供给导向型卖方市场。传统的以资源为基础的旅游产品十分丰富，并且以往是对内对外发展的具有代表性的重点旅游产品。如观光游、度假游、商务游等。旅游市场呈现出客源分布广、增长势头稳定的态势。

第二阶段是20世纪80年代末到90年代中期，由单纯观光旅游产品向特种旅游产品和专项旅游产品转化。但旅游产品结构比较单一，产品的组织销售形式比较落后，旅游产品的价格相对于旅游者满意值，即旅游者期望值与旅游者的体验值之差偏高。旅游产品提供的基础设施配备、人工服务及信息传递等方面相对落后。旅游业的市场竞争意识增强，开始注重软件服务质量的提升。

第三阶段是20世纪90年代中后期进入买方市场发展阶段。相对于丰富的旅游资源，中国可以开发的专项旅游产品前景广阔。随着旅游需求的多样化，现有的旅游产品同质化生产导致了市场更加激烈的销价竞争，不利于产业提升及可持续发展，旅游产品有待深度挖掘，以吸引和激发具有潜在旅游消费能力的旅游者群体。中国的交通航线分布不够宽的问题使作为旅游目的地的可进入性弱化。旅游目的地在提供的旅游产品与周边地区提供的旅游产品互替性较强的时候，竞争力下降。因此，这个阶段开始从需求方的角度研究旅游产品的开发问题，产品结构功能侧重于向集中了六大要素于一体的综合性的、多功能新型旅游产品发展。旅游产品的内容类型呈现出主题化趋势。旅游产品的表现手法增多，旅游产品的层次规模多样化，旅游产品的集资方式多样化，旅游产品的营销手法多样化，在产品中融入服务及文化因素，满足旅游者精神需求的阶段。以往传统旅游产品基本是大规模定制的形式，也就是为平均水准设计的产品。生产了很多非旅游者所需，却被整体销售的旅游产品，牺牲了顾客的一些文化价值体验。

二、释放现有旅游资源的科学文化内容功能

旅游的本质属性在于在异域文化中丰富精神生活，成为个人主体生命在时空维度和精神世界中的有机组成部分。旅游包含着诸多文化、精神要点。有别于产品经济时代的旅游价值量的衡量是物质产品，服务经济时代旅游价值量的衡量是游客满意度。文化旅游下衡量的标准变为对旅游产品带给游客的文化内涵和精神收益上，文化体验是购买产品的核心。作为一种新的经济形式，文化旅游对旅游产品开发的意义在于文化旅游是以需求为中心，强调需求结构升级，即从生存、发展升级到自我实现，以及从消费者角度出发考虑生产的经济形态。

对比以往中国旅游产品开发的状况，如今对在旅游产品开发中融入更多有针对性的文化要素，提升旅游产品的市场价值有了更多、更深刻的认识。但是，就中国总体情况来看，旅游产品开发大多仍在使用单纯展示资源，卖初级产品，粗放式的浅层开发模式，这势必不能最大限度地发挥旅游资源的各种旅游功能和应有的效益，造成旅游资源的浪费和闲置。因此，因地制宜，挖掘现有旅游资源的科学文化内涵、释放旅游文化功能，进一步对现有旅游资源进行整合，使之表现形式更加新颖，内涵更加丰富，从而提高中国旅游产品的科学文化品位，并且注意增加游客的参与性，应是提升旅游活动行为层次、延长游客停留时间、提高中国旅游总体效益的有效途径之一。

值得注意的是，对于中国许多旅游资源的科学文化内涵及其价值，国内外学术界早有相当的研究成果及定论，但由于长期处于前面提到的以单纯的展示自然山水风光为主要旅游产品开发模式的现状，并没有得到充分的利用，与国外众多依靠旅游资源的科学文化内涵发展起来的旅游名胜地相比，中国许多的优质旅游资源的科学文化内涵还只“待字闺中”，未被人识。如此具有市场潜力的资源长期被闲置，实为一种巨大的资源浪费。

要达到旅游产品功能的具体实现，必须从以下几个方面入手，将文化功能充分融入旅游产业之中，从而实现文化旅游的可持续发展。

(一) 不断丰富旅游资源文化内涵

文化旅游资源既有物质的，也有非物质的；既有有形的，也有无形的。在文化旅

游产品开发中，关键是如何把文化渗透、融合进各类旅游产品中，使其有灵魂、有主线、有品位。针对有形文化旅游资源，产品在开发时要使旅游资源的文化内涵在原有的基础上不断地丰富和发展，为旅游活动的发展不断地注入新的血液和动力，使它“活”起来。中华大地上有许多有名的文化旅游资源，如果常年只是保持在原有的文化内涵展现的基础上，而忽略了对其文化内涵的拓展和延伸，那么它们最终是要被淘汰掉的，这就需要源源不断地丰富发展其文化内涵，它们才会永葆生机和活力。针对无形文化旅游资源，特别是一些文化遗存，挖掘其文化深度内涵，可以通过一定的设施和活动，营造文化氛围，使文化内涵通过一定的物化载体展现出来，让游客能真实地感受到其中的品位，获得教益，从总体上增强对游客的感官冲击度、情景体验度、情绪调动度、信息接受度。文化旅游产品必须用典型、形象、通俗、有趣的形式去展现文化，使其内涵得到充分发挥，达到应有的广度和深度。

（二）以市场为导向原则，努力实现文化旅游产品的功能化

文化旅游要以市场的需求为开发条件，产品的开发应该有充分的市场论证和市场定位。并不是所有具有一定文化内涵的旅游资源都一定可以开发出具有文化魅力的旅游产品。这就要求开发者以市场为标准，根据游客需求，针对不同市场群体，结合文化旅游资源特征，以文化为导向，推出多层次、多样化的个性产品，开发出具有市场吸引力的文化旅游。文化旅游产品是现代市场经济的产物，离不开市场。因此在开发中应针对市场不同层次的需求，创造能满足游客文化消费要求且能激发旅游者兴趣的旅游产品。要保证产品的多功能特征，突出强调产品的重点功能。主要体现在充分凭借资源的可利用因素，采用现代科技手段，借助多种表现形式（如静态产品与动态产品的结合，声像资料展示，现场演示等）来激发游客的兴趣，从而使游客于动、静之中获取文化信息，实现精神文化享受的高层次体验，创建多功能化的旅游产品。

（三）体现特色和品位，突出文化主体

从发展的趋势上看，没有参与性文化内涵的旅游产品是难以吸引游客的。所以，文化旅游产品的开发应以鲜明的特色为形式、以丰厚的品位为内涵、以人本主义精神为本质。从文化旅游的特色上来看，应主要体现出异地和异时的文化风格。例如，在异时文化吸引中，可以突出同一时代，但不是同一文化代系的反差关系。如目前在世界文化体系共存的传统文化和现代文化之间，就有一种文化吸引，传统文化在发展中国家、农业经济和文化区保留较多，现代文化的代表者则主要是发达国家、工业经济和文化区、大都市。传统文化区的许多旅游者热衷于欧美发达国家、大都市旅游，发达国家的旅游者更多倾向于传统文化旅游。从文化旅游的产品来说，应区别于一般大众旅游，体现出文化旅游线路的专项化、特色化，凸显文化旅游对文化旅游需求的多层面关怀与满足，体现出对文化旅游者的人文关怀。突出“文化为根，以人为本”，突出和强化文化旅游产品、文化旅游场景或环境的文化性。由于文化具有相对的民族性，

因此文化旅游产品开发要注意突出文化主题，紧扣景区文脉，适当强化和突出，不能偏离、湮没其主流特色。文化旅游资源开发应寻求差异，突出本地特色，发挥本地优势，切忌照搬、模仿、抄袭。随着人们旅游需求档次的提高，那种让游客在彼此毫无联系的几个景点之间来回奔波的旅游项目，已越来越遭到人们的摒弃。鲜明的主题是一个文化旅游产品必备的。文化主题既可以是旅游资源所固有的，也可以是人为提炼、设计的，它是文化旅游景区的建设灵魂。

（四）完善相关法律，加强资源保护

文化旅游资源中大多为不可再生资源，鉴于开发中可能有破坏历史文化旅游资源的行为，需不断完善法律法规，以保障文化旅游资源的永续利用，避免短期行为。如中国政府已于 1982 年颁布《文物保护法》，1988 年颁布了《风景名胜区管理暂行条例》，《非物质文化遗产保护法》也已于 2011 年 6 月 1 日起正式实行。这些都是在中国历史文化旅游资源开发和利用过程中避免破坏行为发生的一些必要措施。一方面，要有强烈的保护意识，使遗产世代永久流传下去，另一方面，也有责任将这些祖先遗留下来的公共产品展示给公众，让更多的人享有它、观赏它。因此，文化旅游产品开发时，要坚持保护和开发并重，以保持各文化旅游资源的原始风貌为开发之根本。在开发过程中，应树立经济效益、社会效益和生态效益相统一的观点，以客源市场需求为导向，开发适销对路的文化旅游产品。针对不同的历史文化遗产、非物质文化遗产，应不断建立健全保障体系，完善相关法律法规，规范市场秩序，进行合理有效开发，使旅游资源在开发时既能让当代人享用，又能为后人传承借鉴。

（五）综合性开发原则

旅游产品的综合开发性原则是由旅游活动的综合性和旅游需求的多样性决定的。根据旅游系统理论，旅游者的旅游活动涉及吃、住、行、游、购、娱六大主要构成要素，对旅游者来说这些是一个整体，而为之提供服务的除旅游行业外，还涉及文物、林业、建筑、交通、卫生、电信、教育等行业和部门。旅游活动的顺利开展需要这些部门和行业的协作、配合和支持。因此，文化旅游的开发必须围绕旅游者的核心利益，提供与产品配套的设施和服务，做足文化氛围，以争取更大的客源市场。

（六）创新性原则

文化旅游是一项充满憧憬、创意的文化活动，树立创新意识对于发展文化旅游业显得特别重要。一方面，那些符合时代发展要求的文化理念的创新，将引导着文化旅游发展向更高的层次演化，而这实际上也意味着文化理念的创新，会不断创造新的旅游消费需求，指导着旅游消费的发展方向，从而带动旅游活动不断优化；另一方面，深厚的文化内涵必须通过创新的文化表现手段和表现形式来展示，以适应当代旅游者审美的要求，符合当下科技社会发展水平。所以，文化旅游在开发时必须坚持不断创新。如中国现已开发且获得成功的深圳华侨城主题公园。依靠不断的产品创新，深圳华侨城培植起了旅游主题公园的品牌，将文化创新融入旅游产品创新中，从而提升了华侨城的旅游功能和品牌形象，创造着中国旅游产品的国际化竞争。从 1989 年最初“锦绣中华”的建成，到之后开发的“中国民俗文化村”主题公园、“世界之窗”、“欢乐谷”等人造景点相继建成，四大主题园构成的华侨城享誉海内外，给深圳旅游业的发展创造了不俗的业绩。深圳主题园的成功，使旅游资源先天不足的深圳，在旅游业的发展上创造了一个奇迹。这充分说明了旅游资源是可以创造的，谁创造出好的资源，谁就把握住了市场机遇，可见旅游产品的创新大有可为。

挖掘旅游资源的科学文化内涵应该是一个持续不断的过程，既要依靠学者和学术队伍，成立专门的开发研究机构去从事研究和发掘工作，又不能仅仅停留在单纯的学术研究层次上，还应积极借助商业手段和市场运作，及早促成旅游资源中的科学文化积淀成为旅游产品的新卖点，促进旅游产品的更新换代，从而延长其生命周期，增加市场竞争力。这将更有利于旅游资源的持续利用和旅游产品、旅游业的可持续发展。

第三节　旅游产品设计开发中的文化因素及其具体运用

旅游产品是旅游经营者通过市场向旅游者提供的全部有形产品和无形产品的总和，而旅游产品是一个综合概念，是多种单项产品的组合，也即旅游产品的效用取决于各单项产品的效用。

对于旅游产品的效用与旅游产品本身所包涵的文化价值之间的联系，有学者作过这样的表达：旅游产品的效用很大程度上取决于各项旅游产品所凸显的文化魅力。

旅游产品开发的实践活动证明，事实确实如此，而且，随着旅游活动逐渐向文化内涵靠近，文化因素在现代旅游产品设计开发中的作用也会越来越大。例如，美国迪士尼乐园虽无久远的历史文化蕴涵，但旅游者能明显地感受到扑面而来的现代科技和美国开拓精神相结合的文化内涵。

因此，提高旅游产品质量和竞争力的一个重要方面就是如何使文化魅力转换成产品的市场号召力和竞争力的问题。

人文旅游资源被打上了深深的人类烙印，具有丰富深刻的文化内涵。人文旅游产品是由人文旅游资源构成的，是人类文明的载体和人类文化的一个重要组成部分，它的文化内涵与生俱来，其灵魂是文化，是文化与旅游共存。人文旅游产品是古今人类活动的艺术结晶和文化成就，是民族风貌和地方特色的集中体现，具有明显的历史痕迹和地域特点。

一、旅游产品设计开发中的文化因素运用现状

就中国国内旅游产品的开发现状来看，现实生活中的旅游文化产品开发是存在问

题的，旅游产品开发过程出现的诸多问题和现象，不仅形成了中国文化旅游发展的产业“瓶颈”，也直接通过以下三种主要矛盾形式反映出来。

（一）文化旅游资源的“内涵价值”与开发者和旅游者的“文化素质”之间的矛盾

文化旅游产品开发作为一种策划设计行为，其本质乃是在那些处于初始状态的文化旅游资源和作为最终目标的文化旅游产品之间寻找合适的途径。因此，开发者（规划师）的价值取向从一开始便决定和制约着产品开发的方向和程度。而现今中国许多地区在文化旅游资源开发过程中，一方面由于开发者整体文化素质偏低，科学开发和可持续发展的意识淡薄，导致低级粗糙的商业化景观泛滥，经营管理与开发上的短视化行为普遍，使文化旅游资源失去了其固有的文化价值和内在魅力。

只要反观改革开放以来的中国旅游产业发展历程，这样的例子比比皆是。比如说，近年来国内部分地区在文物资源和文化遗产保护的管理模式方面，由于变更隶属关系，管理部门由原来的文化文物部门变为旅游企业或个体承包商，加上管理者自身文化素质低下和不懂有关法律法规，造成了多起破坏旅游地文化旅游资源，损害旅游地文化旅游产品形象的事件，在国内外引起强烈不满。另一方面由于中国国民受教育水平和方式的限制，文化保护意识比较淡薄，大多数旅游者自觉的旅游文化保护观念还未形成，高密度的旅游客流和大量的不文明旅游行为对文化旅游资源和产品造成的破坏比较普遍。近年来，为了最大限度地彰显公共博物馆和纪念馆的社会公益性，使更多的百姓能够共享文化资源，国内各地公共博物馆和纪念馆陆续免费向社会开放。但由于观众的素质参差不齐，出现了诸多不文明行为，不仅给免费开放的博物馆的管理造成巨大压力，更严重的是给文化旅游设施和文物资源造成了不同程度的破坏。

（二）旅游者的层次化需求与开发者的错位性开发之间的矛盾

由于文化旅游者的自身差异，使其对文化旅游产品的需求指向表现为多样性和层次化，客观上要求文化旅游产品的开发者首先要认清文化旅游资源的性质，掌握产品的开发方向，正确处理好资源利用的取舍关系，兼顾市场需求与资源利用的关系，设计生产那些既能够展现属地文化内涵，又能够满足旅游市场需求的文化旅游产品。而当前的文化旅游产品开发由于市场定位和开发者意识的偏差，很多地区出现了两种“极端”现象：一方面，但凡与文化沾边的资源都进行所谓的“包装”，对文化旅游资源的“包装”简单到对当地民间文化仅以小画片、小画册为主，当然其中不乏认真严肃之作，但更多的是哗众取宠，有些根本就是背离其文化内涵的东西。此外，由于无知或商业利益驱使，以“伪民俗”的方式体现和展示民族文化风情现象随处可见。另一方面，由“旅游规划专家”在品位高雅的文化旅游资源基础上，以专家的视角和审美能力而开发出来的产品，往往需要旅游者具有较高的文化素质，不能做到“神动附之形现”，容易形成曲高和寡的局面。

（三）当前效益与持续发展之间的矛盾

与其他行业开发相似，由于“投资主体多元化”的发展模式和在宏观调控乏力、规划执行随意性大的粗放发展格局下，目前中国文化旅游产品开发中短期经济利益与长远持续发展之间的矛盾日益突出。许多地方对文化旅游资源的开发和利用极不合理，利益驱动的短期开发行为和开发建设的无序状态，造成了高品质的文化旅游资源的不合理开发或低水平开发，并带来了市场的混乱，已严重危及文化旅游环境的良性循环，并将会导致文化景观的变质，民族文化的削弱，而且造成的后果往往无法挽回，成为中国文化旅游经济永续发展的主要障碍。

对于旅游产业的健康发展来说，上述的矛盾绝不是小事。如果文化旅游资源的"文化价值"与旅游者、旅游开发者的"文化素质"这一矛盾如不能得到解决，中国开发文化旅游产品将面临更加严峻的形势；面对旅游市场的多层次需求，在实现从文化旅游资源向文化旅游产品转化的过程中，需要准确把握文化内涵的通俗化、大众化与展示手段和经营理念的现代化；当前效益与持续发展之间的矛盾直接影响旅游产业的可持续发展问题，怎样让景观和它的历史、环境协调起来，让资源价值持续维持，而不是简单地为开发而开发或是孤立地为保护而保护，这是必须重视的问题。

其一，文化旅游者需求的多样化和多维化要求文化旅游产品设计理念与之相一致，这样才能使开发的文化旅游产品适应市场需要，才有生命力。

其二，在文化旅游产品开发过程中时常出现的文化旅游资源为资本所左右的情况，会最终导致旅游产品中的文化"缺位"、"失真"甚至"损毁"，出于功利的旅游产品开发动机和短期行为意向，对文化资源进行大规模的、突击性的旅游产品化，或许会带来短时间的效益，但是这样的短视行为可以基本等同于"文化商业化"，而"文化商业化"的直接后果便是接待地的文化精粹成了商品，本来可能是丰富多彩而令人满意的民族文化或民俗文化，却显得肤浅而苍白，失去了旅游地文化的风格和品位。从而造成为寻找、体验文化而来的文化旅游者找不到文化信号和符号，在心理上产生失落、烦恼和焦虑，甚至导致"文化休克"。

旅游产品因市场而来，没有成熟的旅游市场，旅游产品开发只能是一句空言，但是，必须指出的是：文化与市场是一对矛盾的统一。不顾市场的牵强文化拔高会使经济效益下降，但单纯地以市场为导向，则很可能牺牲产品文化的深层化、高雅化和丰富化，最终因产品的文化魅力降低而使其吸引力下降，投资收益下降。中国旅游产业至关重要的物质依托就是具有丰富历史文化内涵的人文旅游资源，这是中国旅游产业得天独厚的条件。如果忽视了旅游产品的历史文化内涵及其恰当表现，中国旅游产品则会在很大程度上失去竞争优势。

二、旅游产品设计开发中的文化因素运用手段

（一）有创新意识，突出文化旅游产品开发的主题和特色

创新是一个民族进步的动力，文化旅游是一项充满憧憬、创意的文化活动，必须

以观念创新推动文化旅游产品的开发。在文化旅游产品开发中，要按照全面创新的战略要求，用新的思维认识、开发和管理文化旅游产品。一是在文化旅游产品开发战略上要有创新意识。要树立符合时代特征和市场方向的文化旅游资源观、产业观和发展观，把观念创新提升到战略层面，形成思路、规划、项目、资金、建设、效益、发展的良性循环格局。在开发实践中坚持“先规划、后开发”和“统一规划，滚动开发”的方针，通过开展国内、国际合作等形式，提高开发项目规划的水平，为高水准开发文化旅游资源，建设文化旅游精品打好基础。二是策划创新。文化旅游产品开发的策划要有创新意识，其核心是要把文化旅游资源转变为文化旅游产品。这就要求开发者立足现有的文化旅游资源，精心策划，深挖文化内涵，张扬本土个性。三是表现创新。特色文化要有合理的表现形式。既要根据资源特色和不同的消费市场，开发出集展示性、表演性、参与性（体验性）于一体的文化旅游精品，又要注重文化延伸，开发丰富多样的文化商品与文化旅游活动，拉长文化旅游产品（产业）链，使文化旅游产品在表现形式上具有协调性、多样性和创新性。文化旅游产品开发还必须具备相应的主题，产品主题越鲜明、越典型集中、越富有层次感，就越有利于展示和设计，使其文化内涵得到充分发挥，得到旅游者的青睐。因此，文化旅游产品开发应以鲜明的特色为文化形式，以丰厚的品位为文化内涵，以人本主义精神为文化本质，重点体现出异地和异时的文化风格。从根本上来说，就是应该体现独立的文化主题，突出和强化文化旅游产品、文化旅游场景或环境的文化性，凸显文化旅游产品对文化旅游需求的多元“文化格次”的关怀与满足，体现出对文化旅游者的人文关怀。

（二）找准市场定位，掌握文化旅游产品开发的重要环节

文化旅游产品开发的市场定位是在深度市场调研和文化旅游资源科学评估的基础上确定的。文化旅游行为和消费的基本倾向是对异地、异质文化的期望。中国历史悠久、幅员辽阔，从时空角度看，满足这种文化旅游期望的资源极其丰富。不同的历史文化、民族文化、地域文化和民俗文化都可以组合成不同系列的文化旅游产品。比如依托已有的考古发现，可以设计组成历史文化内涵极其深厚的“中国历史文化旅游线路”；依托丰富多样的区域文化，可以设计组合地方文化色彩浓郁的“中国区域文化之旅”；依托灿烂的中国文化宝藏，可以设计组合成“中国专题文化之旅”等。因此，在文化旅游产品开发的市场定位方面要注重两个切入点：一是变换文化旅游的生活场景，使旅游者置身并参与人文景观中，产生文化上的“换景移情”。二是改变旅游者的生活节奏、生活内容，通过形式变化与文化上的反差，消除旅游者对生活的单调感和乏味感。

此外，文化旅游产品开发的市场定位，还要处理好产品开发与客源地文化背景的对照关系。主要包括国内旅游市场和入境旅游市场两部分，而入境文化旅游市场细分和定位尤显重要，应在表现东方文化的独特魅力、展示中华悠久文明和民族风情文化

寻根等方面，着重策划设计文化旅游产品，以满足来自世界各地旅游者的需求。

（三）完善产品体系，实现文化旅游产品多元化开发

旅游产品的文化内涵应充分体现地域性、历史性、民族性，充分体现民俗文化、艺术文化、建筑文化、宗教文化、饮食文化等文化样式中的独特魅力，使旅游产品呈现出具有市场号召力的多元格局。因此，挖掘旅游资源的文化内涵，既包括对经典历史文化名胜的文化再开发，也包括对许多看似寻常，实则蕴涵丰富的文化资源的开发或再开发；既包括对以实物形式存在的人文旅游资源的开发或再开发，也包括对仅以信息形式存在的人文旅游资源的开发或再开发。所以，在进行旅游产品开发时，应对旅游消费心理进行认真细致的研究，发现旅游者旅游行为的多元的文化心理依据，并据此进行产品文化开发计划。

文化旅游产品开发的体系化发展也是为了适应细分市场的需要。在文化旅游产品开发规划中，要考虑区域产品组合的广度、深度和相关度。所谓文化旅游产品组合的“广度”，是指旅游企业生产经营文化旅游产品组合类型的总和；所谓“深度”是指每一个组合产品中所包含的不同类型、档次、特色、品种的单项旅游产品，即产品项目的个数；所谓“相关度”是指生产经营的各大类产品及各小类产品在生产、消费之间的联系程度。为此，文化旅游产品开发应根据文化旅游资源的文化类型，策划、设计、组合出各种类型的文化旅游线路，拓展产品的广度；在每一类文化旅游线路中，应依据文化旅游市场的需求进行多层次的细分，开发出各具特色的、具体的、可操作的文化旅游产品，挖掘文化旅游产品的广度；从文化旅游的终极关怀角度和文化旅游兴趣的转换角度，实现文化旅游产品之间的有效连接，提高文化旅游产品的相关度，构筑文化旅游的产品体系和市场化体系。

旅游开发者应当充分认识到产品的特色是产品市场号召力的核心所在，在对旅游消费需求的文化特点的深刻了解的基础上，对多元的旅游文化资源进行富于创造性的开发，避免旅游产品开发中的雷同现象。

（四）旅游文化表现的精品化

文化旅游产品开发中的文化内涵开发是差异化竞争的重要手段。在充分实现旅游产品大众化的基础上，还可以在分析地方文脉的基础上确定文化的开发方向和主题格调，明确定位，围绕主题进行内容组织，进而通过产品形式加以体现，并不断丰富文化内涵，进行创造性的升级改造。其本质在于对文化旅游资源进行概括、发掘、升华后通过物化、创新，实现更深层次的整合，将文化内涵渗透、表现在产品的各个层面，形成特色品牌，强化旅游吸引力和市场竞争力。因此，文化旅游产品的开发者必须从长远出发，做好市场定位，从深层次挖掘产品的潜力，充分挖掘内涵，突出特色，提高科技含量，形成自己的品牌优势。

特定旅游产品有其特定的文化内涵，但特有的文化审美意味并不是所有的旅游者

都能体验到的。应在开发旅游产品的大众化的同时，推出一批高品位、高价位、高舒适度的精品旅游产品。

中国的高档旅游产品的“高档”主要表现在交通住宿和餐饮这几个方面，而未突出其文化内涵的高档。从高档饭店和大巴出来的游客进入景点同样汇入滚滚人流，这表明高档旅游产品的核心部分往往并不高档。这种情况在中国这个人口众多、许多旅游景点人满为患的国家里是很普遍的。前已述及，容量既定的景区，当客流量达到一个极限时，游客的游兴会出现边际递减现象，只有在静谧的环境中才能体味到的文化内涵荡然无存。这不仅降低了景观的文化品位，也不利于旅游资源的可持续利用。

（五）旅游产品的绿色化

实现旅游产业的可持续发展已逐渐成为人们的共识，但由于种种原因，有利于可持续发展的旅游产品开发行为尚不能对不利于可持续发展的旅游产品开发行为构成明显的竞争优势。因此，各种“游牧式”的粗放资源开发和经营行为仍大量存在，许多旅游资源在不断增长的旅游需求面前岌岌可危。例如，随着我国城市化速度的不断提高及城市居民收入的稳步提升，对自然资源产品的需求势必越来越旺盛，因此许多地区都在旅游发展战略中强调了对“生态旅游”的重视，并将进一步扩大对自然旅游资源的开发规模和力度列入计划。但在开发中应特别注意在严谨的、全面的科学论证的基础上兼顾资源的多元价值，并保证“生态旅游”在严格有效的管理下进行。旅游产品的绿色化不仅体现在旅游产品的规划和开发中，还应体现在旅游产品的各个经营环节中。

旅游业既是文化性很强的经济产业，也是经济性很强的文化产业。文化旅游产品的开发要加强历史文化、民族文化、区域文化的内涵，突出特色化建设，以提高规划创意水平为基础，以发展创新为龙头，以配套完善为保障，以扩大市场为目的，参照国际化标准达到体系化发展。我国丰富的文化旅游资源由于受到观念、体制、市场、技术、资金、人才等因素的制约，使得多数文化旅游资源仍未有效地转化为文化旅游产品。在文化旅游资源利用和文化旅游产品开发的实践中，一味地追求经济效益而忽视文化功能和文化内涵的现象在很多地方都不同程度地存在。实践证明，现代旅游者出游已不再停留在游山玩水的层次上，主要是出于审美需求和精神生活的需求，所追求的主要是文化享受，这使旅游日益成为一种综合性的高品位审美文化活动。这就要求文化旅游资源的所有者和管理者们必须重视文化旅游者的心理需求，在科学发展观指导下，按照市场经济规律，合理整合资源，坚持“科学决策、统一规划、深度发掘”的开发方针，通过创新经营理念、提高策划人员素质、重视市场调研、丰富文化内涵、打造特色品牌等形式，开发出具有一定文化内涵与文化品位，能够满足旅游市场和经济社会发展的需要的文化旅游产品，也只有这样，才能使开发出来的产品具有吸引力和生命力。

第四节　现代旅游规划中的文化

关于旅游规划的阐释，还有一些学者强调全局，即可持续发展与生态保护等问题。有学者认为“对于中国，全面的旅游规划应包括‘旅游’、‘景观’、‘生态’这三个方面。‘旅游’的规划，其核心是对旅游资源、游客行为心理与项目经济运作这相互交织的三者进行揣摩、分析、设定、预测，统称策划；‘景观’的规划又称风景园林规划，其核心是对旅游项目、游客活动、设施建设这三者进行空间布局、时间分期、设施设计，统称规划；‘生态’的规划，其核心是对旅游区、旅游地的自然环境与因旅游开发建设而引起的影响进行识别、分析、保护规划”。刘振礼认为“旅游规划的关键和前提是独特、新颖的旅游项目创意，其他基础设施应紧密为其服务，创造出一种别具一格的旅游环境，以充分满足游客的多方面需要。生态环境保护、公共产品提供以及纵观全局的可持续发展战略应纳入规划的范畴中”。

显然，基于旅游规划的相关理论，无论是从创意方面来看，还是从潜力方面来看，文化属性（旅游文化）都应当成为关注的着力点。旅游文化与旅游规划密不可分，旅游文化是进行旅游规划的前提和基础，旅游规划是对旅游文化的总结、提升和表现。

文化是旅游景观吸引力的源泉，旅游文化则是人类独特的文化成果，是发展旅游业的灵魂。中国的旅游文化是在继承五千年悠久的历史文明的基础上发展起来的，它根植于中国这片土地，是中国传统文化的一部分，也是进行旅游规划的前提和基础。把握景观文化的内涵，是旅游规划与开发的一个重要原则。旅游文化也为旅游线路设计提供了有实用价值的参考。离开了旅游文化谈旅游规划，就好比置旅游目的地各具特色的灿烂文化和民俗风情于不顾，按照规划师自己的经验或思维进行规划，势必造成旅游文化的闲置或破坏，也难以对游客形成强烈的吸引力。

旅游规划是通过对规划区域的旅游文化的把握，对当地历史和旅游文化的解读和提炼，精练地总结出当地的基本风格和类型，也即对旅游文化的提炼，包括特色文化的提炼，为未来的旅游开发和规划提供当地的特征基础。旅游规划的目的之一，是既能够提供具有当地旅游文化特色的旅游产品，又能够提供满足游客需要的旅游产品。通过提供体现当地旅游文化特色的旅游产品，不仅可以大大提升旅游地的知名度、美誉度和游客的认可度，而且可以创造良好的经济社会效益。成功的旅游规划也是旅游文化的合理利用和体现。

（一）我国旅游规划存在的缺限

20世纪八九十年代以来，旅游业的迅速发展促进了中国各地旅游规划的编制热情，旅游规划受到了各级政府、旅游业界，以及旅游教育、研究机构的广泛关注，也得到国际旅游组织的积极参与。作为世界最大的发展中国家，中国在旅游业的迅速发展的

时候，特别关注、重视未来发展的道路、方向、措施的规划，学者们从不同的视角对旅游规划的诸多问题进行精辟而深入的分析和探讨，毫无疑问，这对于实现旅游业的可持续发展，实现旅游业发展与国际的接轨，达到建设世界旅游强国的目标是有益的。

但是，由于规划单位的资质、能力有限，导致规划深度不足，定位不准，以及其他种种原因，旅游规划还远远不能满足旅游产业发展的要求，甚至出现了这样或者那样的问题。如果单从旅游规划的文化属性方面出发进行阐述，这些问题具体表现在以下几个方面：

1. 旅游规划缺乏历史人文理念

旅游规划无法找出旅游发展自身优势，缺乏特色鲜明的历史人文景观。不会运用联系的观点，不考虑与周边其他旅游景点的联系和互动，各自为战。其结果是你有的项目我也有，我有的节目你也有，就是没有精品。游客难免会出现审美疲劳。旅游团在选定旅游线路上注重的是多元化、搭配式的安排，发展规划重叠的景区一般不会同时出现在一条旅游线路中。这两个景区的规划思路不仅仅在无形中将自身的定位由“游客必经的旅游线路式景区”降格为“游客选择前往的散点景点式景区”，而且浪费资源，耗费人力，很难成就精品项目，更丧失了进一步发展壮大的机会。

2. 旅游规划缺乏与时俱进观念

任何旅游规划都会有时代的烙印，体现出时代的特征，同时也就被赋予了时代的局限性。所以在制订旅游规划时应充分考虑到这一点，规划应该具有超前性。时代不同，审美观也会发生变化。社会不断向前发展，开发理念必定会有一些是在之前的规划中所不存在的。所以，在老风景区内应该注意对新的景观、风景点的挖掘，在不破坏风景区整体风格的前提下，融合进新的规划理念，寻求新老旅游规划理念的完美结合。将新的规划、新的理念与原有风景区的风格有机统一起来。

3. 旅游规划中忽略了旅游的文化属性

各个历史文化景区都有自己的文化底蕴和独特的人文魅力。山有山的传说，水有水的故事，规划者在为景区制订发展战略规划时要先将历史景区进行准确定位。西方旅游学家对中国的历史文化资源羡慕不已，而国内的一些规划者往往只注意到形式的美，仅仅停留在追求山美水美的肤浅表面，而对其中深层次的文化内涵挖掘不足。不能将历史文化景观的规划和自然景观的规划混为一谈，不能忘记中国的景观是文化因素占主要地位的景观，历史景点唯有与文化联系起来才有更大的发展空间。中国的特殊国情就要求的历史景区规划，必须侧重于历史文化内涵的反映，将自然、人文等几个方面的概念相融合。不仅仅形似，更要神似；不仅仅意境悠远，更要结合历史，反映文化的厚重，并在这之间寻找到最理想的平衡点。

4. 旅游规划中缺乏文化内涵的延伸

旅游文化资源的开发，实质上是一种文化的再造，即通过适当的方式将资源（创作素材）所蕴涵的无形的文化内涵用具体的物化产品表现出来。规划者可以把旅游文化资源开发称为资源文化内涵的外化过程。

在由内涵向外显转换的外化过程中，设计者首先面对的是文化内涵的选择。像建筑、宗教、园林、民俗等旅游文化资源，其文化内涵都是丰富复杂的，并表现在物质、行为、精神三个不同的层面。在开发创作的过程中，它们往往又是以不同的分量或比重参与进来的。所以，必须区别一般抽象意义上的资源文化内涵与具体旅游产品所刻意展现的那种有选择性的文化内涵。

旅游文化资源的开发设计起点也是关键之处，在于确定开发的文化主题和主线，即选择恰当的文化内涵。旅游文化资源的开发，不能局限于浅层次，而必须挖掘其深层的内涵——渗透着哲学、历史、伦理意识和民族审美意识的生活观念、行为准则和价值取向。在正确认识和选择资源文化内涵意义的基础上，对旅游产品外显系统及其特征的感知与把握就成为外化过程中至关重要的问题。这既是开发心理活动的终止点，又是旅游者观赏心理活动的起始点。旅游产品外显系统的特征是相当复杂的，但如果抛开繁杂的枝叶不论，规划者可以将其归纳为三个方面，并采用相应的描绘或评价语言。一是旅游产品本身及其环境所展示的艺术气氛乃至艺术意境，描绘如庄严的、雄伟的、亲切的、恬静的、田园般的、梦幻般的、神秘的、恐怖的、使人感到压抑的等；二是旅游产品所显示的文化气质，描绘如返璞归真的、典雅含芳的、雍容华贵的、富有浪漫色彩的、浅薄的、庸俗的、疯狂的、野性的等；三是旅游产品所传递的信息的新旧性质，也可称为时代气息，描绘如有创新精神的、折射出时代光彩的、带有超前意识的、抄袭模仿的、古典的、落后的、死气沉沉的等。当然，这三个方面的特征是相互关联的，它们共同构成旅游产品的表情和魅力，与旅游者进行交流。其中，文化气质是旅游产品外显系统的灵魂。尽管旅游产品的文化气质与旅游资源的文化内涵有一定联系，但也充分结合了开发者的情感因素。没有这种因素，旅游产品艺术气氛和时代气息的创造就只能在孤立的状况中进行，最终必将大大削弱旅游产品的艺术感染力。

（二）加强旅游规划研究

现代旅游业的发展需要在现代旅游规划过程中着力体现旅游资源的文化特性，应切实将文化因素融入规划之中，促成旅游业的可持续发展。通过对旅游文化和旅游规划的分析，笔者认为应该从以下几个方面进行研究，具体表述如下：

1. 重视旅游目的地的历史文化

历史文化，魅力在于其历史性、民族性、文化性和科学艺术性，具有观光游览、考古寻迹、修学教育、学习考察、文化娱乐等多种旅游功能。历史文化反映和展示的是旅游资源所代表的历史时期的政治、经济、文化、社会、文学艺术等的发展水平及其历史意义，向游客说明和展示其历史价值之所在，因此，在旅游规划过程中应着重其开发。应从展现旅游资源的历史价值、科学价值、艺术价值、民族文化价值、美学价值、稀缺性价值等文化价值方面入手，依托历史遗存，着力打造特色鲜明、主题突出的文化旅游产品，从而折射出该地社会文化的各个方面，如人生理念、建筑水平、饮食服饰、生产生活、各类用具、艺术表现形式、社会关系及等级地位等。

2. 重视旅游目的地的宗教文化

宗教文化是人类精神财富的一个重要组成部分，其深厚的哲学理念，虔诚的精神导向、强烈的信徒吸引力、深邃的文化艺术性，使它成为一种非常重要的文化旅游资源。宗教文化类旅游资源具有观光游览、朝拜祭祀、猎奇探秘、参与游乐等旅游功能。从旅游角度讲，开发要突出其参与性、动态表演性和神秘性，并构建强烈的宗教氛围。重点展示宗教的活动特点、艺术特色、建筑物特征以及空间布局，开发设计时要留足进行宗教活动的空间场所。

3. 重视旅游目的地的民俗文化

发展地域文化，还应关注一个更为久远、本色、深厚的文化资源，那就是民俗民间文化。根据现有民俗民间文化资源的种类、特点以及市场需求状况，重点规划开发民间艺术文化和饮食文化。开发民俗风情文化旅游产品，更应考虑如何把民间艺术转化为产品展现给游客。一方面，可以把这些民间艺术品展览出来供游客参观，另一方面，还可根据旅游目的地的传统文化和民俗民情，积极开发各地富有特色的旅游商品，显示地方风格。

民俗风情是反映本土性的民俗生活、民族历史传统等，绝大部分内容都经过了千百年的代代传承，具有古朴、纯真、神秘的吸引力，许多有悠久传统的民俗，富含了在当今都市中已经了无痕迹的“乡土味”，而正是这久已陌生的“乡土味”使旅游客难以抗拒。在产品开发时，应重点突出地方特色文化，开发设计出独具特色的旅游商品，这样才能吸引游客的购买力。另外，在工艺品的设计上，要加强专业化工艺，提高科技含量。要提高产品的档次和文化品位，设计新颖精美的外包装。在制作和包装上要尽量形成高、中、低三个不同的档次，在艺术性、制作工艺等方面加以区别。以扩大游客的选择余地，全面适应多样化、个性化的市场需求。

本章思考题

1. 简单阐述旅游产品的基本概念。
2. 简单阐述旅游产品的基本特性。
3. 结合一种具体的旅游产品，系统分析旅游产品功能的可持续开发流程。
4. 如何认识现代旅游产品设计开发中的文化因素及其具体运用？请举例说明。

从各自为政到合作共赢

——张家界景区与“波司登”合作营销启示

张家界国家森林公园是我国较早拥有国家森林公园、世界自然遗产、世界地质公园、国家5A级景区等具有国家乃至世界级标签的知名生态旅游区。波司登国际控股有限公司是一家从江苏常熟一步步走向全国、走向世界的羽绒服装生产企业。为达成双方的合作，实现共赢，经张家界国家森林公园管理处与波司登国际控股有限公司多次衔接、洽谈，波司登公司经过权衡，最终选择张家界作为2010/2011波司登秋冬时尚发布会的现场，并确定了“羽裳霓曲·魅力张家界”的活动主题。

新品发布会上，集中展示了波司登六大系列400多款时尚羽绒服。模特以张家界的奇山异石为背景，以气势恢弘的舞美灯光为烘托，以“天人合一、和谐共生”为主题，使整场发布会沉浸在如诗如画般的梦幻之中。“羽裳霓曲·魅力张家界”2010/2011波司登秋冬时尚发布会是中国知名服装品牌在张家界举办的首次实景时装发布会，也是张家界国家森林公园创新营销方式的一次有益尝试。

一、活动意义

1. 旅游产业转型升级的有益尝试。本次活动是“跨品牌、跨行业、跨地区”的强强联手。本次活动不仅是一次名山、名企、名景、名品联合营销，商务会展与旅游营销的紧密结合，更是旅游转方式、调结构的一次有益尝试。本次活动是张家界拓展高端商务旅游市场，开展商务会展旅游的一次尝试，为张家界与更多不同行业、不同产品、不同类型的国内外知名企业合作积累了经验。

2. 名山名企互利共赢的典型案例。张家界景区拥有庞大的旅游营销网络，遍布全国的办事处500多家，外联人员约2000人，吸引了波司登服装企业在张家界举行时尚发布会。波司登国际控股有限公司作为中国服装业唯一的“世界名牌”，在江苏常熟、高邮、泗洪、徐州和山东德州建有6家工业园区，在全国超过65个城市设有5620个零售网点，员工超过28000人，各类协作企业超过500家。通过此次活动和后续的营销合作，双方都可以借助对方成熟的营销网络和平台进一步扩大知名度和美誉度，进一步增强市场影响力和竞争力。通过合作，双方达到了资源共享，品牌互推、优势互补、互利共赢的目的。

3. 商业行为与公益活动的完美结合。本次活动中，张家界国家森林公园管理处的积极协调，与波司登公司的商业营销活动延伸了公益活动内容，波司登公司先后向张家界市关心下一代工作委员会捐款3万元，向张家界革命老区捐赠3万件总价值1500万元的羽绒服。数万名张家界群众在活动中直接受益。这不仅为本次活动增添了更多

的社会意义，还充分体现了波司登公司作为国内知名企业的社会责任感，对波司登公司来说是一次比商业广告更具说服力的宣传机会。

4. 时尚元素渲染实景展演的梦幻魅力。“羽裳霓曲·魅力张家界”2010/2011波司登秋冬时尚发布会是张家界第一次举行实景展演，在梦幻般的舞美灯光和丰富多彩的背景音乐的烘托下，将张家界的唯美、神秘、梦幻展现得淋漓尽致，让人叹为观止。路透社、法新社、西班牙通讯社、《人民日报》、《中国日报》、CCTV6等国内外80多家新闻媒体参与活动报道，对张家界山水风光和民族风情的宣传推介产生了积极的作用。

二、活动启示

传统旅游时代对旅游业的投入大都是以资源、资金等有形资产为主。如今，对旅游业的投入中，营销、管理、创新等无形资产起着越来越重要的作用。此次以“羽裳霓曲·魅力张家界”2010/2011波司登秋冬时尚发布会为主的“张家界”与“波司登”两个知名品牌的合作，正是旅游营销创新的一次新尝试。

1. 要细分客源市场。随着张家界景区的发展，张家界景区客源市场逐步实现从一线城市向二线、三线城市、城市到农村、中东部地区向中西部地区三个方面的延伸。在营销中，只有找准市场定位，才能使客源市场稳定增长。由此，旅游营销的战场需要从长江三角洲、珠江三角洲地区，上海、广州等一线城市，延伸到周边城市；客源主体需要从城市人群扩散到有着巨大市场潜力的乡镇居民；营销方式也应该从原来的推介会等传统的思路中脱离出来，通过更加灵活的方式，进入家家户户。

2. 要整合资源营销。一是景区与其他旅游企业进行整合营销。作为旅游景区，单一的产品营销已无法满足游客个性化的需求。景区要根据游客需求，利用旅游资源优势，突出生态低碳主题，分四季推出主题旅游产品，并与其他旅游要素进行整合包装，设计不同的、涵盖旅游六要素的组合产品，进行“抱团”营销，推进“以产定销”向“以销定产”的转变，扩大客源市场。

二是加强与品牌企业的合作推进联合营销。与大型名牌企业加强衔接与沟通，争取合作机会。借助品牌优势实施强强联合，利用彼此的宣传平台、资金、知名度，开展平等互利、优势互补合作，实现资源共享、共同发展。在与波司登的合作取得空前成功之后，可口可乐、娃哈哈等知名品牌已纷纷向张家界伸出了“橄榄枝”，寻求合作。

（资料来源：http：//www.tohainan.net/Article/Experts/jq/201101/37914.shtml）

请通过互联网或纸质文档了解地企合作营销的基本状况，并以本章所学内容为基础，仔细考虑旅游产品开发的基本程序与特征，并分析旅游产品开发的未来发展趋势。

第六章　旅游环境文化

1. 理解环境文化的基本形成
2. 理解旅游环境危机的基本概念与危机形成的历史背景
3. 理解旅游容量与环境承载力的基本概念
4. 掌握旅游容量的分析方法
5. 掌握旅游环境文化的概念及其与旅游业发展之间的关系
6. 认识旅游环境保护与可持续发展之间的内在联系

第一节　旅游环境文化概述

一、环境文化的基本形成

1972年，在瑞典首都斯德哥尔摩召开的联合国人类环境会议上，发表了一个具有生态意义的重要的宣言——《斯德哥尔摩人类宣言》。这一宣言庄严宣告“人类既是地球环境的创造物，又是它的塑造者”，“人类环境的两个方面，即天然和人为的两个方面，对于人类的幸福和享受基本人权都是必不可少的”，“为了在自然界里取得自由，人类必须利用知识在同自然合作的情况下，建立良好的环境”。这一宣言的发表，具有划时代的意义，使得人们觉悟到人类不是自然的主宰，而是生态环境中的一员。这一宣言，对于人类生态意识的产生同样具有极其重要的意义。

中国学者潘岳先生也有过类似的提法，不同的是他是从环境文化的定义方面来具体阐述这一基本思想理念的。他指出“凡致力于人与自然、人与人的和谐关系，致力于可持续发展的文化形态，即环境文化”。

显而易见，这一环境文化的概念的内在理论基础是可持续发展理念。纵观整个人类发展历程，可持续发展理念并非一直为人类环境文化的内在指导思想，这一环境文化发展理念是人类社会在经历了许多次的经验教训而最终形成的。为了更好的理解环境文化的可持续发展内核，有必要对人类环境文化的发展历程作一个简单的历史回顾与总结。

追溯人类环境文化的发展历程，认为在漫长的历史岁月中，人类占有主导意义的自然观念不断发生嬗变，经历了对自然的恐惧与崇拜，对自然的主宰与改造，以及对自然的反思与尊重三个发展历程。

（一）人类社会对自然的恐惧与崇拜

现代社会之前，或者说在文艺复兴之前的社会粗略的将其称为古代社会，这是一个相当长的时期，可以把这一个漫长的时期称为人与自然关系发展的第一时期。在这一阶段，由于人类的自然科学知识贫乏以及人们的思维方式的限定，人们只能被动地接受自然力的控制，继而产生对自然力的恐惧，以及听天由命的思想。并且出于对自然力的恐惧，而对自然力进行神化，如龙王爷的传说以及相关的各种祭祀活动等。而在语言中，人们甚至认定“天”与“上帝”是同一个概念，都是充当着最高力量的角色，无论是中文的“上苍”还是英文的“heaven”，都是人类将自然力神化的典型例子。

（二）人类社会对自然的主宰与改造

随着人类的发展，到了近代社会，以文艺复兴时期的人文主义思想为主要代表，是人与自然关系发展的第二阶段。在这一阶段，人们对自然的认识有了极大的发展，尤其是14世纪的地理大发现，对人类思维模式产生了巨大的影响，对自然力的崇拜以及宗教神权的观念得以迅速瓦解，人类对自身有了充满自信的全新的认识，这种认识，被知识界誉为“人的发现”。也正是在这一阶段，由于一些重大的自然科学成就的发现，以及人文主义思潮的影响，人们也在相当程度上开始从对自然力的恐惧发展成对自然的任意主宰，所强调的不再是人对自然的顺从，而是与自然的对峙与反抗，结果，从颠覆神权主义思想又走向了力一个极端，即“人类中心主义”的思想倾向。

在这一时期，人类生存的外部条件无疑发生了根本的变化。概括起来，这些背景包括环境的恶化、人口的膨胀、资源的消耗和战争的危机四个方面。

1. 环境的恶化

19世纪的一些主张“返回自然”的浪漫主义作家就曾经坚持认为“人类的文明导致了人类的罪恶”，这一说法在20世纪以来的人类的发展进程中已经得到了充分的验证。

水是一种无法替代又极易受污染的人类最宝贵的资源之一。尽管在地球上水的面积远远大于陆地的面积，但是，在全球浩渺的水域中，有98%的水是咸水（海水），不适于人类使用，而剩下的为数不多的淡水却大部分被封在南极和北极的冰山或是埋在地下。人类能够利用的江河、湖泊、溪流中的淡水只占0.014%，而这其中还有65%～70%又因蒸发、流失及其他的浪费而损失掉。

然而，这仅有的稀缺的淡水资源，却又正在遭受极其严重的污染。就中国国内水体情况来看，被称为母亲河的黄河，水体污染已使闻名于世的黄河鲤鱼难以寻觅。而在20世纪70年代还广为百姓喜爱的鲜美的长江鲥鱼，今日在长江里也踪迹难寻。江河两岸的排放物以及过往船只的油污、废水的侵害，使得水质污染日益严重，不仅使得鱼类品种越发减少，人类的饮水问题也令人担忧。

同样，土壤的良性循环也发生了很大的变化。过去人们常说“人来自土，归之于土”，说明人类与土壤之间的密切关联。然而，进入20世纪以后，来自工业和城市中的废水、固体垃圾，以及农田中所使用的化肥、农药等，给土壤造成了严重的污染，从而影响了土壤的生产性能和利用价值。

2. 人口的膨胀

马尔萨斯（Malthus）最早提出，可利用的自然资源不能满足日益增长的人口的需要，进而提出对人口进行控制的观点，“不论人们的生活资料怎样迅速地增长，至少，当食物已被分成只能勉强维持生命的最小份额时，人口的增长要受到生活资料的限制，这是一个显而易见的真理”。然而，他的观点在相当长的历史时期未能引起人们的注意，他的观点也不被其他学者所认同。

直到进入20世纪，特别是第二次世界大战结束以后，人口压力的问题已经凸显，马尔萨斯思想的追随者才逐渐多了起来。如西方学者费尔查德（PhilChad）博士在1950年出版的《挥霍浪费的世纪》一书中写道：“人类靠不懈地应用他们的创造力，便能迅速地改善生产技术，使之足以满足人类的自然的、生理的增长需求。然而，这种事情还从没有过。粮食供应的压力给世界各地的人们造成了饥饿、灾难、冲突和痛苦，乃至于最终导致死亡。从人类出现到今天，实际上在全世界，社会一直长期处于人口过剩的状况。”

3. 资源的消耗

人口的增长，使人类衣、食、住、行等基本生存活动所需的自然资源逐渐减少，有些资源甚至耗尽。一些人在“享受现世生活”的人文主义基本思想的引导下，缺乏可持续发展等生态意识，一味为了自身的利益，不断地对自然进行“开发”，追求对自然资源的无节制的占有，从而导致对自然资源的过分消耗和浪费，尤其是一些发达国家的生活在富裕条件之下的人，更是在严重地浪费自然资源。如在美国，根据有关学者估计，一个人从出生到82岁，总计要耗费5600万加仑水、2.1万吨汽油、10万磅钢和1000棵树的木材。而如果把这种资源消耗水平推广到比较贫困的国家和地区上去，几十年间就会耗尽地球上的资源，并造成过度污染。

4. 战争的危机

战争的危机也是促使人类生态意识得以形成的一个重要因素。回望20世纪，可以说这是人类历史上最为伟大的世纪，因为在这个世纪中所涌现的突飞猛进的科技和迅速发展的文化，没有任何一个世纪比它更为辉煌。但20世纪也是人类历史上最为残酷

的世纪，因为从世纪之初的第一次世界大战、世纪中叶的第二次世界大战，直到世纪末的海湾战争和科索沃战争，从核武器的诞生到在实战应用，人类相互之间残杀的规模和在战争中惨死的数量，都是以往任何一个世纪所无法比拟的。

（三）人类社会对自身行为的反思与对自然的尊重

以前人们总是把对自然的改造看成是人类探索的最高境界，从而在根本上忽略了人的行为方式必须服从自然规律制约的道理，这样最终必然产生被自然规律所制约的严重后果。

以改造自然为目的的对自然的探索和认识，以及由此而产生的哲学观和自然观，所缺乏的正是在此所要强调的生态意识。缺乏这一意识，必然会对人类生存产生危机。同样，缺乏这一意识，即使为走出生态危机而对所制定的法典进行阐释时，其思维方式也难以适应时代的需要，所作的阐释更无益于人类的发展和人类思想的进步。

随着社会的不断发展，人们对自身的行为也在不断的反思，人们逐渐认识到，只有良好的自然环境，人类才会具有良好的自然状态，而一旦人类所赖以生存的自然环境遭到了破坏，人文精神也就失去了根基。人类自身的发展，尤其是人类为改变物质条件所强调的经济发展，一定要以发展所依赖的自然界的良好状态为前提。特别是在刚刚过去的20世纪，人类因过分强调自身的发展，缺乏生态意识，地球因承受了来自全球经济的巨大压力而不堪重负。因此，为了人类自身的发展需要，人们必须拥有成熟的生态意识，而且确保经济的发展在不破坏支撑生命本身的体系——自然体系——的前提下完成。

旅游产业的发展顺应了这一潮流，强调可持续发展的、现代意义上的旅游环境文化正是在这样的大背景下出现的。

旅游环境是与“人和社会”相对应的，旅游环境文化的核心思想是受损旅游环境的修复和良性旅游环境的健康持续的发展。旅游环境文化认为，地球的旅游资源是有限的，要使旅游业持续增长，就必须改变传统旅游开发方式，以最小成本获得最大的经济效益和环境效益。

二、旅游环境文化的概念及其与旅游业发展之间的关系

（一）旅游环境文化的基本概念及其构成

旅游环境是指在旅游活动特定的区域或范围内，各种因素的存在状况和综合作用的结果。就范围而言，它主要包括旅游目的地和相关的旅游依托地；就内容而言，则主要包括旅游资源状况，以及与旅游活动有关的自然和社会文化两方面的因素。旅游环境依据旅游区域的不同可分为旅游地大环境与旅游景区小环境，又可依据旅游地文化氛围与基础设施的不同可分为旅游软环境与旅游硬环境。

一般意义上的旅游环境，仅指旅游景区的旅游环境，是指对于具体的旅游客体

（旅游区）影响旅游活动的主体（游客）的旅游行为的各种外部因素，包括旅游资源、自然生态环境和旅游气氛环境等。

旅游景区的旅游资源是游客观赏的对象。旅游资源本身蕴涵的各种美学特征，其历史、文化、科学价值是游客旅游行为的直接激发者，资源的破坏将直接影响旅游者的满足程度。

旅游景区的自然生态环境是旅游区地貌、空气、水和动植物等生态因素的总称。从人类审美的心理需求来看，美是自然景观的基础，在一个空气污浊、水体污染、四周嘈杂的环境中，游客是无法去领略、欣赏、体会具体游览对象的各种美学特征的。特别是随着生产的发展和科技的进步，人们的闲暇时间逐步增加，城市居民进行旅游、回归自然，借自然环境的洁净达到锻炼和疗养身心的愿望正日益高涨。由此看来，旅游区的自然生态环境从某种意议上来说也是一种旅游资源。

旅游景区的气氛环境指旅游区所特有的地方特色、历史、民族风情及与之相适应的外部氛围。旅游环境美是形象与意境的双重美，而每一具体的游览对象，其对游客旅游行为的激发，很大程度上是它反映出的特殊的历史、地方、民族特点或一种异国、异地的特殊情调。

更广泛意义上的旅游环境，是指旅游地环境。主要是旅游地经济环境、旅游地政策环境、旅游地交通环境、旅游地设施环境等各方面在旅游发展中所起到的作用与影响。

（二）旅游发展与旅游环境之间的关系

总体而言，发展旅游业与保护环境之间存在着既相互矛盾又相互依赖的关系。良好的环境是发展旅游业的重要物质基础，旅游发展了，又可以对环境保护产生积极影响，起到推动作用。旅游发展与环境保护的这种相互促进的关系，是两者辩证关系的一个方面。但旅游发展与环境保护也存在相互矛盾、相互冲突的关系，旅游对环境也有一定的负面影响、消极影响，是环境与经济之间不协调的具体表现，这是旅游发展与环境保护的两者关系的另一个方面。

1. 旅游业发展对环境保护的促进作用

一方面，旅游环境的保护是旅游业发展的根本前提，旅游是“吃、住、行、游、购、娱”六要素的组合，尽管各要素均有重要作用，但“游”这一要素是最根本、最核心的因素，起着决定性作用。“游”的对象是旅游资源。正是旅游资源的吸引力促成了旅游活动的进行。旅游区的生态环境是自然、人文旅游资源的载体，良好循环的生态、良好的环境质量都有利于旅游资源的保护，同时优美的生态环境作为旅游资源的背景，可以增加旅游资源的美感，提高其品位，从而扩大其吸引力。在城市化不断扩张、环境问题日趋严重的今天，旅游区生态环境条件本身就已经成为游客选择旅游地的一个重要参考因素，适宜的自然条件、优美的环境、清新的空气、洁净的水源往往

成为吸引游客的重要因素。因此，良好的生态环境条件本身就是一种重要的旅游吸引物。相反，恶劣的生态环境、污浊的空气，会大大降低旅游资源的品位，降低旅游资源的美学价值和旅游环境的舒适度。生态环境的破坏、环境质量的恶化将加速自然、人文旅游资源破坏和丧失，使旅游业失去持续发展的物质前提。与此同时，旅游业的发展给区域的社会、经济、文化、自然环境带来了深刻的变化和影响，使越来越多的人认识到环境对旅游业的意义和作用。旅游业的生存和发展要以环境为物质基础，同时，旅游业又是在环境保护及可持续发展方面具有天然优势的产业。通过对旅游资源及环境的合理开发利用而实现旅游业的良性循环与发展，可以为环境的保护和改善提供物质基础，对环境保护起到促进作用。

2. 旅游业发展与环境保护的矛盾与冲突

旅游业发展过程也会给环境带来许多负面影响，如在旅游开发建设过程中大量占用土地、破坏植被，造成景观破坏、生态系统受损；在经营过程中，大量人口的涌入带来拥挤、混乱；人的破坏性行为对环境造成污染和破坏，大量人口的暂时停留带来超出以往的生产、生活资料的消耗和能源的使用，从而导致废水、废气和废渣数量的增加，对旅游区生态环境和资源造成不良影响；部分开发者和经营者只注重经济利益，急功近利，缺乏有效的土地规划和管理机制，无序开发旅游资源，超容量接待游客，更加剧了旅游地环境的恶化。

三、旅游环境危机

旅游环境问题是指由于外界作用使上述旅游环境受到影响和破坏，使游客旅游活动的满足程度受到影响。旅游环境质量是旅游业赖以存在和发展的基础，旅游业正面临着前所未有的环境危机。一方面，旅游发展给旅游硬环境带来破坏和影响，不仅会阻碍旅游业本身的持续发展，而且也会带来相关的负效益。另一方面，这些负效益也相应地会损坏旅游目的地的旅游软环境，当地居民对旅游发展将持保留态度或抵触心理，进一步而言，对于旅游软环境文化的保护、开发是不利的。究其原因，主要有以下三个大的方面：

（一）人类经济活动对旅游区环境影响

人类经济活动对旅游区环境的影响与破坏可以分为三方面：

其一，在经济发展过程中，工业生产排放的废物及产生的噪声污染了旅游区的自然环境，扰乱了旅游区应有的宁静。结果一方面旅游区丧失了以往清新的空气、透明的水体、静谧的氛围，另一方面游客游览的兴致也会因环境污染而降低。

其二，不合理的资源利用与农业生产方式破坏旅游区的自然生态平衡，旅游资源直接受到影响，例如，森林砍伐、过度开采地下水、开山炸石等活动造成水土流失、游览水体水位下降、奇山丽景惨遭破坏等。

其三，在经济结构、生产力布局、城市发展规划中，忽视旅游资源的存在，使得区域经济结构类型、生产力布局方式、城市发展方向与旅游业正常、持续发展对环境条件的要求不相适应。如在云南石林旅游区建设大型水泥厂，在北京周口店猿人遗址建设灰窑、煤窑等。

（二）旅游活动对旅游区环境影响

1. 景点垃圾遗弃量日益增加

旅游活动对旅游区环境的影响：第一，在于旅游过程产生的垃圾对景点环境的污染；第二，旅游活动本身对景点自然生态平衡和旅游意境。由于旅游区本身设施的不完善和游客素养不高，随着旅游活动规模的扩大，景点垃圾遗弃量日益增加。旅游区内大量垃圾随意抛洒堆积，破坏了自然景观，污染了景点水体，使旅游区水体富营养化。我国许多旅游区水体都遭到了不同程度的污染，其中相当一部分旅游水体的透明度、色度、嗅味等指标均不符合国家规定的旅游水体标准，漂浮物、悬浮物、油迹污染物已经影响游客感官，使其旅游兴致降低。

2. 超过景点容纳量的超规模接待破坏了旅游区自然生态系统平衡

构成自然景观的生态系统对旅游活动本身存在一定的承载能力，这种承载能力由生态系统的结构所确定，超过其承载能力的旅游活动将使旅游区生态系统结构发生变化，旅游区旅游功能丧失。主要表现在大量游客将旅游区土地踏实，使土壤板结，树木死亡；大量游客在山地爬山登踏，破坏了自然条件下长期形成的稳定落叶层和腐殖层，造成水土流失，树木根系裸露，山草倒伏，从而对旅游区生态系统带来危害。不当的旅游活动本身所带来的问题是严重的。忽视这种影响，只注重短期效益，盲目扩大规模，无限制地接待游客，将对旅游业未来的可持续发展带来严重损害。

（三）旅游开发和建设破坏旅游区环境

在旅游资源开发利用过程中，有关设施建设与旅游区整体不协调，造成旅游资源、旅游区生态环境，特别是旅游气氛环境的破坏主要表现为古迹复原处理不当，新设项目与旅游区景观不协调，改变或破坏了旅游区所有的且应当保留的历史、文化、民族风格和气氛。在开发利用旅游资源时，这些无疑是应当保留且极力保护并充分予以表现的，忽视旅游区的整体协调及其所蕴涵的内涵，盲目开发，只会造成景点的不伦不类，进而丧失其旅游价值，使游客的兴致减退。城市建设破坏旅游气氛，主要表现在新建建筑与旅游城市的整体建筑不协调。使本身作为旅游对象的城市失去其本来面目。

第二节　旅游容量

当今世界环境形势严峻，加之人们对旅游业是“无烟工业”的传统认识，使得越来越多的国家和地区希望借助旅游业带动地方经济发展，使得旅游业不仅成为世界上

规模最大的产业，而且已经成为发展势头最强的产业类型。然而，在旅游业发展带来经济收入、就业等经济影响的同时，也不可避免地带来了对环境的负面影响，甚至形成比较严重的环境问题。如何达到经济、环境协调发展，必须认识旅游区环境容量并进行有效管理，以旅游环境容量为依据，确定旅游业发展的合理规模，应用生态学理论，合理调控、建设扩大旅游容量，促进旅游经济与环境保护双赢，因此，旅游容量研究日益受到重视。

一、旅游容量的基本概念

所谓旅游容量，又称旅游业极限容量或负荷能力。具体指的是一定时期内不会对旅游目的地的环境、社会、文化、经济以及旅游者旅游感受质量等方面带来无法接受的不利影响的旅游业规模最高限度，一般量化为旅游地接待的旅游客数最大值。显然，在这个最高限度的“临界点”以下，增加额外的消费人数不会引发问题产生；当超过“临界点”之后，由于存在着负的外溢效应，即外部负效益，增加更多的消费者将减少全体消费者的效用。

从旅游地角度看，旅游容量乃是旅游地在认识到旅游业的消极影响之前所期望吸引旅游者的能力，表现为所期望的最大游客数而非实际有能力吸引的人数，显然这种考虑侧重于东道社会和居民；从旅游者角度来看，当旅游业资源利用超过某一程度时，旅游者感觉到这种利用已经过度，原来的好奇心和兴趣荡然无存，因而他们必然会另觅他方从而引起该地旅游规模的下降，这一特定利用程度即旅游容量，它是旅游者寻求其他旅游地之前所愿意接受的最低享受程度，也就是能吸引并保持旅游者前往的旅游业资源最高利用程度，这是旅游感受质量在行为上的数量表现。

旅游业的综合性规定着旅游业极限容量的多维化特征，物质容量、环境容量、心理容量、社会容量以及经济容量五个方面共同决定旅游业发展规模及其影响的大小和波及范围。所谓物质容量，是旅游地实际容纳旅游者的数量；环境容量是指一个旅游地在其生态资源免遭破坏的条件下容纳旅游者的数量；心理容量则包括目的地居民心理容量和旅游者心理容量两方面，前者是指目的地居民从心理上可以接受旅游者的数量，后者则是指在旅游地失去吸引力之前旅游者可以容忍的拥挤程度；经济容量是指在特定范围（国家、地区或地方）之内，其经济所能承受的旅游业所产生的冲击和为了最快发展地区经济而允许的旅游业最高限度。

二、旅游容量的研究现状

（一）旅游环境容量含义

环境容量的概念最早是由比利时生物学家 P. E. 弗胡斯特在 1838 年提出，并开始应用于人口研究、环境保护、土地利用、移民等领域。国家公园或保护区的游憩环境容量的提法最早出现在20世纪30年代中期，当时美国国家公园管理局呼吁对国家公园环境容量或饱和点进行研究。

（二）旅游环境容量研究三个阶段

第一阶段：旅游环境容量这个词是由拉佩芝在1963年提出的。他认为一定时间内某一旅游地接待人数应该在一定的限度内，从而保证旅游环境的质量，能够让大多数旅游者满意。随后，美国学者韦格在《具有游憩功能的荒野地的环境容量》一书中提到游憩环境容量是一个游憩地区能够长期维持产品品质的游憩使用量。

20世纪70年代是旅游容量研究的正式形成阶段，其基本的理论来源可视为马尔萨斯关于“资源是有限的并影响人口增长”的基本理论阐述。这一理论对后世的科学研究产生了广泛影响。后来科学界用容纳能力指标反映环境约束对人口增长的限制作用应该是环境容量思想的起源。

第二阶段：1971年利姆和斯坦奇对旅游环境容量问题提出进一步的探讨，在此之后关注旅游环境容量问题的学者逐渐增多，研究的领域也越来越广。他们提出，游憩容量是指某一地区、在一定时间内、维持一定水平给旅游者使用，而不破坏环境和游客体验的利用强度，并首次提出应将环境容量分成生物物理容量、社会文化容量、心理容量和管理容量四类进行研究。杰弗里沃尔和辛西妞赖特则从资源的承受能力的角度分析了旅游环境容量问题，他们认为，旅游容量是一个地区在资源没有受到不能接受的破坏水平时所能维持的旅游水平。世界旅游组织在1978—1979年的“世界旅游组织六个地区旅游规划和区域发展报告”中正式提到了旅游环境容量的概念，从此这一概念被广泛应用于许多国家的旅游规划与管理中，对旅游环境承载力的探讨也进入了国际性的学术会议。

第三阶段：20世纪80年代后，以史迪科为代表的学者开始关注环境容量的要解决问题的实质，提出要重视管理目标，而不是过分关注旅游环境容量的数值。1980年史迪科的贡献在于他将人们从当时计算环境容量的“数字泥潭”中拉了出来，重新审视环境承载力要解决的本质问题。1980—1983年，许多组织和学者进行了“度假地饱和”、“度假地超过承载容量的风险”等课题的研究，在理论与应用研究方面取得了许多新成果。道格拉斯·皮尔斯在其所著的《旅游开发》一书中提出了旅游环境容量的构成体系，即旅游环境容量应分为物质容量、环境承载力和心理容量三个部分。爱德华·英斯基普认为，旅游容量包括两层含义：一层是旅游业的接待能力；另一层是环境的承受能力。最值得一提的是，美国国家林业局的专家们于20世纪80年代在游憩环境容量的基础上发展了LAC理论（Limits of Acceptable Change，可接受的改变极限），它以一套九步骤的管理过程来代替单纯的“环境容量计算”。LAC理论的诞生，带来了国家公园与保护区规划和管理方面巨大的变革。美国国家公园根据LAC理论的基本框架制定了“游客体验与资源保护管理方法”，加拿大国家公园局制定了“游客活动管理规

划”方法，美国国家公园保护协会制定了“游客影响管理”方法，澳大利亚制定了“旅游管理最佳模型”等，在解决资源保护和旅游发展之间的矛盾方面取得了很好的效果。

近几年随着对旅游环境研究的不断深入，国外学者普遍相信实施有效的管理可以提高旅游环境容量，借助计算机技术评估旅游环境容量也日益受到重视。萨弗里艾德斯对社会环境容量进行了专题论述，他认为旅游业的过剩发展可能导致社会文化的破坏，社会环境容量虽不是固定的，但可以通过有效的管理手段控制。托尼·普拉托认为旅游环境容量不应以旅游者的数量为衡量标准，而是以自然资源和人类可接受的影响为衡量标准，并引入适应性生态系统管理和容量多因素评分检测作为空间决策的支撑工具和应用模型体系，以消除旅游活动带来的不利影响。史蒂文·劳森等应用计算机模拟模型对阿切斯国家公园的社会环境容量进行了监测，并提出了相应的管理对策。弗兰多等对旅游环境容量存在的共性问题进行了研究，通过对亨斯夏利的旅游环境容量进行了实证分析，提出了调节旅游环境容量的有关措施。

我国对旅游环境承载力的研究起步比较晚，也与国外研究走了不同的技术路线。国外研究主要以游憩体验管理为出发点，着眼点是控制环境影响方面，只有在非直接（管理游客）的方法行不通时，再来控制游客人数。而我国则以控制游客人数为着眼点，在应用旅游环境容量量化模型中，以游客数为最终的指标。我国研究最初的阶段主要侧重于理论框架，研究内容逐步涉及旅游环境承载力的概念、构成、计算方法及指标体系的构建等部分。研究者在对理论框架研究时，也涉及旅游区管理的问题，有研究者已经把侧重点转移到管理工具研究上。刘世栋认为我国在旅游环境容量方面的研究呈现出从定性分析到定量分析、单一研究向综合研究发展的趋势，将我国国内旅游环境承载力研究分为了三个阶段：20 世纪 80 年代至 90 年代、90 年代中期至末期、21 世纪初至今。

三、旅游容量的分析方法

任何一个国家或地区在对旅游资源进行评价和开发时，都必须充分考虑极限容量，并将它放到适当的位置。但由于衡量容量的标准因社会环境不同而表现出某种不确定性，以及管理工作对极限容量的影响，使旅游容量的定量分析存在一定的难度，即便有了一些定量分析，也缺乏普遍的应用性。

而旅游环境容量的测算，是制定旅游环境管理容量的基础和前提，是旅游区环境管理的必要内容。计算环境容量要拥有资源本身和基础设施方面的信息。对具体的旅游区而言，这一信息是具体的、明确的。因此，每一个旅游区在某些方面或在所有方面，它的环境容量都是明确具体的。环境容量的关键要素包括旅游活动的类型、季节、每天的游览时间、被开发的资源的安全状况、现有设施和游客的满意度等。在特定的时间、特定的地点，环境容量的水平在很大程度上受到最敏感要素的影响。

旅游环境容量的测量应有一个基本的空间标准，即单位利用者（通常以人或者人群为单位，也可以是旅游者使用的载体如轿车、船等）所需占用的空间规模或设施，这是旅游环境容量测量的基点，也称为单位规模指标。第一，基本空间标准计量指标，对于不同的旅游环境容量而言，表示基本空间标准的计量指标也不相同。关于旅游资源容量的计量，通常用人均占有面积数表示；在测量设施容量时，多用设施比率表示；在测量生态容量时，一般采用一定空间规模上的生态环境能吸收和净化的旅游污染物的数目表示。第二，基本空间标准数据的获得，大多是长期经验积累和专项研究的结果。在旅游规划中，基本空间标准是规划时直接应用的一项重要指标。测定旅游资源容量、旅游心理容量和旅游设施容量的基本空间标准，初始阶段需要对旅游者进行直接的调查，即可得出这一场所的基本空间标准，然后将其调查资料运用到同类型旅游场所的规划与管理中。具体调查方法可视环境与具体条件而定，有问卷调查、统计、比较分析以及航空摄影分析等方法，下面便为大家介绍几种较为常见的定量分析基本方法。

（一）高峰期需求测定

旅游业的季节性经营要求分别计算出高峰使用期和平、淡季的需求，然后确定能在多大程度上允许旅游业在较短的高峰期内超容量运行。因此高峰期使用在旅游容量确定上起关键作用，与高峰期需求有关的测定方法有：用“一定时期抵达人数/更长时期内抵达人数”评估拥挤程度的确定；确定任何时期内均可接待的最大游客数，WTO建议以所登记的具有最大游客数的那个时期的游客数的2/3作为其他时期均可接待的最大游客数，如某地1991年6月所登记的游客数为12万人，位于其他月份之首，那么该年内任何月份均能接待的最大游客数为8万人。

（二）空间面积法

从物质容量来看，目前主要按照人均占地面积来确定，陆地面积平均占地2平方米/人，水面平均8平方米/人，山地（指可涉足面积）平均4平方米/人（引自《中国旅游报》1987年7月22日《旅游点极限容量的探讨》一文）。这种以每公顷面积的理想人数不能超过某个既定值（比如说，每公顷海滩不得超过1000人）来度量拥挤程度的做法显然没有将对拥挤的心理感受因素考虑进去，一个颇受青睐的海滨度假地，其海滨气氛的形成动力或许正是它的拥挤，游客的目的是为了能在滔滔人海中寻求开心和寻找感觉。但在另一种情形下，如果游客的首选利益或第一利益是安宁和静谧，一个海滨接待10个游客就会听到有关拥挤的满腹牢骚和不满。

（三）期望旅游客数法

这种情况多见于停车场地、旅馆、商店数目的计算之中，人们经常会说，每2000人一个旅馆，每人需要0.2平方米商场面积，每个床位需1.2个车位，每公顷停车场停车 25 辆等。

（四）限度评估法

如果某个环节，如供水有限，那么能接待的游客人数估值就是“可资利用的水供给÷每人每天耗水量”。如果停车场地有限，能接待的游客数则为“［可停留车辆总数（某一时刻）÷每一时期每个游客平均逗留时间］×每辆车平均载人数”。例如，某一停车场可同时停车 100 辆，每位游客停留大约 30 分钟且人均一辆小车，那么 10 小时内可接待 2000 名游客，如每辆车载 3 人，接待量则为 6000 人。如果预支一定成本开发某个景区，那么至少能收回成本（即保本经营）的游客数为“开发总成本÷预期人均花费”。

（五）摄像与问卷结合法

心理容量的准确数字很难测定，目前使用频率较高的做法之一便是摄像与问卷结合法。如在爱尔兰海滩，人们选择特定的时间，从空中拍摄照片，观察实际的稠密度和分布情况，同时以问卷形式征求游客意见，通过比较分析，得出 10 平方米/人的容量。对于当地居民心理容量、社会容量的衡量，也只能在综合各种因素的基础上进行主观的推测。

旅游容量分析是确定旅游开发、旅游者使用的最大限度以及旅游业资源的最佳利用的一种基本方法，它不能代替目的地环境、社会、经济的影响评估和对这些影响的连续观察。作为一个必要补充，影响评估有利于确保旅游业在其容量内的正常运行，同时可以观察到在确定旅游容量时所忽视的影响问题，发现潜在的影响，采取必要的补救措施，修订最初方案，最大限度地减少其负面影响。

第三节　环境承载力

由于旅游经济活动给环境带来的各种负荷根本上是由于对游客的接待和游览活动造成的，而且游客人数的多少直接影响了旅游环境的经济产出——旅游收入，因此，一般用旅游区所容纳的游客数量作为旅游区的环境容量值。它一方面可以表现旅游区有多大的总承受力，另一方面又可以表明旅游经济允许发展的规模。于是，可以把具有不同量纲的多种承受力通过相关的属性归到游客人数这个统一的量纲上来。

但是，旅游环境容量尚存在局限。由于国内旅游规划（包括区域的和社区的）对旅游环境容量有计算上的要求，也引入了一些定量化的计算模式，但国内旅游规划的文本资料所用模式多为静态的，同时大部分研究人员仅仅局限于“空间承载量”的计算，而且，以承纳的旅游者数量作为唯一指标，这必然违背了旅游环境作为空间和非空间的、作为实物和非实物要素载体的本质内涵。同时，环境对于旅游强度的承载并不总是被动的，它也有积极主动的一面，一方面，表现为不同旅游形式呈现不等量的承载力值，另一方面，旅游活动一旦超出其范围便会遭到剧烈的破坏而导致旅游地的衰落甚至消亡，因而用“容量”这一被动的名词显然削弱了环境的主动性。加上环境容量在环境科学中是一个应用很广、科学体制非常完善、落脚点为污染物承受能力的重要概念，搬到旅游科学中用于容纳游客量则有混淆不清之感。不少学者致力研究这方面的问题，提出旅游承载力的概念。

一、旅游环境承载力的概念及其构成

旅游环境承载力（TEBC）是由环境承载力派生出来的一个具体概念，其定义，在某一旅游地环境（指旅游环境系统）的现存状态和结构组合不发生对当代人（包括旅游者和当地居民）及未来人有害变化（如环境美学价值的损减、生态系统的破坏、环境污染、舒适度减弱等过程）的前提下，在一定时期内旅游地（或景点、景区）所能承受的旅游者人数，它包括游客密度、土地利用强度和经济发展强三个分量指标。

旅游环境承载力是个系统的概念，关于其组成依据，不同的分类方式可得出不同的结论。

（一）以环境为出发点

以环境为出发点的分类方式，即从旅游活动受体角度的分类。在这种分类方式下，通常将旅游环境分为自然环境、经济环境和社会文化环境。旅游环境承载力包括自然环境承载力、经济环境承载力和社会文化环境承载力三个分量。

（二）以旅游为出发点

以旅游为出发点的分类方式，即从旅游活动主体角度的分类。由于旅游经济活动包括吃、住、行、游、购、娱六要素，可以相应地将旅游环境承载力分为生活环境承载力、交通环境承载力、游览环境承载力、旅游用地承载力、自然环境纳污力和社会经济承载力。

（三）以旅游地域角度系统为出发点

如果从旅游地域角度系统出发，旅游环境应包括旅游地旅游环境、游客客源地旅游环境和旅游通道旅游环境，因此旅游环境承载力也就可以分为旅游地环境承载力、游客客源地环境承载力和旅游通道环境承载力。

二、旅游环境承载力的影响因子

旅游承载力是反映某旅游地对旅游活动强度的承受能力大小的综合指标，影响其变化的因素很多、很复杂，包括资源、环境、社会、经济等因子。对旅游承载力影响因子的认识有一时间过程。最初于20世纪80年代由蒲尔和康德森在游憩娱乐领域内认识到，物质体系（指游乐设施、旅游基础设施）的自然承受能力是游客容纳量的决定因素。20世纪80年代，旅游目的地转向并集中于自然风光旅游地，由于自然生态质

量是旅游发展的基础，因而旅游承载力大小被认为是取决于自然生态环境对游客数量的承载力，并一度使旅游容量变成旅游影响评价的概念。之后，旅游社会学研究逐步兴起，旅游区的社会容量被定义为“当地居民的社会损失在旅游发展过程中达到不可接受状态时的游客数量极限点”，这与当地居民心理容量极大状态相一致。

（一）社会文化环境因子——游客密度指数

旅游者对当地居民的社会文化冲击是显而易见的，但这种影响（包括正面的和负面的）的发生程度和范围是不同的，游客密度越大，这种冲击便越大。一般用游客密度指数来表现这一影响。相同大小的游客密度指数在不同的旅游区内的社会文化影响力有所不同。旅游业占绝对主体的地域，居民所能承受的游客密度要大于具有不同产业结构特征的地域；旅游地生命周期中的后期阶段一般大于前期阶段的游客密度指数承受力，这是由于当地居民从旅游开发中获得了收益并逐步适应了旅游活动气氛，心理承受能力加大；文化差异（包括信仰、习俗、生活观念等）越大，旅游冲击力越大，居民承受的游客密度指数越小，也即以区外市场为客源主体的游客密度指数冲击力大于以区内客源市场为主的旅游地。因此，不同的旅游目的地应有不同的游客密度指数值。

（二）社会经济环境因子——旅游经济收益指数

谈到社会经济环境因子对旅游承载力的贡献，一般选用经济发展容量作为分项指标，它是指旅游区的经济要素（如饭店床位、食物供给、水电供应等）所能容纳的游客数量。这种以供给确定承载力的方法可操作性强，计算简单，但意义不大，因为不考虑游客需求方式、规模等内容的单纯的供给能力计算，难以说明旅游承载力的真正含义的。建议抛开具体的经济因子，而以旅游经济效益作为社会环境因子的综合性指标，并将经济承载量界定为当旅游地居民和政府的旅游经济收益达到某一临界量时所容纳的游客人数。

（三）生态环境因子——土地利用强度指数

旅游区内的旅游用地面积越大，旅游活动规模空间越大，居民用地越少。当居民用地面积缩小到一定数值，会导致当地居民（包括旅游从业人员与非从业人员）的心理抗拒，生活秩序被打乱，导致紧张、焦虑和沮丧，降低了生活环境质量。

三、旅游容量与承载量的管理

众所周知，旅游区环境承载能力是有限的，但它是旅游区旅游经济发展的重要资源。旅游区旅游环境容量的测算，根本目的是认识了解旅游区能满足游客最低游览要求时所能承受的旅游活动最大值，以便于制定合理的容量使用、调控方案，并根据实际情况，制定旅游区生态建设方案，扩大部分限制因子的承载能力，有利于旅游经济发展和生态环境保护双赢。

在旅游区环境容量与承载力测算、评价的基础上，制定合理的容量使用规划，以生态学、循环经济理论为指导，采用最节约的容量利用路线，保障旅游区环境容量的有效利用。这是容量与承载力管理的重要内容，同时要根据旅游区发展需要，对旅游区容量与承载力进行合理调控与建设，扩大接待能力，提高经济效益。

一般的做法是，首先确定旅游活动项目的旅游环境承载力指数。根据指数分级确定实际容量与承载力的关系。

（一）弱载时的调整

弱载即实际容量明显小于承载力，旅游地对游客的容纳量尚有足够的空间，对旅游开发和发展强度还有较大的承载余地，不会对旅游地资源环境、旅游设施产生污染和破坏。一般不会因游客过多而导致旅游环境质量降低的问题，可持续发展潜力很大。这种情况下，要充分挖掘旅游资源特色，以市场为导向加大资源开发力度，针对客源市场进行宣传，提高知名度，开发特色旅游项目，大力开拓客源市场。同时还要注意旅游产品的更新换代，克服衰退现象。要注意与热点景区的合作，以热带冷，促进旅游发展。

（二）适载时的保持

适载的旅游环境容量与承载力处于最协调状态，旅游开发取得了最佳经济效益，实现了旅游开发与环境保护的协调，应注意保持系统良性运作。

（三）轻度超载时的调整

轻度超载即旅游开发强度已经超过了旅游环境系统的承受能力，环境系统整体上超负荷运行，局部景点可能会处于强超负荷状态，旅游可持续发展受到威胁。考虑超载的强度不是很大，对已经开发的旅游地，寻找限制旅游环境承载力的瓶颈因素，提高其承载力。

（四）强度超载时的调整

强度超载即旅游开发强度已经大大超过了旅游环境系统的承受能力，长期的旅游超载，将对旅游业造成致命的消极影响，需要进行大的调整。在已经开发的旅游地可以考虑开发一些新景点，对过热景点的游客进行适当引导和分流，并把环境污染控制在允许范围内。对于待开发旅游地，除了对现有开发规划的强度作一定限制外，还可以考虑调整旅游地开发类型。

第四节　旅游环境保护与可持续发展

一、对旅游环境有效保护的制约因素

旅游主管部门与实业部门对旅游环境保护的必要性与迫切性均已达成共识，并采

取了一定的措施。在政策制定方面，我国自1973年起，先后颁布了一系列关于环境保护与管理的法律法规，如《关于保护和改善环境的若干规定（试行草案）》《对外开放地区环境管理暂行规定》《建设项目环境保护管理办法》《中华人民共和国海洋环境保护法》《中华人民共和国水污染防治法》《征收排污费暂行办法》《中华人民共和国环境保护法》《中华人民共和国森林法》《风景名胜区管理暂行条例》《文物保护法》，以及1992年巴西联合国环境与发展大会后发布的《中国环境与发展十大对策》等，都不同程度地与旅游环境保护有关，初步形成了一套环境行政管制体系。在对旅游环境保护的实际工作中，各主管部门与实业部门精诚合作、联手防治，取得了一定的成绩，但也有令人不尽满意之处。

对旅游环境有效保护的制约因素可作以下几方面的归纳：

（一）旅游环境保护制度不完善，管理不健全

国家有关部门虽制定了一系列环境保护的法律法规，但我国的旅游业尚没有自己专门的旅游环境保护法，我国政府1985年才将旅游业作为国家重点支持的一项事业，正式纳入国民经济和社会发展计划，旅游业在我国还处在初期发展阶段，因此，关于环境保护虽然在立法上作了许多工作，但在法律法规的监督执行方面却缺乏健全管理。旅游区大多数基础建设项目，没有按规定程序办理有关环境保护手续，有的虽然办了，但没有相关部门的配合把关，流于形式。国务院有关部门发布的《建设项目环境保护管理办法》指出："对未经批准环境影响报告书或环境影响报告表的建设项目，计划部门不办理设计任务书的审批手续，土地管理部门不办理征地手续，银行不予贷款；凡环境保护设计方案篇章，未经环境保护部门审查的建设项目，有关部门不办理施工执照，物质部门不供应材料，设备；凡没有取得'环境保护设施验收合格证'的建设项目，工商行政管理部门不办理营业执照"。然而事实上，这些措施没有得到真正落实。再如，《中华人民共和国文物保护法》第三十条、第三十一条规定："刻画涂污和损坏国家保护文物尚不严重的，由公安部门或文物所在单位处以罚款或赔偿损失。"其中何谓"尚不严重"，罚款赔偿如何界定，都无具体明确的规定，容易造成上有政策、下有对策的局面。加之一个时期以来，旅游区没有权威性的环境保护机构，往往一个旅游区分属几个部门主管，形成旅游部门、环保部门多头领导，各自为政，互相扯皮，条块分割的现象，不利于旅游环境保护具体工作的开展。

（二）重经济、轻环境

虽然中央政府反复强调环境的重要性，但对基层企业领导者和经营决策部门来说，保护环境与经济增长一直是个两难选择。在许多地区的旅游开发和发展中，以牺牲长期效益为代价来换取短期利益的现象时有发生。

（三）环保经费紧张

各级财政拨给的保环专项经费和业务费用相当有限，加之工作没有很好地开展起

来，许多该收的环保费没有按规定如数加以征收，再加上污染治理欠账太多，导致许多环保治理项目没有资金保证，环保工作无法实施，形成恶性循环。许多旅游区的环保部门除了有一两台陈旧简陋的监测设施外，多数无钱添置其他基础性设施和配套设施。对于旅游区内排污情况难以进行常规分析，环境规划、环境趋势预测往往也因没有监测依据而无法进行。

（四）保护意识不强

我国许多风景优美的旅游区坐落在偏僻的、经济不发达地区，如西南少数民族聚居区，他们仍处在半封闭、半开放的发展状态中，过着原始的伐薪取暖、辟地种田的生活方式，因此，当其居住地被开发成旅游点时，居民们或破坏生态或猎杀动物以供纪念品交易，并通过这种方式获取旅游经济收入。居民低弱的生态意识也反过来影响了旅游者的生态意识，旅游区内随地乱扔纸屑、果皮、对文物乱涂写等不文明行为很是普遍。

（五）旅游区客容量超负荷

旅游区客容量超负荷问题远未从理论上和管理上得到解决。尤其是知名度较高的景点和景区，旅游旺季时，长期人满为患。旅游环境保护工作中存在的诸类问题加剧了旅游与环保的矛盾，使保护主义者和实业部门的冲突、游客和目的地居民的冲突，以及居民之间的冲突更加恶化。

二、景区旅游环境保护周期循环

旅游客数、旅游区客容量与环境质量之间有着一种直接的密切关系：旅游客数大于或等于景点饱和承载量时，旅游对环境的破坏则大些；反之，则小些。旅游环境质量变异涉及游客行为、心理、社会文化、居民参与程度等许多不可控因素，因此，可能在某个微观的具体时间断面上，呈现出无规则的特征。但是从旅游景点的宏观历史发展看，游客到达人数与景点演变之间存在一种内在的周期循环规律。下面借助理查德博士的旅游景点周期循环演变模式，通过分析游客人数与景点发展的关系，来提出相应的景区旅游环境保护周期循环的设想。

（一）旅游景点历史发展演变模式

巴特勒博士是加拿大西安大略大学旅游地理系教授兼主任，长期从事西安大略省北部乡村旅游景点发展演变的研究，于 1980 年在 Canadian Geographer 刊物中发表题为“The Concept of a Tourist Area Cycle of Evolution：Implications for Management of Resources”一文，并由此提出了旅游景点历史演变模式，按时间发展和游客到达人数，巴特勒把一个旅游区的发展演变划分为六个过程：探索、参与、发展、稳定、停滞、衰落或复苏。

1. 探索期（Exploration Stage）

这是旅游地发展的初始阶段，特点是旅游地只有零散的游客，没有特别的设施，其自然和社会环境未因旅游的产生而发生变化。

2. 参与期（Involvement Stage）

随着旅游者人数的增多，旅游活动逐渐变得有规律，本地居民开始为旅游者提供一些简便的设施。随着这个阶段的到来，广告开始出现，旅游市场范围已基本可以被界定出来，旅游季节也逐渐形成，有组织的旅游开始出现，迫使地方政府和旅行机构增加、改善旅游设施和交通状况。

3. 发展期（Development Stage）

在大量广告和旅游者的口碑宣传下，一个成熟的旅游市场已经形成，外来投资骤增，本地居民提供的简陋膳宿设施逐渐被规模大、现代化的设施取代，旅游地自然面貌的改变已比较显著。

4. 稳定期（Consolidation Stage）

游客增长率下降，但总游客量将继续增加并超过常住居民数量。旅游地大部分经济活动与旅游业紧密联系在一起，为了扩大市场范围和延长旅游季节，广告无所不在。常住居民，特别是那些没有参与旅游业的常住居民对大量游客的到来和为游客服务而修建的设施会产生反感和不满意。

5. 停滞期（Stagnation Stage）

在这阶段，游客量达到最大，旅游环境容量已趋饱和或被超过，环境、社会和经济问题随之而至。旅游地在游客中建立起的良好形象已不复存在，旅游市场很大程度上依赖于重游游客、会议游客等。接待设施过剩，保持游客规模需要付出大量的努力。

6. 衰落或复苏期（Decline or Rejuvenation Stage）

在衰落期，旅游地市场衰落，无论是吸引范围还是游客量，已不能和新的旅游地相竞争。随着旅游业的衰落，房地产转卖率增高，旅游设施逐渐被其他设施取代，更多的旅游设施因旅游地对游客的吸引力下降而消失。在这个阶段，本地雇员和居民能以相当低的价格购买旅游设施，因此本地居民介入旅游业的程度大大增加。宾馆可能变为公寓、疗养院或退休住宅。最终，原来的旅游地可能变为名副其实的“旅游贫民窟”，或完全失去旅游功能。另外，旅游地也可能进入复苏期，但要进入复苏期，旅游地吸引力必须发生根本的变化。达到这个目标有两种途径，一是增加人造景观吸引力，但如果相邻具有竞争力的旅游地也如法炮制，这种效果就会降低。二是发挥未开发的自然和人文旅游资源的优势，重建市场。

根据进入游客的数量、旅游者类型特征以及旅游设施的发展状况，这六个过程又可归纳为三大阶段。第一阶段含开发与参与两部分，吸引的游客以少数先锋型旅游者为主，如探测旅游者、嬉皮士等。该阶段旅游客数少，设施设备简陋，游客或搭帐野营或借宿当地人家中。此时的旅游发展仍处在自由无序状态，旅游对环境尚不构成威胁。第二阶段包括发展、巩固和萧条三大部分，其主要特征是大量游客涌入，景点吸引各种类型的旅游者，尤其以大众旅游者为多，中、高档宾馆数量不断增加，旅游设施设备趋于齐全。旅游资源开发，基础设施建设以及游客大量涌入对环境的威胁日前明显。第三阶段是产品的更新开发阶段，此时的旅游者仍以大众旅游者为主，在数量上可能呈上升趋势，也可能呈下降或衰亡趋势，但无论游客数量的多少，齐备的旅游基础设施已不堪重负，旅游环境质量和景点的吸引力已明显下降，旅游给该地区文化和环境带来了相当大的影响，经过管理上的弥补措施，如关闭大修、开发新产品，恢复环境吸引力等，该景区的旅游发展尚有重新振作的可能，否则就会走向衰亡了。

（二）景区旅游持续发展与旅游环境保护周期循环模式

从对前一部分的分析中不难看出，一个景区的历史发展演变、景点的质量和吸引力都与该景区的环境保护状况有密切的关系。因此，对一个景区的旅游环境保护，也应和该景区的发展演变相对应，呈周期循环保护状态（如下图所示）。

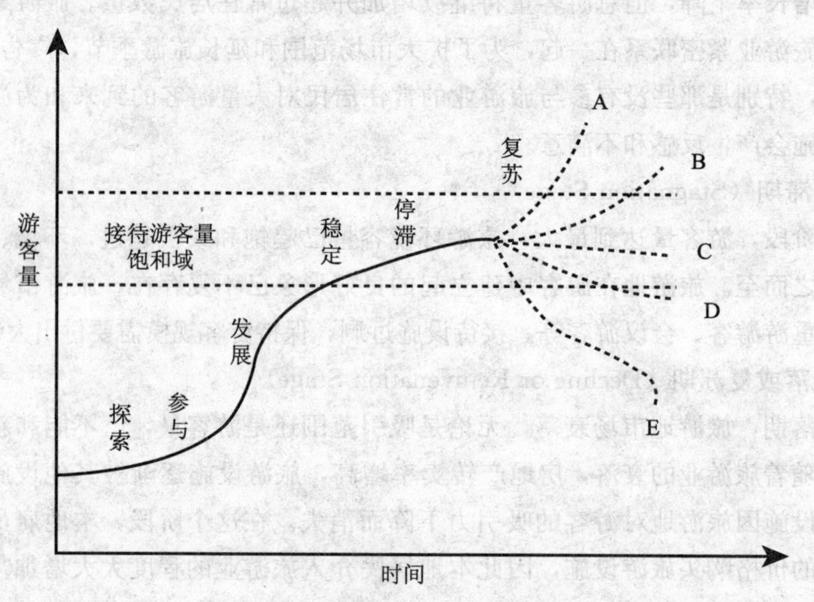

旅游地生命周期曲线图

1. 景区开发的初期阶段

在景区的开发参与和发展的初期阶段，游客和当地居民参与的人数少，远未达到旅游区的容量，旅游发展未有系统管理的存在，该阶段旅游对环境的破坏虽不明显，但已存在，因此应作为景区环境保护的开端（A），有关部门应对该阶段已存在的环境破坏现象做及时的观察和研究，以便科学地、合理地预测和估计该景区今后旅游资源大规模开发利用、景区设施建设，以及大量游客介入时，可能造成环境破坏的程度、范围和有效保护的重点、难点，为该旅游区今后的发展提供科学的环保依据。环保开端阶段在一个景区发展中的意义尤其重要，因为该阶段的环境破坏常常因其“微不足道”而被忽略，而后却给人带来“为时已晚”的遗憾。

2. 景区开发的周期循环阶段

当景点经历迅速发展、巩固到萧条阶段时，系统的旅游环境保护措施应及时跟上，这是旅游环境保护周期循环的第二阶段（B），该阶段游客对景点的需求呈急剧上升趋势，游客大量涌入，旅游区容量常常处于临界范围内，设施呈紧张状态，加上相关的开发和建设，旅游发展对景区环境构成严重威胁，若不妥善保护和管理，环境质量和景区吸引力就会一落千丈。因此，在该阶段及时系统地实施环保措施是景区旅游持续发展的关键保证。

3. 景区开发环境的持续保护阶段

景点的发展在历经了萧条阶段之后，可能由于旅游实业部门更新产品、加强营销手段、提高产品质量而重现活力，也可能由于各种努力的失败而从此走向衰亡。但无论如何，对一个景区周期循环的环境保护，不会因景区衰亡阶段的到来而结束。因此，该阶段对景区环境的持续保护（C）是景区旅游得以持续发展的条件。

上述提到的旅游区环境保护完整周期的三个不同阶段，可能会因不同类型的旅游者需求差异、旅游心理和行为，以及地方文化和居民参与的程度不同，而在微观上体现出不同的特征。但就旅游景区发展演变的整体而言，旅游景区环境保护周期循环模式的三个阶段，能从动态的角度宏观地描述景点历史发展演变和环境保护的关系。

从动态的角度，把旅游环境周期循环保护划分为环保开端、系统保护措施实施和持续保护三个阶段的提法，以及从静态的角度，把旅游环境保护的实际状态划成不足状态，饱和状态和过度状态之说，在管理方法论和具体措施实施上，可以相互弥补、相得益彰。

（三）旅游环境保护周期循环模式存在的理论问题

巴特勒的旅游景点历史发展演变模式自 1980 年提出后，西方许多学者曾多次把它应用到旅游景点或旅游产品历史发展演变的实际案例分析和研究中，并在理论上和经验数据上对原模式作了进一步的发展。在众多的文献中，1987 年 Douglas Pearce 对西班牙阳光海岸的考察研究发现，景点幼年期、青年期、成年期、衰老期四个阶段的发展演变，与游客数量、旅游环境、景点的城市化和产品资源的商业化有着密切关系。而在诸多影响旅游景点吸引力的因素中，游客人数的多寡和环境质量的好坏，对延长景点的寿命，起着最直接的作用。与地中海沿岸的其他景点相比，成年期游客的大量涌入和旅游环境质量的急剧下降使西班牙阳光海岸迅速进入了衰老期，加上环境保护措施没有及时跟上，致使该旅游地永远失去了回春的机会。类似的景点发展演变在我国也很普遍。邵学文在《旅游区发展模式的初步探讨》（《旅游学刊》1990）一文中，从巴特勒的旅游景点发展演变模式出发，针对江苏省淮阴市旅游区的特点和现状，分析了该市旅游区的发展过程。把旅游的各个景点按性质和特点进行分类，阐述了各个景点在开发、成长、成熟、停滞、衰退或回春五个阶段所呈的状态，探讨了近 15 年，作用于景点演变发展的外在和内在因素。

把旅游景点环境周期循环保护构想嵌入景点历史发展演变模式乃是对景区旅游环境宏观管理的尝试，是对景点旅游环境质量的一种全面管理和保护设想。但它仍然存在一个亟待解决的理论问题，即旅游区容量临界范围的定量界定问题。景区容量临界范围没有定量界定，不利于对景区超容量接待现象在管理上进行宏观调控。

虽然不同旅游区游客超载情况因地而异，各地旅游景点控制超载的措施各有高招，其中也不乏成功的经验，如黄山对旅游旺季游客超载现象实施交通调控、外部调控、经济调控、景区调控等管理手段，收到可喜效果。然而，对旅游区容量临界范围问题，旅游学界、旅游规划开发部门以及环保科学界，还有必要从单位时间内进入景区人数、单位空间内游客占有游览面积及其与景区的实际游览总面积比例关系的角度调查研究，获得经验数据，并对旅游区容量临界范围作出定量的界定，形成全国统一的标准，为各地旅游区解决环境超载问题提供可循的依据，以宏观地实现对旅游景区环境质量的有效保护。

三、旅游环境的可持续发展

由于我国人口众多，旅游业发展迅速，而又缺乏规划和管理，国民的生态意识较差，可以说“旅游游到哪里，生态破坏和环境污染也就到哪里”。风景区内生活污水增多，垃圾废渣、废物剧增。驰名世界的黄山、庐山，垃圾随处可见，甚至连世界屋脊喜马拉雅山，也留下了游客丢弃的各种饮料袋、包装袋，不得不花费巨资清除。自然保护区内的环境污染问题也日趋严重，有 44%的自然保护区存在垃圾公害，12%出现水污染，11%有噪声污染，3%有空气污染……发展旅游与保护环境之间存在着相互矛盾的关系。那种把旅游消费摆在首位，不惜以旅游资源的消耗为代价来获取利润的做法，必须引起高度警惕。旅游业要持续发展，必须把握适度的开发速度，控制接待人数，增强环保意识，保持与自然环境的和谐。

（一）加强旅游环境保护的科研工作和旅游环境保护知识的宣传教育

长期以来，环境科学的研究只是从人类健康需要出发，很少从人类精神、心理需要进行研究，而这正是人类与环境相互联系的一个重要方面，并在人类旅游活动中得到充分体现。从旅游业对旅游环境的依赖关系，旅游区环境对旅游活动的承载能力，旅游业发展对旅游环境的破坏等方面研究旅游环境与旅游业的关系；从确定景观美学质量标准、自然生态质量标准、满足特种旅游活动的环境质量标准、旅游区环境质量评价方法等方面研究旅游环境保护的方法；从美学、心理学角度出发，研究旅游环境保护的工程方法。还要进行旅游环境保护政策研究，为正确的决策奠定基础。加强旅游环境保护知识的宣传，提高人们的旅游环境保护意识，向全体游客、旅游从业人员和区附近居民宣传旅游环境保护知识。

（二）进行旅游开发的环境影响评价

不当的旅游开发活动对旅游区环境的破坏是无法弥补的。应在开发前对开发活动进行环境影响评价、分析，识别建设、经营过程中可能造成的影响并提出相应的减免对策，把可能对旅游环境造成的负面影响降低到最低程度。旅游开发的环境影响评价内容包括旅游区环境承载力分析、旅游规模分析、开发活动对环境的影响识别、旅游过程对环境的影响分析等。

（三）在旅游区发展建设中做好旅游环境规划

旅游环境问题的产生、旅游区环境质量下降是人类经济活动的不当造成的，因此需要制定具有科学性、严谨性和预见性的旅游环境规划，用于解决发展生产、扩大旅游规模与景点环境保护之间的矛盾，使其协调一致。旅游区的环境规划是旅游区的经济发展、旅游业发展和旅游区环境保护的综合性规划，这个规划是从维护旅游区环境美学质量和合理利用旅游资源的角度出发，应用系统工程的原理与方法，遵循经济发展规律与旅游区环境美学规律，对经济活动和旅游活动的结构、规模和布局实行统筹规划，达到既发展经济、扩大旅游又不破坏旅游区环境的目的。

（四）运用经济及其他手段，控制热点旅游区的旅游规模

采取提高热点旅游区的门票价格、划定特殊旅游景点，并控制其旅游客数等手段，调整旅游区的旅游规模，在保证一定经济效益的同时使旅游区的环境得到保护。

（五）加强立法

完善的法律制度是做好旅游环境保护工作的保证，通过对旅游者和旅游经营者制定行为规范，对破坏行为实行强制性的干涉与惩罚。立法的主要内容，一是旅游区建设项目的审批办法和权限，二是确定旅游区保护范围和保护内容，三是出台对违反者的处罚办法等。

四、旅游环境文化与旅游文化

（一）旅游文化的传承与创新是旅游环境文化的灵魂

现代旅游现象，实际上是一项以精神、文化需求和享受为基础的，涉及经济、政治、社会、国际交流等内容的综合性大众活动。文化因素渗透在现代旅游活动的各个方面，文化是旅游者的出发点和归结点，是旅游景观吸引力的渊泉，是旅游业的灵魂。旅游者的旅游行为是一种文化消费行为，其外出旅游的动机和目的在于获得精神上的享受和心理上的满足。而旅游经营者要达到赢利的目的，就必须提供一种能满足旅游者文化享受的旅游产品。故而无论自然旅游资源还是人文旅游资源，都要体现魅力无穷、独具特色的民族、地方文化内涵，要满足人们对科学、史学、文学、艺术和社会学等方面的不同需求。因此，旅游的文化本质特征必然要求在发展旅游环境的过程中优先发展旅游文化。旅游文化既涉及历史、地理、民族宗教、饮食服务、园林建筑、

民俗娱乐与自然景观等旅游客体文化领域，又涉及旅游者自身文化素质、兴趣爱好、行为方式、思想信仰等文化主体领域，更涉及旅游业的服务文化、商品文化、管理文化、导游文化、政策法规等旅游介体文化。文化的本质在于创新，旅游文化不是旅游和文化的简单相加，也不是各种文化的大杂烩，它是传统文化和旅游科学相结合而产生的一种全新的文化形态。而旅游经营者经过潜心地研究本国本民族的传统文化，并进行适当的取舍，吸收一些外来文化，精心加工、组织和开发成为供旅游者观赏或享受的旅游文化产品，创造新的旅游环境文化。旅游目的地环境本身反映着人的智慧和力量，有相当的文化因素的成分，它是当地居民内心的价值观、审美观等精神因素的外在表现，其本身也是旅游环境文化的不可缺的组成部分。简言之，旅游文化的传承与创新是旅游环境文化的灵魂所在。

（二）构建一种适合传统文化延续的文化生态环境

2006 年，国务院批准了首批国家级非物质文化遗产名录，春节、端午节、中医诊法、针灸、梁祝传说、景德镇制瓷、茅台酒酿制、昆曲、京剧等榜上有名。该名录共分为 10 大类 518 项，其中传统戏剧以 92 项的入选数量名列名录榜首。在某种意义上讲，保护非物质的文化遗产比保护物质性文化遗产更加重要。因为物质性的文化遗产是具体的，是以实物形态存在的，而且许多已经成为旅游景点。而非物质文化遗产大部分界于具体和抽象之间，处于存在和消失之间。在这种情况下，让更多的人认识非物质文化遗产显得尤其重要。我国是一个统一的多民族国家，56 个民族在长期生产生活实践中创造的丰富多彩的文化遗产，是中华民族智慧与文明的结晶，是联系民族情感的纽带和维系国家统一的基础。随着全球化趋势的加强和现代化进程的加快，我国的文化生态发生巨大变化，非物质文化遗产受到冲击。

例如，许多戏剧在市场经济环境中，生存困难。有的剧团为了吸引观众，在演出时不得不先演唱一些流行歌曲。而一些体现了中国的文化理念，传达着中国人的心声和愿望的传统节日，在洋节日的冲击下黯然失色。清明节寄托了对亲人的思念，中秋节传递着中国人的浓厚亲情和庆祝丰收的喜悦，七夕是有一段美好的故事流传千古……因为缺乏保护非物质文化遗产的意识，缺乏打造文化生态环境的意识，许多非物质文化遗产正处于消失之中。

到 2011 年 5 月国家已经公布了三批非物质文化遗产名录。说明保护文化生态环境的意识在增强，说明在保护非物质文化遗产方面有了保障机制。传统文化必将在新时代焕发出更加亮丽的风采。

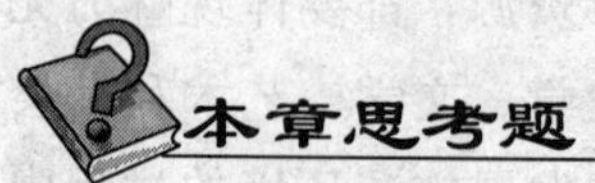

1. 理解环境文化的基本形成。

2. 理解旅游环境危机的基本概念与危机形成的历史背景。

3. 理解旅游容量与环境承载力的基本概念。

4. 掌握旅游容量的分析方法。

5. 掌握旅游环境文化的概念及其与旅游业发展之间的关系。

6. 认识环境旅游环境保护与可持续发展之间的内在联系。

旅游安全事故何时休

自我国旅游业进入大发展时期以来，在繁荣的背后也隐藏着一些忧患。一些旅游安全事件令人触目惊心。

1986 年，浙江金华市鑫州公园元宵灯会，由于门票脱售，入口处秩序混乱，造成人群踩踏，致使 35 人死亡，33 人受伤。

1991 年，山西太原市迎泽公园举办"煤海之光"灯展，由于票务管理混乱，10 万人涌进只能容纳 4 万人的公园，在通过一座石桥时秩序混乱，群众绊倒后相互挤压，造成 106 人死亡，98 人受伤。

1994 年 3 月 31 日，浙江省千岛湖"海瑞号"游船发生特大抢劫纵火杀人案，船上 32 人全部遇难，其中有 24 名台胞游客，2 名导游，6 名船上工作人员。"千岛湖事件"严重损害了我国的旅游形象，300 多个预订到杭州或千岛湖的旅游团队因"千岛湖事件"而取消、减员或改道，一度造成浙江旅游业的衰退，甚至波及我国整个旅游产业的发展。

1995 年 4 月 23 日，湖北神农溪景区发生漂流翻船事故，8 名台湾游客和 3 名船工全部死亡。

1996 年 3 月，广东飞图游乐城一热气球失控，导致一名 17 岁香港女游客坠地死亡；四川成都开展锦江河漂流，一对母子翻船溺水死亡。北京也曾发生过滑翔中游客被摔死的事件。

1999 年 10 月，贵州马岭和风景区发生令人震惊的缆车坠毁事故，死亡 14 人，受伤 22 人。

2000 年 4 月 16 日，天津两少年跳蹦极严重受伤。

2004 年 2 月 5 日，密云密虹公园发生元宵灯会踩踏事故。事故共造成 37 人被踩死，24 人受伤，引起社会各方面针对旅游景区和大型活动的强烈反响。

通过以上事故案例可以看出，旅游景区由于集中会聚了大量的人群，一旦有事故出现，由于人们的恐慌心理及其他原因，极易造成连锁反应，出现常态下不可想象的事故后果，拥挤是造成事故扩大化的最主要原因。

请通过互联网或纸质文档了解上述事故发生状况，以本章所学内容为基础，仔细考虑旅游景区事故发生的机理与特征，分析旅游景区事故风险的主要因素，尝试提出旅游景区安全容量的测算方法。

第七章 旅游经营文化

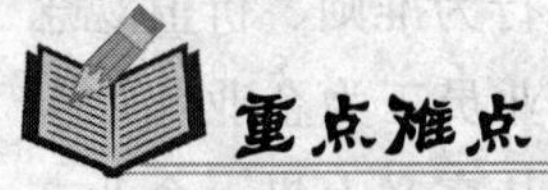

1. 理解企业文化的内涵与外延
2. 理解核心竞争力与旅游企业文化
3. 掌握旅游文化的功能和特性
4. 认识旅游企业文化构建的一般过程
5. 认识旅游企业对接待地传统文化的影响

第一节 企业与企业文化

一、企业文化的内涵与外延

20世纪80年代末被介绍到我国，国内掀起了一波又一波的企业文化研究热潮。随着企业文化研究者数量日益增多，各式各样的企业文化理论可谓日新月异，各种关于企业文化研究的书籍也是汗牛充栋，一方面说这是企业文化研究繁荣的景象，但是从另一个角度看，企业文化研究中基本共识的缺失，使许多人对企业文化产生了似是而非的模糊认识。想当然地把"文化"套用在企业文化上的人有之，把企业文化狭义的理解为企业的精神文化，认为企业文化不过是企业内部的文化娱乐活动，建设企业文化不过是建设企业的文化设施，开展企业的文化活动等的更多。还有的人则把企业文化理解为企业的一切经营管理思想、经营管理过程和经营管理行为。

不能否定，企业文化跟上述的企业形象有某种程度的联系，但并非企业中的一切都是企业文化，企业文化有着自己本质的定义。当初，美国人总结日本管理经验和美国管理教训才提出了企业文化这一概念。因为他们发现日本企业中有一种独特的文化，这种文化能激发员工的工作热情，使员工自愿为企业的发展拼命工作，这是一切硬性管理手段都无法实现的。在日本的企业管理中，不是单纯的就管理论管理，而是从企业经营哲学的高度来研究企业管理，将企业作为一个文化实体来实施管理。

关于到底什么是企业文化这个问题，可以说一百个专家就会有一百种说法，但是分歧中总是有部分共识的。一些学者通过对企业文化学界众多名家所给出的企业文化的定义进行评估，在总结了各方的观点后归纳出了八个维度：组织对真理和理性的认识，时间的性质和视野，内部激励与外部激励，稳定与变革，工作导向与社会导向，孤立与合作，控制、协调与责任，内部与外部导向。

对于企业文化的上述理解还可以更加精练的表述为“企业核心价值理念的实践化”。从狭义上讲，企业文化体现为人本管理理论的最高层次。企业文化重视人的因素，强调精神文化的力量，希望用一种无形的文化力量形成一种行为准则、价值观念和道德规范，凝聚企业员工的归属感、积极性和创造性，引导企业员工为企业和社会的发展而努力，并通过各种渠道对社会文化的大环境产生作用。从广义上讲，企业文化是指企业成员内部共同遵循的价值观和规范的集合，从而赋予成员一种信念，向他们提供组织的行为准则，并且向外界的接触，影响企业外部公众的理念、行为的集合。

二、企业文化的特征

（一）企业文化个体特性

企业文化的特性是指各个具体企业文化的个体特征。具体来说，企业所处的社会制度、民族文化和内外部环境等方面的差异，形成了不同企业文化的个性特征。企业文化的个性是区分不同企业文化的根据和标志。同时，只有当文化形成了鲜明的个性时，才能够充分地发挥出企业文化的作用。

（二）企业文化的时代性

企业文化的性代性是指企业文化具有的鲜明时代特点。也就是说任何企业文化，无论其形成或发展，其内容或形式都无一例外地受到其时代的经济体制、政治体制、社会结构和文化习俗等方面的制约和影响，从而打上鲜明的时代烙印。一方面，不同时代有不同的企业文化，另一方面，同一企业在不同时代，其企业文化也有不同特点。时代特点影响着企业文化，企业文化也反映着时代风貌。

（三）企业文化的社会性

企业文化的社会性是指企业文化所体现的社会特点。企业文化是社会文化的一个组成部分，是社会文化在企业群体中表现出来的一种特殊形态。也可以说企业文化是社会文化的“亚文化”。正因为企业文化与社会文化这种紧密的种属关系，所以在不同社会状况下的企业所形成的企业文化具有不同的性质。

（四）企业文化的民族性

企业文化的民族性是指企业文化具有的民族色彩。民族文化是企业文化的根基，而一般来说，企业文化总是从属于一定的民族文化体系的。企业文化的民族性主要表现在三个方面：其一，不同国家、不同民族的企业，尽管吸收了世界各国文化来丰富发展自己，但作为一种传统的文化积淀，往往是以自己的民族文化为根源。其二，企业文化都深刻地打着本民族文化的印记。如在中国的企业文化模式中，普遍体现着中华民族文化的特色，如“人本思想”、吃苦耐劳、勤奋自强等特点。其三，企业文化的发展往往从民族文化中汲取营养。一个民族的民族心理、风俗习惯、宗教信仰、伦理道德、价值观念、行为方式和生活准则等，往往成为企业文化发育的营养基础。

（五）企业文化的传统性

企业文化的传统性是指企业文化所体现的所属国家、民族、地域的传统性。企业文化中的许多特色来源于历史的、长期稳定的、流传至今仍起作用的传统因素。如在企业文化中反映出来的经营哲学传统、价值标准传统、伦理道德传统、人际关系传统等，这些都是在历史发展过程中形成的。企业文化的传统性还表现在，企业文化本身是企业管理行为过程的观念性凝聚和反映，它的形成是要经过较长的时期才能实现的。然而这种文化传统一旦形成，就具有相对稳定性和承袭性，并且对于企业在一定历史时期内的价值观念和行为方式起着维系和巩固作用。这种相对稳定性体现了企业文化在一定阶段上质的规定性，它是企业文化发展的前提和基础。但是这种传统的稳定性具有两个相互背离的内容，一是积极的、进步的内容，二是消极的、落后的内容。因此，在企业文化发展变革过程中，必然不可避免地会产生积极与消极、进步与落后之间的激烈冲突。企业文化在这种冲突中，只有消除消极传统因素，否定落后传统因素，肯定积极传统因素，继承进步传统因素，才能把企业文化推向新的发展阶段。

（六）企业文化的继承性

企业文化的继承性是指企业文化的延续发展特点。每个企业都需要本企业优秀文化的积累，通过文化的继承性，把自己的过去、现在和将来联结起来，使企业精神代代相传。企业文化的继承性中也包含选择性，即现有的企业文化所继承的应该是原有文化中那些积极的合理的部分，而不能无选择地继承。否则，企业文化就无所谓进步与发展了。

三、企业文化的功能

企业文化是物质与精神的有机结合体，是在一定的历史条件下形成并为企业的全体成员所共同遵循的集体意识、道德规范、价值观念、行为准则和企业精神的总和，其中价值观念是企业文化的核心。企业文化具有两重属性：一是文化性，二是管理性。企业文化的文化属性自不待言，值得称道的是，随着时间的推移，人们对于企业文化的管理属性已经有了越来越深刻地认识。企业文化的管理属性主要表现在以下六大功能：

（一）导向功能

企业文化以价值观念和企业精神为核心，通过文化的熏陶、教化作用使员工在潜移默化中接受共有的价值观念，并以此作为个人行为的方向和准则，自觉将个人目标纳入企业的共同目标之中，这是企业文化区别于一般管理方式的重要功能。在宏观层面上，它对企业整体的价值取向和行为起导向作用，从长远的角度，指明企业的发展方向，引导企业树立大局观念，增强企业竞争力。在微观层面上，对企业的每个员工的心理、价值和思想、行为起着导向作用，适时把企业员工的注意力以及思想和行为引导到共同追求企业目标上来，引导每个职工热爱本职，忠于职守，努力工作，争作贡献。

（二）约束功能

规章制度和规范构成组织成员的硬约束，而由企业文化形成企业精神、企业道德、企业风尚、企业价值观和行为准则等文化因素构成组织成员的软约束。软约束对每个企业员工的思想、心理和行为起到自我约束和规范的作用，每个员工依照规范自我约束的结果，可以大大提高企业行为的一致性和整体协调性。

（三）凝聚功能

企业文化的核心即价值观是一种原动力，具有极强的凝聚力量。良好的企业文化一旦为员工所接受，并在思想上得到确认和内化，就会成为企业组织成员的强力黏合剂，把各个方面、各个层次的人都团结在组织目标的旗帜下，并使个人的思想感情和命运与组织的命运紧密联系起来，产生深刻的认同感，以至于自觉地与组织形成同甘苦共命运的共同体，从而产生强大的团队精神。

（四）激励功能

企业文化就像一只无形的手，激发职工的创造热情，有效地引导人力资源发挥出巨大的潜在能量。好的企业文化不仅会使企业有明确的目标，而且会有和谐的人际关系、劳资关系，这就会带来组织利益与个人行为的一致，组织目标与个人目标的结合。企业文化形成的这种环境，职工不仅可以获得物质需要的满足，而且可以在荣誉感、自豪感、成就感、自我价值实现欲等精神需要方面获得更大程度的满足。

（五）融合功能

从企业的外部环境看，企业文化吸取社会文化中的精华，并在一定程度上影响社会文化，两者之间存在微妙的融合和渗透过程。在企业内部，企业文化和企业员工的内心世界、受教育程度之间存在一定的差距，两者随着企业文化的发展，相互调适，使得员工能迅速融入企业之中。

（六）增值功能

作为企业的一种无形资产，企业文化同样可以创造价值，其价值甚至高于本身有形资产的实际价值。拥有优秀文化的企业它通过共同价值观体系的倡导、行为规范的确定和文化氛围的形成，使具有不同价值取向的各个员工达到观念上的共识，从而使员工个体结合成为具有共同目标和共同行为能力的集体，把人员协作中可能产生的摩擦和消耗减少到最低限度，实现生产力系统中的人与人关系的最佳组合。并且能充分调动员工的积极性和创造性，挖掘物质技术设备的潜能，提高劳动生产率，可以树立良好的企业形象，凭借良好的信誉和声望赢得顾客的支持，推动产品销售，扩大市场占有率，从而利用无形资产促进有形资产的价值增值。

第二节 旅游经营文化与传统文化

中国旅游资源得天独厚，自然资源与人文资源都蕴涵着十分丰富的文化内涵。中国旅游文化资源以独具个性的民族特色在世界文化之林中占有重要的地位。壮美的自然景观往往与历史事件和人物融为一体，使自然景观增添了人文文化的色彩。历史文化名城是中国文化遗产的结晶，它拥有众多的风景名胜、丰富的文物古迹和独特的城市风貌，为旅游业的发展奠定了坚实的基础。管理伴随文化的发展而发展，文化的发展方向、水平、模式影响和决定管理的发展，而管理的发展又反过来影响文化。在旅游经营管理中也是同样的道理，只有适合旅游经营管理的文化才能指导、促进旅游经营管理的发展。中华民族在五千多年的历史长河中，形成了以爱国主义为核心的团结统一、爱好和平、勤劳勇敢、自强不息的伟大民族精神，成为中华民族生生不息、薪火相传的精神动力。

一、传统文化影响下的旅游企业经营文化

（一）“以人为本”的管理理念

基于人在宇宙中的中心地位与重要作用理念的确立，人类对人自身的认识，对人的价值的关注，对人的尊严的重视，导致“以人为本”管理理念的出现。而以“人”为竞争之本的旅游业必然要充当这场革命的先锋，这也是旅游企业在激烈市场竞争中生存和发展的关键。现代旅游企业正出现“参与式管理”的趋势，即每一个员工都以主人翁的精神与姿态，不但做好自己本职工作，而且积极参与过问企业事务。这种“参与式管理”找到了与传统文化中的“民本思想”的结合点。

1. 置“人”于管理工作的中心

当今旅游企业中兴起的“以人为本”的管理理念与中国传统文化重视“人”的思想是一致的。如荀子所说的“制天命而用之”，就表现了对“人”的重要性的张扬。“民惟邦本，本固邦宁”，“水可载舟，水亦覆舟”，说明民心向背是政治成败、社会治乱的关键，强调的是“人”的重要性。传统文化中“贵民”即“重民”的民本思想说明，旅游经营管理应当置“人”的管理于重要的位置，要了解和满足员工的需求。

2. 自我修养、自我管理

“以人为中心”的管理必然要求企业员工加强自我修养与自我管理，这与中国传统文化强调“克己”与“修身”相契合。儒家经典《大学》中讲：“古之欲明明德于天下

者，先治其国；欲治其国者，先齐其家；欲齐其家者，先修其身”，“身修而后家齐，家齐而后国治，国治而后天下平。自天子以至庶人，壹是皆以修身为本”。讲的是修身、齐家、治国、平天下的关系。修身是治国、平天下的基础，上自天子下至庶人，一律以修养自身的品德为根本。个体的自我修养、自我管理与整个企业管理的关系就如同修身与治国、平天下的关系一样。如果每一个员工都能够注重自我修养、自我管理，旅游经营管理也就会自然而然地好起来。

（二）“和为贵”的理想企业状态

旅游业的综合性，不仅体现在企业与企业之间，也体现在企业内部。一条旅游线路，涉及交通、住宿、餐饮、休闲娱乐、购物等环节，无论是哪一个环节出问题，都会影响到整个旅游行程。一个饭店有销售部、前厅、客房、餐饮等部门，如果各部门之间不能很好地协作，而是各自为政，互不买账，就会出现互相扯皮的现象，导致服务效率低下、服务质量下降，甚至会影响整个企业的发展。旅游企业的产品和服务是以满足旅游者的物质、精神、心理需求为目标的，因此，企业内部人际关系的气氛对经营的成功与否关系重大。

儒家重“人和”的思想与现代旅游企业重“人和”的企业凝聚力理念是相通的。儒家主张“和为贵”，体现在一个企业就是要建立一个理想和谐的状态。孔子曰：“礼之用，和为贵。先王之道，斯为美，小大由之。有所不行，知和而和，不以礼节之，亦不可行也。”礼义教化的作用在于使各种关系达到和谐统一。当某些方面出现不和谐的时候，应当用礼义教化加以引导、感化、教育，使之逐步实现谐和统一。“和”是企业管理的最高境界，敬事、信、节用、爱人、温、良、恭、俭、让，都是达到这一目标的具体手段和方法。

道家主张“无为而治”，同样体现了“以和为贵”的和谐思想。在老子看来，只要治国者能够做到“无为”，社会就会稳定，国家就会安宁。老子在《道德经》中称：“我无为而民自化，我好静而民自正，我无事而民自富，我无欲而民自朴。”“无为”不是拱手默坐、无所作为，而是循道而为，发挥人的主观能动性，达到无不为的目的。“无为”也就是自己（尤其是管理者）让开一步，让别人有发展的机会，从而达到一个整体的均衡和谐。“无为而治”的思想在历史上产生了巨大的影响，史学家称道的“文景之治”就是“无为而治”的典范。“兼爱”是墨家思想的一个重要构成部分，墨子主张“兼相爱，交相利”。天子兼爱一国，家长兼爱全家，普天下平等互爱，相互帮助，尊重别人的财产权和生存权。随着人类的不断进化，“爱”成为人类完成自我的原动力。只要人类彼此相爱，做每一件事都怀着仁爱之心，便可以成就一切大事业。墨家学派主张平等，认为在追求平等方面，任何人都一样。要实现这一平等，就需要有爱心。只有相信人类有彼此相爱之心，才能获得人与人之间的平等。旅游企业在服务管理方面从“条规约束”向“凝聚协调”的转化是当今旅游服务的一大趋势。与传统管

理依靠规章制度对企业员工进行“刚性”管理相反，现代企业管理，注重“柔性”亲和沟通，旨在通过贯彻“亲密原则”，使管理层和操作层达成共识，构成一体同盟，从而在追求卓越和成效中，达到有价值的目标。管理方式上的转型，是以知识经济时代员工素质的提升和个体价值的确认为前提的。它的未来意义在于摒弃劳动的“异化”性质，从而变成全体员工“实现自我”的过程。换而言之，注重“凝聚协调”的管理方式能否奏效，取决于管理者和被管理者双方在宽泛意义上的“劳动”（群体协同运作）中，如何把社会角色化的行为与个性化的自我价值实现融为一体，这将是未来企业文化建设中的一个重要课题，而中国传统文化正好可以提供这方面的启迪。

二、传统文化传承与旅游经营文化的协调

当前，旅游发展与传统文化保护和传承的矛盾日益突出，特别是由于旅游经营管理中存在的欠缺，旅游业发展给文化遗产保护带来的压力在不断加大，且还没能充分挖掘旅游中的中国传统文化因素。如何正确处理好中国传统文化传承与旅游发展二者的关系，实现传统文化传承和旅游发展的协调发展，是目前中国旅游经营管理中必须解决的重大课题。

（一）深入挖掘中国旅游资源的传统精神文化内涵

传统旅游是一种全新的、知识含量高的旅游形式，表现出强劲的发展势头。新时期的旅游活动不会局限在观光旅游的初级层次，而要向娱乐休闲和专门旅游等较高层次发展，对文化感受和精神消费的需求会不断增加。为了满足旅游者的需要，旅游区必须开发具有深厚文化底蕴的旅游产品，深入挖掘中国旅游资源的传统精神文化内涵，才能够创造和凸显自己的特色，使旅游业的发展拥有持久的生命力。旅游风景区经营单位要以文化资源为基础，以市场为导向、以创新为手段，及时研究旅游者的需求和旅游市场的趋势，不断推出适销对路的传统旅游新产品。产品的创新要围绕旅游者“新、奇、美、乐”的需求原则，把握观光型向度假型、参观型向参与型转变的市场趋势。

（二）发展参与式与体验式的中国传统旅游形式

旅游作为需要用心灵感悟的精神文化产品，不应当只是浅层次的展示存在的历史实物形态或过去的历史事件，而是要求旅游经营管理者为旅游者提供身心参与的进入方式，在旅游中经历心灵震撼。近年来河南开封古城旅游中开展了一些大型文艺表演，在书店街、马道街、大相国寺这一市中心地带开辟文化夜市。发挥开封本土的地方戏剧和民间文艺活动特色优势，并对开封市有突出特色的豫剧、盘鼓、地方曲艺杂技进行包装和宣传，挖掘深层次文化的内涵。对主要戏剧茶楼进行改造升级，充分利用现有娱乐设施，同时注重对环境氛围的渲染。近年来红色旅游的兴起，很大程度上是人们追求丰富多彩的精神文化生活的结果，它是一种精神文化产品，其独特的精神价值，

如井冈山精神、长征精神、延安精神等，已形成具有世界遗产意义的“红色精神”，为中国人民、海外侨胞及国际友人提供了一个表达对历史事件和历史伟人的怀念与敬仰之情的良好途径。

（三）实现中国旅游地区科学合理的规划和管理

首先，在中国的传统旅游经营管理中，需要根据居住、商贸、金融、旅游等城市功能的差异，以可持续发展原则加大旅游区布局调整力度。在突出历史文化名城保护的基础上调整优化老城区。在古城改造和扩建中，把生态项目建设放到重要位置。在建设项目内部，区域内部和城市周边区域要按照要求留足并建设好生态用地，严格“绿线”管理制度，确保森林覆盖率、城市绿地率、城市绿化率达到国家绿色园林城市标准。

其次，旅游业的综合性，决定了旅游规划必定是一种跨行业、跨地区、跨年度的中长期计划。所以旅游经营管理必须在政府主导下，按照科学的原则合理进行。旅游资源的开发包括三个方面的内容，一是对尚未被旅游业所利用的潜在旅游资源进行开发，使其产生效益；二是对正在被利用的旅游资源进行再生性开发，延长其生命周期，提高综合效益；三是凭借经济实力和技术条件，创造旅游资源和创新旅游项目。

最后，在旅游资源保护的立法方面，应当进一步完善《文物保护法》《风景名胜区管理暂行条例》《自然保护区条例》《森林公园管理办法》等旅游资源保护的法律法规。

（四）做好传统旅游理念的基础教育工作

文化传承和保护的可持续发展的根本之道在于传统文化教育。今后，需要通过文化教育来普及文化传统知识，使国民认识到传统文化的价值意义，认识到保护文化遗产的责任感和使命感。在旅游理念的实施过程中，要对全体公民，尤其是青少年、遗产地居民和旅游者、旅游工作者和各级领导干部，进行有关中国传统文化的科学知识、价值功能、法律法规等方面的宣传教育，以期提高公众的传统文化意识，促进文化遗产的合理利用、有效保存和永续传承。同时，各旅游区需要把传统文化作为旅游宣传的重点。通过举行旅游推介会、散发精美宣传册、策划主题活动等方式，组织好旅游的宣传推广工作，使中国传统旅游深入人心。

第三节 旅游企业经营文化

一、核心竞争力与旅游企业文化

（一）旅游企业发展现状描述

经过30多年的高速发展，中国旅游业已取得了巨大的成绩，国内游已位居世界第一位，出境旅游也得到了长足的发展。中国旅游业已初步形成了以国际旅游为主导、

国内旅游为基础、出境旅游为补充的发展格局。在实现两个根本转变的过程中，我国多数旅游企业通过产权改造、经营机制更新、资产重组等具体措施，企业规模有所扩大，实力有所增强。然而多数旅游企业发展历史较短，还没有经历过真正的竞争。从总体上看，我国旅游企业竞争力依旧低下，它们的经营素质与竞争能力很难应付未来激烈的国际市场竞争，具体表现在以下两个方面：

1. 旅游企业小、散、弱、差的现象严重，效益低下

当前，我国的旅游企业的管理机制老化，企业平均规模小，服务质量高低不一，经济效益差。考虑到近几年旅游企业大量增加的背景，营业收入增长与利润锐减共存的事实则表明了我国旅游企业的经营前景并不像看上去那样美好。

2. 旅游企业间竞争手段单一，过度竞争现象严重

随着我国旅游市场从卖方市场向买方市场过渡，企业之间的竞争日趋白热化。我国旅游企业经营的产品替代性强，面对的市场面狭窄，使得旅游企业采取的竞争手段比较单一，加上对市场竞争的规律与规则不太了解，导致旅游企业陷入以价格竞争为主的过度竞争之中无法自拔。不仅使旅游企业的利润率普遍下降，而且造成旅游产品内容“缩水”，质量下降，游客数量减少，反过来又进一步加重旅游企业效益下滑的状况。

（二）旅游企业核心竞争力

关于什么是旅游企业的核心竞争力这个问题，目前学术界和企业界尚无定论，有人认为现代旅游企业制度是旅游企业核心竞争力，有人认为高新科技是旅游企业核心竞争力。旅游企业竞争力分为三个层面：第一层面是旅游企业的产品层，即产品及控制其质量的能力、旅游企业的服务能力、成本控制能力、营销能力，这个层面是表层的竞争力。第二层面是旅游企业的制度层，包括旅游企业内外人、事、物、环境、资源关系，旅游企业运行机制，旅游企业规模、品牌，旅游企业产权制度，第二层面是支撑平台的竞争力。第三层面是旅游企业的核心层，以旅游企业价值观为核心的旅游企业文化、内外一致的旅游企业形象、旅游企业创新能力、差异化个性的旅游企业特色。这个层面是最基础、最核心的竞争力。张维迎教授曾经对企业核心竞争力的特性作了界定，认为它必须具备五个特点：偷不去、买不来、拆不开、带不走、溜不掉。

旅游企业增强企业核心竞争力的途径主要有四个方面：构建优秀的旅游企业文化、建立良好的旅游企业信用、创立驰名的旅游企业品牌和培育宝贵的旅游企业顾客忠诚度。

1. 构建优秀的旅游企业文化

国内外大量事实证明，优秀的旅游企业的经营过程，一定是对某种文化的追求过程。有没有这种追求和对不同文化的追求，才是企业最大的差异化表现，因为这才是别人永远学不到的核心竞争力。

优秀的企业总是相似的，失败的企业各有各的失败原因。一般认为，优秀的旅游企业文化具有稀缺性，因为优秀程度越高，越难做到，也就越稀缺。应当看到，优秀的旅游企业文化是用金钱买不到的，而只能通过自身的长期努力建立起来。拥有这种稀缺资源的企业至少可以获得一种短期的竞争优势。如果竞争对手很难模仿这些资源和能力，那么，拥有这种资源和能力的企业就能获得一种长期的竞争优势。

催生旅游企业品牌条件的有管理条件、人才条件、观念条件、政策条件、市场条件、价格条件、消费者条件等。只有得到消费者即顾客的大力支持，优秀的旅游企业品牌才有可能产生。

2. 建立良好的旅游企业信用

美国前总统富兰克林有一句名言："切记，信用就是金钱。"市场经济就是信用经济。众所周知，怀疑的建立只需瞬间，而消除它则要花费几倍甚至几百倍的时间。同样，一个企业信用的崩溃也许用不了多少时间，而企业信用的重建可能需要长期而艰辛的努力。

旅游企业信用是旅游企业品牌的基础，没有信用，旅游企业品牌也就不会存在，正所谓"皮之不存，毛之焉附"。因此，在旅游企业品牌角逐的背后，是旅游企业信用的长期较量。

3. 塑造卓越的旅游企业品牌

旅游企业品牌就是社会公众通过对组织及其产品的品质和价值认知而确定的著名品牌。旅游企业品牌是旅游企业核心竞争力的物化表现，消费者直接感受到的是优秀的旅游企业品牌。对于一个旅游企业来说，要使旅游企业品牌成为企业的核心竞争力，品牌的基础就一定要坚实，企业品牌的基础主要是旅游企业文化、旅游企业信用和旅游企业顾客忠诚度。如果把旅游企业品牌比作"常青树"，那么旅游企业文化、旅游企业信用和旅游企业顾客忠诚度则是培育"常青树"的肥沃土壤。

我国具有丰富独特的传统文化，这些都是我国旅游企业进行品牌经营时可以借鉴的宝贵资源。文化意识的增强，文化品牌的实施，将使我国旅游饭店的品牌更独特、更具民族性，这对于推动我国旅游企业不断发展壮大，最终在世界旅游市场占得一席之地，具有重要的战略意义。

4. 培育宝贵的顾客忠诚度

顾客满意程度即"顾客对其要求已被满足的程度的感受"。

虽然钱可以买到很多东西但旅游企业文化是用钱买不来的，因为它是内在的，是一种土生土长、根植于旅游企业本身土壤的独特文化。旅游企业文化是一个旅游企业内部的氛围、风气，是看不见、摸不着的，因为无形所以无价。优秀的旅游企业文化融合于旅游企业人际关系的方方面面，落实到全体员工的言行上，所以它是旅游企业在激烈的市场竞争中立于不败之地的根本保证。

二、旅游企业文化的特征

(一) 旅游企业文化具有企业文化的一般特质

1. 历史性

历史性是一切社会事物的最基本属性之一。企业在一定的时空条件下产生、生存与发展，企业的现象本身就是当时社会政治、经济、文化的折射，企业本身就是创造历史的载体。经济基础决定上层建筑，企业的经营与政治活动、文化现象的联系千丝万缕，挥之不去。可以说，企业文化是历史的产物，必定带有历史的烙印，折射出大到一个时代，一个国家的一定时期，或者一个民族、一个地域，小到一个地方区域的经济与文化特征。反过来，企业文化一旦形成，也在改变着企业所处的环境，因为企业是走在时代前列的社会生活中最活跃的社会组织，信息交融与思想变革首先从企业发生。当代的企业文化的基础，是已经比较成熟的商品经济理论。

2. 人本性

企业文化关注的中心，在于对企业中人的因素的管理与激发，虽然如此做的终极目标在于企业价值的顺利实现，但这并不妨碍企业以开发人的潜能为切入点的管理模式为企业带来的巨大张力。当衣、食等最基本的生存需求得到满足，人们需要满足交流的需要、给予的需要、被尊重的需要、个人价值实现的需要等。一个人一生中最宝贵、历时最长的时间是用于职业生涯的，所以，企业的成长与发展需求与个人的成长与发展需求在企业文化这个层面达到了完美的契合。企业文化是一种以人为本的文化，着力于以文化因素去挖掘企业的潜力，尊重和重视人的因素在企业发展中的作用。

3. 复杂性

世界上没有两片完全相同的树叶。每个企业都在特定的环境中生存与发展，所面临的历史阶段、发展程度，以及本身固有的文化积淀都不相同。成功是不能复制的，企业文化也同样不能拷贝。把别人成功的企业文化照搬照抄教条行事，或者如赵括谈兵一样将优秀的企业文化奉为金科玉律，试图找到放之四海而皆准的真理，最终只会害了企业。

4. 动态性

一个企业的企业文化一旦形成，在一定时期之内具有相对稳定性。但随着企业的发展以及企业生存环境的变化，企业文化也随之发生改变。有一种说法叫做“呈螺旋式上升状”，这其实是一种理想状态下优秀的企业文化的发展态势。僵化的、落后的企业文化也在运动，只是在企业内部的没有经过合理的梳理、整合与提炼的文化因素没有形成良性体系，各种文化因素的冲突正在进行量变的积累。一个优秀的企业的文化体系建成之后，就会显示出其对外部因素以及新生文化因子强大的吸收力、包容力与消化力，形成动态开放的系统。

5. 有机性

企业文化是一个整体有机系统，企业文化的各个构成要素以一定的结构形式排列，各个要素相对独立，各司其职。同时，企业文化又是一个系统工程，是一个严密有序的有机结合体，由企业内互相联系、互相依赖、互相作用的不同层次、不同部分结合而成。企业文化既然是以企业价值实现为最终目标，那么就不可能不涉及企业的战略规划；既然以人为本，那么就不可能不涉及人力资源开发；既然是一种管理方法，那么就不可能不涉及企业的管理制度。可以说，企业文化之所以被管理界推崇，与它的这一性质不无关系。

（二）旅游企业文化具有的特殊性

旅游企业文化是指某一旅游企业在其发展过程中形成的价值观念、行为准则及其在规章制度、行为方式、物质设施中的外在表现，其内核是精神文明与价值观念。在产品性质、市场环境、经营管理过程、顾客群等基本条件上，旅游企业与工商企业之间存在着明显的差异，带有明显的行业特点。

1. 服务性

与工商企业不同，旅游企业所提供的商品是满足游客多方面需要的商品（包括有形商品和无形商品），而其主要特点还是出售无形的商品，即服务。服务是旅游企业的本质。旅游企业要为游客提供食、住、行、游、购、娱等多种项目的服务。旅游服务项目的综合性要求旅游企业之间相互协调、共同配合。如果某一种服务项目不能满足游客的需要，不仅会直接损害旅游者的消费利益，也会直接影响企业旅游服务的整体水平。对于旅游企业而言，就是要树立宾客至上的观念，热心为客人服务。旅游服务工作是“人对人”的服务，所以对旅游企业员工来讲，情感、心态和技术非常重要。

2. 文化性

中国著名学者于光远先生曾经指出，旅游是带有很强的文化性的经济事业，也是带有很强的经济性的文化产业。感受和体验异地文化是大多数旅游者出游的主要目的。旅游经营只有体现出不同的文化特色才能吸引游客，从而提高旅游企业的经济效益。在一定意义上说，文化是旅游业的灵魂。正因为旅游的文化属性，要求旅游企业要具备浓厚的文化意识。一方面，旅游企业为游客提供具有一定文化品位的旅游产品。实践证明，旅游产的文化性越强、文化品位越浓，就越受旅游消费者欢迎，社会经济效益就越好。例如，饭店本来是提供游客吃、住、娱的场所，主要是保证良好的服务设施和高质量的服务。但现在众多的旅游饭店，为了形成自己的特色品牌，不仅在建筑设计、装修和各种设施上下工夫，以体现自己的文化特色和民族风格、地域风格，而且在客房、餐饮及整个服务过程中，也表现出相对的文化艺术品位。大型游船也不甘落后，纷纷用文化包装自己（如长江三峡的“三国号”游船等），以彰显其特色。旅游企业形象塑造要体现文化内涵，良好的形象是旅游企业发展的生命线。旅游企业的形象不仅表现在有形的、看得见的外显事物，而且体现在无形的内在素质，是旅游企业的实物要素和情感要素留给社会公众的总体形象。虽然旅游企业形象的构成要素是多方面、综合的，但从这些要素的本质属性看，无一不是文化内涵的反映。因此，塑造旅游企业的良好形象，必须注重丰富和深化文化内涵。

3. 涉外性

随着国际旅游市场的形成，世界各国之间的文化交流更为广泛，旅游企业文化的发展趋势是世界文化一体化（主要是指管理文化方面）。旅游组织的等级化、国际性联号饭店的发展、旅游信用卡在世界范围的通用等，都是其世界性的体现。在中国所有的行业中，旅游行业是较早与国际惯例接轨的行业之一。但应该看到，旅游企业文化的涉外性或世界性，使旅游企业文化营销更为困难。由于旅游企业的行业特殊性，面对的是来自世界各国的旅游者，文化环境的差异造就了旅游者审美情趣、价值取向、思维方式、道德风尚的不同特点。旅游企业要想在经营活动中满足各国旅游者的不同需求，就必须树立开放意识和全球意识，善于进行文化的综合分析，培养跨文化交流的能力，根据各国文化的差异性判断各国旅游者需求的差异性，为游客提供有针对性的服务。

三、旅游企业文化的塑造

（一）旅游企业形象识别系统

企业形象识别设计是现代工业设计和现代企业管理营运相结合的产物。以IBM公司为代表的美国企业在20世纪50年代开始把企业形象作为新的而又具体的经营要素。为了研究企业形象塑造的具体方法，确立了一个新的研究领域，出现了Corporate Design（企业设计）、Corporate Look（企业形貌）、Specific Design（特殊设计）、Design Policy（设计政策）等不同的名词，后来统一称为企业识别（Corporate Identity，简称CI），而由这个领域规划出来的设计系统，被称为企业识别系统（Corporate Identity System，简称CIS）。

旅游企业识别系统是指运用视觉设计，将特定服务企业的理念与本质视觉化、规格化、系统化，并以其特定服务的内涵与外延形成固定的、标志、造型与色彩的设计为表达核心，将企业的经营理念、管理思想以及服务经营战略与策略等，通过视觉的艺术再现技术传播给本企业员工和社会公众。具体地说，将企业的经营活动、经营理念、经营哲学、管理特色、服务标准、社会使命感、服务风格及服务营销策略等，运用多种传播手段与技术的组合系统，特别是运用视觉沟通技术传递给社会公众，从而塑造良好的服务企业形象，使广大社会公众对其产生一致的认同与肯定，营造一种适合于旅游企业自身发展的外部环境。为进一步扩大和开拓旅游产品市场，增强旅游企业市场营销力、竞争力和形象感染力创造条件。

（二）塑造旅游企业文化的基本原则

1. 强化以人为中心

文化以人群为载体，人是文化生成的第一要素。企业文化中的人不仅仅是指企业家、管理者，更应该包括企业的全体职工。企业文化建设中要强调关心人、尊重人、理解人和信任人。企业团体意识的形成，首先是企业的全体成员有共同的价值观念，有一致的奋斗目标，才能形成向心力，才能成为一个具有战斗力的整体。

2. 表里一致，切忌形式主义

企业文化属意识形态的范畴，但它又要通过企业或职工的行为和外部形态表现出来，这就容易形成表里不一致的现象。建设企业文化必须首先从职工的思想观念入手，树立正确的价值观念和哲学思想，在此基础上形成企业精神和企业形象，防止搞形式主义，言行不一。形式主义不仅不能建设好企业文化，而且是对企业文化概念的歪曲。

3. 注重个性

个性是企业文化的一个重要特征。文化本来就是在本身组织发展的历史过程中形成的。每个企业都有自己的历史传统和经营特点，企业文化建设要充分利用这一点，建设具有自己特色的文化。企业有了自己的特色，而且被顾客所公认，才能在企业之林中独树一帜，才有竞争的优势。

4. 不能忽视经济性

企业是一个经济组织，企业文化是一个微观经济组织文化，应具有经济性。所谓经济性，是指企业文化必须为企业的经济活动服务，要有利于提高企业生产力和经济效益，有利于企业的生存和发展。前面讨论的关于企业文化的各项内容中，虽然并不涉及“经济”二字，但建设和实施这些内容，最终目的都不会离开企业经济目标的实现和谋求企业的生存和发展。所以，企业文化建设实际是一个企业战略问题，被称为文化战略。

5. 继承传统文化的精华

马克思主义认为：“人们自己创造自己的历史，但他们并不是随心所欲地创造，而是在直接碰到的从过去继承下来的条件下创造。”中国企业文化建设也是这样，它应该是在传统文化的基础上进行增值开发，否则企业文化就会失去存在的基础，也就没有生命力。增值开发就是对传统文化进行借鉴，去其糟粕，取其精华。中国传统文化中的民本思想、平等思想、务实思想等都是值得增值开发的内容。中国民本思想自古以来就相当强烈，并在一定程度上制约着专制行为。在社会主义企业中，劳动者是企业的主人，企业文化建设自然要以民本思想为重要的思想来源，并通过这一思想的开发利用，使职工群众产生强烈的主人翁意识，自觉地参与企业的民主管理。中国民族坚持人的平等性，认为“人皆为尧舜”，这正是过去中国革命的思想基础。将这种思想增值开发并用于现代企业的文化建设，将为企业职工提供平等竞争的机会，有利于倡导按劳分配，同工同酬的运行机制。务实精神要求人们实事求是、谦虚谨慎、戒骄戒躁、刻苦努力、奋发向上，如能发扬光大，必将形成艰苦创业、勇于创新的企业精神。大庆“三老四严”的“铁人精神”就是对这种民族精神增值开发的结果。

（三）塑造旅游企业识别系统

CIS战略一般由三大要素组成：理念识别、活动识别、视觉识别，三个要素是相互联系的统一整体。企业理念是企业的精神和灵魂。理念就是指企业的经营管理的观念，也是CIS战略的核心。活动识别是企业动态的识别形式，企业的各种活动要充分体现出企业的理念，这样才能塑造出良好的企业形象。视觉识别是企业的静态识别形式，企业的标志、标准色是通过视觉系统将企业的形象传递给大众的。而活动识别和视觉识别只有具备了正确的思想内容，充分反映了企业的精神和理念，才能发挥更大的作用。

1. 软件形象要素——旅游企业理念识别

所谓旅游企业理念识别，意指旅游企业经营过程中的经营理念和经营战略，它包括企业在生产和市场中经营原则，方针、规划、制度、责任的统一化识别。理念的统一就是企业全体员工所认同的价值观念，并以此作为规范企业行为和全体员工行为的唯一标准。在具体行为活动中，经过千锤百炼，高度概括成具有强大鼓动性、层次性和有序性的旅游企业宗旨、精神、口号、方针、风格、标语、格言、使命等要素的组合，进而发展成为旅游企业的文化、经营哲学和精神等完整的企业理念体系。这种理念体系是旅游企业生存与发展的“灵魂”和驱动力，并形成一种固有的独具特色的企业理念风格，能经得起现代社会的考验与洗礼、选择与淘汰。

2. 软硬件兼顾之形象要素——旅游企业活动识别

所谓旅游企业活动识别，意指围绕着旅游企业理念体系，展示给社会公众诸多方面形象在企业活动中的行为准则，是企业理念行为规范的物化表现形式。它主要包括企业对内对外行为活动的方式，针对企业的服务项目、类型和范围，系统周密地规划企业的组织结构、传递系统，质量、能力、市场区域研究与开发、管理，员工教育与培训（敬业精神，服务水准、服务技巧、服务准则和行为规范等），以及对社会赞助和公关活动。对内活动包括员工教育、服务环境的优化、职工福利、服务资源开发、服务态度与风格等；对外活动包括市场调查、促销活动、服务消费引导、社会公益性与文化性活动、信息沟通、公关活动等。如北京的长城饭店和梅地亚宾馆为进一步开拓服务市场和提高服务质量，多次借助中外新闻媒介展现企业服务实力，诸如承办外国领导人的访华答谢宴会、中外记者招待会和重大的新闻发布会，从而大大提高了企业知名度和美誉度。通过企业活动将自身的服务环境、设施、质量、水平、员工素质等方面，以免费提供赞助的形式，塑造一个高服务等级、高服务规格的企业形象。

3. 硬件形象要素——旅游企业视觉识别

所谓旅游企业视觉识别，意指旅游企业通过多种视觉信息传输形式的统一，使企业形象具体化、生动化和视觉化。具体操作方法为，用企业的标志、标识或特定服务的象征性图案装饰企业内外部服务环境或服务传递系统以及一切用品，使社会公众能够从视觉角度完整地认识企业独一无二的形象。它的项目最多、层面最广、效果最直接、影响力最为显著，属于向社会传递信息的硬件部分。将抽象化的企业理念以具体化、生动化的标志形式传播于社会，引发人们的注意，最容易被人们在无意识中认知、接受，进而达到记忆，且印象极为深刻。借助各种媒介载体，可跨越时间与空间的限制，运用视觉系统传播于社会公众，形象化地再现了服务企业的经营理念。从而达到快速而准确地识别企业、塑造出独特企业形象的目的。如中国国际旅行社与国家旅游局的标志，分别是甘肃武威出土的文物铜奔马的造型和长城图案，寓意为旅游服务行业；中国工商银行以古钱币圆形中间加一个标准字体“工”作为其标志，意为资金融通的货币银行服务业。

旅游企业的标志由象征性图案、标准字体和标准色等构成。可分为两大类，一类是基础要素，包括企业名称、标志、标准字体、标准色、象征性图案与吉祥物；另一类是应用要素，包括办公用品、服务营销内外部环境、服务设施、招牌、旗帜、服务传递系统、建筑外观、交通输送用车、衣着服饰、广告媒体等。运用视觉识别的要素组合系统，以企业标志所蕴涵的特定服务为基点，全方位地展开传播，使服务企业形象的特质无时不在，无处不在。

旅游企业理念、活动和视觉识别三者是一个有机整体，它是以理念识别为基础，活动识别为主导，视觉识别为表现的三合一的系统工程。如果把 CIS 比喻为一部性能可靠的汽车，那么企业理念则是汽车的发动机，企业行为是汽车的变速箱，企业视觉识别则是车轮及汽车的外观。假如没有良好的发动机，汽车变速装置就失去了它存在的意义，车轮也就失去旋转的动力，汽车的外观造型徒有其表。一部质量上乘的汽车，按其部件的重要性依次是发动机、变速箱、车轮及外观造型。而能够直观反映汽车本质的则是外在可见性强的车轮及外观造型。可见，服务企业识别系统的三大要素，相互作用，构成企业形象的塑造机制，相互依存，浑然一体。

在当前的市场竞争中，企业形象的塑造至关重要，它已成为推动企业发展的一种动力。这种动力的大小取决于企业理念识别、活动识别、视觉识别三个要素的高度一致。而实施 CIS 战略的目的就在于进一步加强这一动力，使企业通过完整的系统创意，将企业的经营观念、企业的个性，通过动态和静态的传播方式，引起大家的注意，树立良好的形象，使广大消费者产生对企业及其产品的信赖和好感的心理效应，这就是 CIS 战略的根本任务。

第四节　旅游地经营文化

一、旅游业对接待地传统文化的影响

（一）旅游业对接待地传统文化的正面影响

1. 促进接待地的对外文化交流

文化交流是文化发展的前提。旅游在客观上对促进不同地区、不同民族乃至不同国度文化之间的相互沟通作用优势十分明显。首先，它是一种人群之间的直接交往，与其他文化传播相比，旅游活动的交流方式不是以文字、有形物品或者以个别人为代表的间接沟通或信息传递。其次，旅游体现着各种社会文化现象的交叉和渗透，其中不同文化主体间的沟通内容涉及甚广，几乎无所不包。最后，旅游是人类的和平交往，是人类文化最理想的交流方式。以旅游为媒介的对外文化交流虽然离不开政府的参与，但主要是一种民间文化交流活动，这种民间活动常常能发挥正式的外交活动所不能发挥的作用。接待地通过发展旅游，一方面可以了解别人，促进人类整体和世界大同观念的形成，另一方面又可以宣传自己，树立自己的真正形象。这在中国国际旅游业发展的历史过程中表现得相当明显。

2. 促进接待地民族传统文化的保护和复兴

体验和了解不同的文化是旅游者的主要动机之一，所以接待地在旅游开发中就有可能会重视自己历史文化遗产的保护、开发和利用，以便尽可能多地吸引旅游者。第二次世界大战以来，随着世界旅游业的蓬勃发展及旅游产业经济优势的的凸显，许多国家或地区都逐渐对自己的民族传统文化采取了系统的保护、挖掘和利用措施，以使本国、本地旅游业更具特色和魅力。因此，一些原先几乎被人们遗忘了的传统习俗和文化体育活动又得到开发和恢复，如某些传统工艺受工业化产品和西方消费口味的冲击，正濒临绝迹，旅游业则帮助它们起死回生。传统的音乐、舞蹈、戏剧等受到重视和发掘，几近湮灭的文物古迹得到维护、整修甚至重建。更有意义的是一些国家或地区从经济建设总体的高度研究民族传统文化的保护和发展，把民族传统文化遗产的保护和开发纳入城乡总体规划之中，因此，世界旅游组织指出：具有文化价值和旅游价值的东西，旅游有能力保护、拯救和复兴它们。当然，所有这些原先几乎被抛弃的传统文化遗产之所以能够获得前所未有的重视，都是因为旅游业所能带来的“实惠”，而不是因为它们对当地居民所代表的价值。

3. 促进接待地社会文化的现代化

首先，旅游能促进接待地社会文化在物质层面上的现代化。为了适应旅游业发展的时代需要、吸引游客前来参观访问，接待地会不断改进自己的物质条件，增加新的文化设施，不断优化文化环境。旅游促进了一些城市独特风貌以及其他颇具创造性的人文景观的形成，为接待地增添了新的文化风采。其次，旅游能促进接待地科学技术水平的提高。科学技术的发展是旅游活动产生和发展的前提条件，但旅游发展过程中又不断对接待地科学技术提出新的要求，要求与旅游活动有关的交通运输工具、通信以及旅游服务设施和设备等更加快速、便利、舒适和安全，尤其对发展中国家来说，旅游是刺激这些领域加快发展的重要因素。同时，在旅游交流的过程中，一些旅游者会给接待地直接带来先进的科学技术思想和成果，对接待地科学技术的发展起到促进作用。最后，在旅游活动的影响下，接待地社会的行为方式、价值观念会发生改变，这种改变在总体上会趋向开放，趋向更加国际化、现代化。

（二）旅游业对传统文化产生的负面影响

1. 接待地历史文化遗产遭受不同程度的人为破坏

游客对接待地历史文化遗产的破坏，一类是由他们不检点的行为所造成的，另一类则是旅游发展的必然结果。前者如一些旅游者每到一处，常常毁掉那些他们不顾路遥远特地去观赏的宝物，还有一些游客乱刻乱画、随意丢弃废物所直接或间接导致的文物古迹被破坏。后者则是指因旅游接待所导致的客观上的损害。除了来自旅游者直接或间接的破坏之外，接待地的历史文化遗产还有可能由于开发和保护不当而被当地人借发展旅游的幌子所损坏。如因规划不当、管理不力或者片面追求短期经济效益，一些古都、古城的历史风貌被削弱，一些古建筑被毁坏或者被改造得面目全非。

2. 接待地固有文化的舞台化、商品化、庸俗化

获取经济效益、提高当地人民的生活水平，是任何一个接待地发展旅游业的根本目的。这个目的决定了接待地会积极吸引旅游者和各方旅游投资者，而这个目标能否实现又完全取决于接待地是否符合旅游者的口味，是否令旅游者满意。相当一部分旅游者并不是真正关心接待地文化特色的真实含义，而是为了猎奇，这就使接待地文化在发展旅游过程中有被舞台化、商品化进而庸俗化的可能。一些代表地方文化特色的事物被任意改头换面或大肆仿造，似乎其存在的基础不再是当地的社会生活，而是旅游者的需求；一些落后的文化如鬼文化、占卜文化等被刻意渲染；一些与本地文化无丝毫联系的“景观”或活动内容凭空出现。传统民间习俗和庆典活动本来都是在特定的时间和地点、按照传统规定的内容和方式举行的，但是很多这种活动随着旅游业的开展逐渐被商品化，不再有什么“规矩”，而是根据“旅游需求”随时随地开展，活动的内容和形式也在很大程度上失去了原有的意义和价值。

3. 促成或加剧了接待地的社会问题

旅游者会把其民族文化中积极的和消极的文化因素带入接待地。发展中国家或地区在发展旅游过程中，难免会受到西方社会生活方式和思想意识的影响。正如世界上的任何事物都有利弊两重性一样。旅游活动的开展，在促进传统文化复兴的同时，也

给当地的传统文化带来了一系列的负面影响。旅游给传统文化带来的影响较之对自然环境的影响更为广泛、更加深入，进而将影响到当地社会的可持续发展，所以应受到更多的关注。

4. 影响接待地文化健康发展

旅游的发展，一方面，有可能加重接待地文化的“仆从性”。经济发展水平相对落后的国家和地区的居民在发展旅游过程中，受来自经济发达国家和地区的富有游客以及伴随这些游客而来的外来经济势力的直接冲击，民族（地区）自卑感和媚外思想会逐渐加重。另一方面，又有可能导致接待地产生排外情绪。旅游者的大量涌入会激发他们与当地居民之间的某些矛盾，特别是在接待地综合接待能力有限的情况下，外来游客的大量增加和游客密度的提高，将使当地居民的正常生活受到干扰和妨碍。当这种情况发展到一定程度时，当地居民对旅游者的态度就有可能从起初的友好热情转为不满甚至怨恨（旅游业称为“旅游怨”）。除此之外，一些旅游者，主要是来自发达国家和地区的旅游者，深受文化上的“种族中心主义”影响，认为只有本民族传统文化才是最正确、最优秀的，喜欢用傲视天下的态度来对其他文化加以贬低和任意批评，这种行为极易引起接待地居民的反感，从而造成旅游者与当地居民之间人际关系的紧张。

二、旅游接待地社会文化变迁对其生命周期的影响

（一）旅游地生命周期理论

旅游休假地和其他产品一样，也有其兴衰的模式，即休假地的生命周期。然而，系统地把市场学中的生命周期概念引入到旅游休假地管理的研究中，还是 1980 年加拿大旅游学家巴特勒的贡献。他对旅游地生命周期模型的描述是，旅游地的生命周期始于一小部分具有冒险精神、不喜欢商业化旅游地的旅游者的“早期探险”（Exploration）。在“参与”（Involvement）阶段，由于当地人们积极参与向消费者提供休闲设施以及随后的广告宣传，使旅游者数量进一步增加。在“发展”（Development）阶段，旅游者数量增加更快，而且对旅游经营实施控制的权力也大部分从当地人手中转到外来公司的手中。在“稳定”（Consolidation）阶段，尽管旅游者总人数仍在增长，但增长的速度已经放慢。至于“停滞”（Stagnation）阶段，旅游者人数已经达到高峰，旅游地本身也不再让旅游者感到是一个特别时髦的去处了。而到了“衰退”（Decline）阶段，因旅游者被新的度假地所吸引，致使这一行将衰亡的旅游地只有依赖短距离的一日旅游者和周末旅游者的造访来维持生计。

（二）旅游接待地社会文化变迁对其生命周期的影响

一般而言，在旅游地的早期探险和随后的规模开发阶段，由于旅游者多数由一些具有冒险精神、不因循守旧的人构成，因此他们对旅游地的风俗习惯、社会规范都能

积极适应，加之他们的出现给旅游地创造了一个了解外部社会的渠道，因此，他们对旅游地生命周期的影响主要是正面的积极影响。而在旅游地达到饱和或停滞期时，由于旅游的大众化，因此对地方文化的冲击就趋于深刻，对地方社会的各种习俗和规范的适应性就差，由此而引发的种种社会摩擦，就可能潜在地或现实地加速旅游地衰退期的到来。

三、旅游接待地可持续发展中的文化调适

随着旅游业的快速发展，旅游可持续发展已经成为学界、政界普遍关注的热门话题。而对任何一个接待地来说，要实现旅游可持续发展的目标，就必须对旅游的社会文化的积极影响和消极影响加以重视，在旅游发展过程中对文化的迁移作出合理化的调适。旅游接待地的文化调适主要体现在两个方面，即旅游开发的文化均衡和当地居民文化心态的调整。

（一）接待地旅游开发的文化均衡

1. 传统性和现代化的均衡

在接待地旅游发展的实践中，要均衡传统性和现代化的矛盾，首先需要树立这样一种的指导思想：一方面，要保护和弘扬实质性的传统，在推崇设施设备现代化、思想观念现代化、管理手段现代化的同时，不忘以传统文化作为底蕴。另一方面，在继承和发扬传统的过程中，必须结合现代化中的合理性内涵，作为传统的发展和创新。陈传康先生认为旅游文化具有明显的二元结构——传统性与现代化的极化互补结构，只有建立合理的二元结构，才能更好地促进旅游业的发展和提高。

2. 民族性和世界性的均衡

民族性与世界性的均衡重在处理某一时间内接待文化与外部世界文化的关系问题。接待地的发展进程在某种程度上也是民族文化走向世界的过程，而民族文化要想具有世界意义，一方面要积极吸收外来文化中有价值的东西，另一方面要避免民族文化特色的消失和削弱。接待地可以在旅游资源开发、旅游企业的经营管理等诸环节，合理利用外来文化的某些形式和内容，嫁接和改造民族文化，或者赋予外来文化以民族特色，这既能促进旅游者对接待地文化的认同和理解，又为文化再创造提供了新的动力。

3. 本真性和商品化的均衡

旅游地的开发，尤其是人文旅游资源的开发，如果是以旅游业为驱动力，那么商品化是无法避免的。问题的关键在于如何把握本真与商品化的均衡。首先，不能把旅游可持续发展理解为经济型永续发展，从而将旅游的经济效益摆在过高的地位，过度商业化。其次，旅游产品或商品的开发设计既要遵循经济规律，又要遵照文化法则。置文化内涵于不顾而随心所欲、粗制滥造，实际上违反了商品化原则，不可能获得长远的经济效益。

4. 开放性和限制性的均衡

接待地要发展旅游，就必须开放自己的社会文化门户，接受外来文化的渗透和冲击。但是，每个社会的文化承受能力是有一定限度的。为了使主客文化的冲突和融合能够在互不伤害的前提下稳步进行，许多专家认为，在有些情况下，有必要对以旅游者为媒介的外来文化的进入和扩散给予适当限制。通常采用的办法是错开旅游区和居民区，使主客之间保持一定距离。当然，任何限制措施都应以不导致本土文化与外来文化的隔离为前提，否则就成了变相的排外和自封，阻碍了旅游业的繁荣。接待地应根据自身的特点作出合理的选择，以使旅游适应本国或本地社会与文化情况的意志。

（二）接待地居民文化心态的调整

这里所谓的接待地居民文化心态，特指接待地居民对旅游和旅游者的态度，这种态度会直接影响旅游的社会文化氛围，影响旅游业的可持续发展。居民文化心态的调整，目的在于防止出现抵触和全盘接受这两种极端，引导居民向积极的一面靠拢。要实现这一目的，首先要加强旅游业的宏观管理。政府部门在规划旅游业的发展时，不能把经济效益作为唯一目的，应当把提高当地人民的生活水平作为长远奋斗目标，把旅游业发展与社会文明进步作为制定科学、系统的政策和行动的准则。同时还要健全旅游经营管理体制，制定全面系统的与旅游有关的法律法规和管理条例，对各种不良行为及时予以取缔和打击，控制旅游污染的发生。其次要尊重接待地居民，吸收他们参与繁荣。因此，在制订旅游规划时，必须进行旅游决策。接待地居民的态度直接决定旅游业能否长期稳定树立“居民第一，游客第二”的思想，充分考虑当地居民的各种期望，为他们提供一个对其所期盼的未来社区类型发表意见的机会。由于旅游开发通常只能让一部分居民受惠，而其社会成本（如拥挤、物价上涨等）却由全体居民共同承担，所以在作旅游决策时，还应注意当地居民参与的广泛性，在全面了解的基础上作出权衡。最后要强化宣传教育工作，提高居民的文化素质。要引导接待地居民克服认识的局限性，树立正确的旅游态度，培养世界公民意识，提倡居民与旅游者相互尊重和理解，避免相互歧视和指责，使双方在平等的基础上加深了解，建立友谊。加强传统文化教育，强化本土文化中重要的价值观，树立民族自信心和自豪感，防止出现“客尊主卑”的思想和行为。引导接待地居民加强自身修养，树立正确的人生观，提高文化鉴别能力，自觉地吸引外来文化中先进的事物，抵制腐朽的思想意识和生活方式。

本章思考题

1. 为什么说企业文化理论的出现是管理学上的一场革命？
2. 与一般企业文化相比，旅游企业文化具有哪些特点？

3. 试分析我国的传统文化因素对旅游企业文化的影响。

4. 塑造旅游企业文化的基本方法有哪些？

5. 企业形象识别战略与企业文化有什么关系？

企业文化的创建分析

案例1　完全委托

甲公司准备开展企业文化建设的消息发出后，多家咨询公司参与了项目竞标。甲公司的企业文化部在经过了形式上的竞标后，聘请了老板知名度较高的一家咨询公司，该公司项目建议书中开列了包括该老板在内的多名知名专家和一名据介绍有十年咨询经验的知名学府MBA（以下简称A君），但在这些名单后包含了一个甲公司没有注意的“等”字。

甲公司付出首付款后，咨询公司项目组一行七人浩浩荡荡进驻了甲公司，七人中包括名单中的老板、一名专家和那名A君，余下四人都是年轻人。项目组进驻当天，咨询公司的老板、专家、A君和两名助手对甲公司董事长、总经理分别进行了各90分钟的访谈。次日，按计划，召开了“甲公司企业文化项目启动誓师会”，由专家进行了两个小时的专题报告，咨询公司老板进行了“企业文化建设”的讲座。据甲公司企业文化部部长讲，报告内容他已经在不同场合听过多次。午餐过后，因有其他要务，专家和老板起程奔赴机场，A君和其他四个年轻人继续访谈。

接下来，企业文化部不断收到对咨询人员水平的质疑，部长开始坐不住了。经过旁敲侧击，私下交流，很快得知，留下的五人中，A君32岁，大学本科毕业设计参与了一家小公司的人力资源管理软件实施，工作五年后考取MBA，毕业后进入咨询行业，主要从事人力资源咨询，所谓十年咨询经验是从毕业设计开始计算的。而其他四人，两人是新的MBA毕业生，一人是人力资源专业在读研究生（那位专家的研究生），另一人是新闻专业本科毕业生。

部长开始着急了，频繁地和咨询公司老板联系，希望掉换咨询人员，但被老板告知，一线人员只是收集资料，初步分析，结论还是专家和他自己把关，让部长安心，配合好项目组工作。

一个月后，诊断报告出来了，公司的问题点说得很清楚，得到董事长的肯定，部长开始有些欣慰，特意请咨询组去当地的名胜旅游了两天。

又一个月过去了，项目组提交了一份企业文化体系报告，部长拿到这份报告后又开始头痛，看着这份辞藻华丽、引论古今中外的企业文化体系，感觉怎么也和自己的企业联系不上。体系报告在讨论、修改、提交、再讨论、再修改、再提交中反复了多次，部长感觉项目组每一次其实只是按照意见改动文字，对于一个新的价值观能够在企业中带来什么，和企业的生产实际是否联系得上似乎没有考虑。部长开始催问项目组“老板和专家什么时候来”，A君一再表示，每一次的修改稿都是经过老板和专家肯定的，并开始暗指甲公司不懂企业文化。部长也和咨询公司老板通了电话，老板感觉到了部长的不满，委婉表示最近公司业务很忙，许多知名公司都主动找他们做项目，希望甲公司能够相信专家的意见。部长又和专家沟通，专家说他在开会，学生在项目组，请部长将意见通过学生转达。此时部长开始明白，所谓每次修改都由老板和专家审定是A君的谎言。

项目开始三个月后，企业文化理念体系还没有确定，甲公司董事长在和A君进行了一次交流后决定终止项目。

案例2 独立自主

乙公司在决定开展企业文化建设后，成立了由公司党群工作部、宣传部、市场部组成的企业文化建设小组，开始独立自主的企业文化建设。

企业文化建设小组首先在全公司开展了大规模的企业文化问卷调查，并派出了多批人员参加各类企业文化培训和论坛。在经过了半年的工作后，小组向公司高层提交了企业文化体系草案，公司高层都很认真的研究了草案，书记、总经理等八位公司班子成员提出了非常具体的修改建议。拿到这些建议，党群部部长开始头痛了，意见都提得很具体，特别是书记和总经理在一些关键理念上理解还不一致，很难统一。第一次修改历经了三个月，修改稿提交后，有五位班子成员向党群部要自己上次的修改意见来对照，总经理还专门找党群部部长谈了一次，最后汇集的意见不但没有减少，反而使矛盾更加尖锐。部长向书记建议在领导班子开会时研究一下，书记当即表示“意见没有统一，怎么研究”。

时间一天天过去，第三稿还是没有出来，企业文化小组已经不再开会了。

案例3 内外结合

丙公司是一个长期注重企业精神文明建设的企业，公司发展的历史中留下了很厚重的精神文化积淀，公司改制后，董事会决定进行系统的企业新文化建设，成立了由公司多个部门和基层单位，老、中、青年三代中层、基层干部参加的企业文化建设小组，董事长（书记）任组长、总经理任副组长，一个副总经理负责具体工作，企业聘请了一位对行业比较了解的企业文化业内专家担任小组顾问。

首先由顾问对企业进行全面调研，和主要领导、主要部门单独进行交流访谈，协助小组制订企业文化建设工作计划。企业文化建设小组实行分散工作、集中封闭讨论的工作方式，由顾问主持，先后两次集中研究，制订了企业文化体系初稿。小组成员根据初稿，在公司各二级单位分别召开座谈会，征询意见。顾问主持了公司高层的座谈会，最终确定了有广泛群众基础的企业文化理念体系。

小组成员作为企业文化宣讲员，对所有二级单位进行了企业文化培训，新文化得到了员工的一致认同。

从上述三个企业文化建设案例中你获得了什么启示？请结合本章所学内容详细阐述旅游企业文化建设的一般过程。

第八章　旅游文化建设

1. 理解旅游文化建设的意义
2. 理解旅游文化建设的基本原则和需要解决的若干问题
3. 掌握基于旅游主体、旅游介体、旅游客体的旅游文化建设的一般规律

第一节　旅游文化建设的意义

一、旅游文化蕴藏着巨大的经济潜能

世界上许多旅游业发达的国家先后实行了“文化经济”新战略。美国洛杉矶文化旅游负责人罗伯特·巴雷说：“文化旅游大概是美国增长速度最快的旅游项目。因为各个城市发展文化旅游可以获得相当可观的收入。”意大利对文化遗产投入和产出经过全面系统计算，得出的结论是，国家每年对文化性参观旅游业征收的增值税收入是保护费用的 27.5 倍，并能提供就业岗位，带动建筑、商业和交通运输，促进科学文化的发展。他们由此认为文化遗产是该国最丰富的宝藏，其中蕴藏着巨大的经济潜能，是政府永不枯竭的财政来源，应视为战略资源和国家基本生产结构的重要组成部分，决定自 1985 年开始，实行全国“文化经济”新战略，以达到保护文化、宣传自己、经济受益的目的。韩国也积极采取多种措施大力发展文化旅游业，“意欲将文化、旅游培育成 21 世纪的国家战略产业”。改革开放以来，中国旅游业得到了迅猛发展。据统计，1978 年中国国际旅游创汇为 2.63 亿美元，而 1996 年就达到 102 亿美元，提前实现了在 21 世纪末创汇 100 亿美元的目标。之所以有这样大的发展，主要是在发展旅游业的同时，充分挖掘中华民族的悠久历史和深厚的文化底蕴，大力发展旅游文化经济。如首都北京，一直以来被视为全国的政治、文化中心，近年来利用丰富的文化遗产资源发展旅游，已经成为中国旅游经济的中心城市。而其他一些城市，也充分发挥自己鲜明的地方特色，如山东潍坊的“国际风筝会”、曲阜的“孔子文化节”、辽宁大连的“国际服装节”，都是利用文化搭台、经济唱戏，形成了一定的旅游文化经济效益，带动了地区

经济的腾飞，收到了很好的经济效益和社会效益。

二、旅游文化是旅游业的灵魂

马波在《现代旅游文化学》一书中指出，“文化是旅游者的出发点和归结点，是旅游景观吸引力的渊薮，是旅游业的灵魂”。中国旅游业要获得较大的发展，立于世界旅游强国之林，就必须高度重视旅游文化建设，深入挖掘旅游文化的内涵，营造旅游文化氛围，建立一套具有中国特色的旅游文化体系，为旅游业的发展提供服务和指南。旅游文化是中国旅游业不可缺少的文化底蕴和灵魂，是中国旅游业保持中国特色、提高国际竞争力的关键之所在。

三、旅游文化是弘扬中国优秀传统文化的重要手段

旅游文化是中国旅游业保持自身特色的决定因素。人们常说，民族的东西是独特的，文化的流传是久远的。一个国家的旅游业若缺少了自己本民族传统文化的底蕴，便失去了特色，不能反映出本民族独有的精神内涵，也便失去了强大的吸引力。实践表明，举凡旅游业昌盛之国，莫不以旅游文化取胜。奥地利的旅游，几乎都与斯特劳斯等音乐大师紧密关联；巴黎街道的命名，每每蕴涵法兰西民族的历史掌故。

五千年的传统文化是取之不尽、用之不竭的精神食粮。旅游文化也只有在吸收传统的基础上才能生根、发芽、结果。中华文化是旅游文化之根。中国在加强旅游文化建设的过程中，必须重视突出中国文化特有的传统，中国人特有的建筑、园林、雕塑、绘画、民俗风情，中国人特有的思想观念、精神追求、审美追求、道德情操等，只有这样才能具有特色，才能具有吸引力。旅游文化建设必须根植于中国优秀的传统文化之上，永远不能失去中国特色，否则中国的旅游业便失去了耀眼的光芒和无穷的魅力。

让世界了解中国，让各国人民热爱中国，对中国人民，尤其是青少年进行爱国主义教育，是中国旅游业义不容辞的责任和义务。要建设有中国特色的旅游事业，其核心就是要加快旅游文化的发展步伐，把开发重点放在弘扬中国优秀传统文化的基础上。现代旅游者已不满足于走马观花式的一般观赏，而是要深入到旅游的人文环境中，发现旅游文化，通过游览祖国的壮丽河山，欣赏领略祖国的悠久历史和灿烂的文化，让国内游客迸发出爱国主义情感，增强民族自信心和自豪感，让国外游客增加对中国古老文明的了解，传递中国人民的友谊，缩小彼此间的差异。在某种意义上，旅游文化能够为人类创造一个和平的生存空间。

中国的传统文化是今天发展文化旅游的根基。在当代市场经济激烈的商业竞争中，对传统文化的扬弃势在必行，推行普遍的文化复古主义既不必要，也无可能。在旅游文化建设过程中，必须重点把握传统文化精髓，突出中国传统文化特有的文化精神。为此，一个重要任务就是挖掘文化旅游资源的文化内涵，深化旅游与文化结合的力度。

如在开发旅游目的地历史文化资源和建设城市人文景观时，要依托当地历史、民俗、戏剧等丰富的文化资源，挖掘能体现地方传统特色的老字号、老品牌，推出具有传统文化底蕴的文化活动，开发富有地域特色和富有文化内涵的旅游产品。还要深入挖掘人文景点的文化内涵，善于整合这些资源，实现景点静态与动态、教化与娱乐的有机结合。总之，传统文化资源具有无形的资本价值，它的存在对提高当地文化品位，深化当地文化旅游产品的文化内涵，增强旅游目的地的吸引力都具有极大意义。

四、旅游文化是旅游业创建名牌、提高竞争力的法宝

在旅游活动中，旅游者物质方面的需求是较低级的需求，易于满足，而精神文化方面的需求，是一种高级而复杂的需求，很难得到满足，但又影响全局。旅游企业若不能满足旅游者精神文化的需要，便失去了存在的价值。由于文化具有地域性、民族性、传承性等特点，往往为一个国家和地区所独有，很难模仿和复制。因此，在竞争中就减少了可比性，具有独特的地位，易形成强有力的竞争能力，也易于创出自己的特色和品牌效应。品牌是旅游业竞争中的一种无形力量，更是促使旅游业走上可持续发展道路的一种宝贵的文化资源。只有充分挖掘旅游目的地的地方特色和深厚的历史文化底蕴，营造一种特色旅游文化氛围，才能增加对旅游者吸引力，创造更好的经济效益，最终形成具有特色的强有力的竞争力。

由于旅游文化涉及的范围极其广泛，在旅游活动中的地位非常重要，因此，在激烈的国际旅游业竞争中，注重旅游文化建设就显得异常的紧迫和重要。

第二节　旅游文化建设的基本原则和需要解决的若干问题

一、旅游文化建设的基本原则

（一）经济原则

所谓经济原则，就是按照经济规律要求在开发建设中力求投入最少，产出最多，以获得最高的经济效益。经过开发的旅游资源是一种能够满足旅游者综合需要的特殊的旅游商品，它跟一般商品一样具有使用价值和价值的二重性，因而具有经济价值。经济价值的大小又与它所能吸引的游客的多少呈正比。然而，并非具有吸引力的旅游资源都能变成财富，交通不便、设施不全、游客进不来、散不开、出不去的旅游资源，还只是一种潜在旅游资源。只有通过开发和利用，使自然和人文资源成为游客可直接进入实地观赏的旅游景观，才具有经济意义。而开发旅游资源必须投资，产出和投入的比例便是经济效益。资金投入合理与否直接影响经济效益的高低。同时，经济是基

础，文化属于上层建筑，经济基础决定上层建筑。旅游文化是文化的一部分，经济与文化的决定与被决定规律，同样适合于经济与旅游文化的关系。古代经济以自给自足的自然经济为主体，古代旅游文化只能以产品经济为基础；现代经济（包括旅游经济）是一种商品经济，现代旅游文化建设必然以商品经济为基础。中国是社会主义国家，建设现代化旅游文化实质上是建设中国特色的社会主义旅游文化。在大力发展社会主义商品经济的同时，建设以商品经济为基础的现代旅游文化，尤其具有重要的意义。

（二）因地制宜原则

因地制宜原则亦指大众化与民族化。任何一种文化，只有根植于大众之中，方能有永久强大的生命力，往往越是民族的，也就越是世界的，旅游文化更是如此。在古代，旅游文化是一种贵族文化、少数人的文化，在众多文化中，势单力薄，不能充分发挥其应有的积极作用。而今天，大众既是旅游文化的主要创作者，也是旅游文化的主要消费者，建设旅游文化不能不坚持大众化的原则。“只有民族的旅游资源，才是世界的旅游吸引物。”旅游需求多样化，世界文化趋同化，人们对具有地方特色、民族特色的文化也越来越重视，建设有民族特色的旅游文化同样受到特别关注，民族化自然成为旅游文化建设的原则之一。大众化、民族化是中国社会主义文化既定的发展方向，中国旅游文化建设应自觉贯彻这一原则。

（三）市场原则

市场原则是指进行市场调查和预测，准确掌握市场需求和竞争状况，结合资源状况，积极寻求与其相匹配的客源市场，确定目标市场，以市场需求变化为依据，最大限度地满足旅游者的需求。例如，当前旅游需求正在由大众型观光游览向个性化、多样化、参与性强的方向发展，因此旅游资源的开发应增加活动项目品种，设计多样的、参与性强的旅游活动项目，以适应市场的变化趋势。旅游文化的开发不能凭借一股旅游热，要适销对路，具有针对性，要遵循一般商品生产和销售的规律，要针对消费对象的需求特点和购物心理特征来设计开发。只有这样才能使需求量不断地大幅度增长，否则即使旅游文化资源已开发开放，市场也有所了解，游客数量也不会乐观。

（四）开放原则

开放原则，即文化的发展离不开借鉴、继承和创新，实质上就是遵循文化发展的客观规律。历史已经证明，旅游文化本身是个开放系统，任何一个民族、一个地区的旅游文化，既有外来旅游文化的成分，又有传统旅游文化的血统，更有时代精神。旅游文化建设不坚持借鉴、继承和创新的原则，必然会影响旅游文化的健康持续发展。当然，借鉴要根据各自的实际情况，有选择地借鉴、有批判地继承、科学地创新，早日建设成一种有中国特色的、开放的、面向世界的旅游文化。

（五）永续原则

永续原则即可持续发展。可持续发展就是要求旅游文化的开发建设与当地自然环境相适应，有利于环境保护和生态平衡，避免建设性破坏和破坏性的建设，这是自然规律的客观要求，是旅游业发展的“保护神”。开发旅游资源，建设新的旅游点，要求做到“一锄不挖、一草不拔”是不可能的。开发旅游文化却是为了美化自然，美化环境，使之更好地为人类服务，包括为外来的旅游者和旅游地居民服务。因此，不能只片面追求旅游企业一时的经济效益，而无视对自然环境和生态平衡的破坏。实际上，旅游地生态环境的破坏，不但给旅游地人民带来祸害，同时也会削弱旅游吸引力，影响旅游业的长远利益和发展。中国有着重视保护资源的优良传统，早在两千多年前的孟子就曾提出不违农时，以保证农作物自然生长，不用密网捕捞小鱼，不滥砍乱伐山林，以免破坏生态平衡等有关资源保护的思想。在旅游文化开发过程中出现的破坏主要是建设性破坏和破坏性建设，具体表现为对旅游资源的破坏和对生态环境的破坏，最后导致生态平衡破坏。如对古寺庙里的菩萨和建筑“整修一新”，而不是“修旧如故”；施工建设毁坏古树名木，而不采取“建筑物让树”的办法；在古建筑楠木柱子上涂油漆等。这些现象的出现，都是因缺乏相关知识，没有注意遵循保护原则而造成的。

更重要的是对当地具有特色的本土文化的保存、维护与发展。因为任何一个旅游地的可持续发展都有赖于与本土文化的和谐发展。然而，任何一个旅游地都不是真空存在的，对外来事物的新鲜感和好奇心是每一个民族都有的。偏僻地区的人们向往流光溢彩的都市生活，而喧嚣城市中的人们又渴望乡村悠然自得的环境，这是无法改变的心理趋向，即使是生活在旅游区中的居民也同样享有改变生活的权利。旅游业对接待地的社会影响也是不可避免的。外界生活方式的注入，往往就会改变当地的文化，尤其是相对落后和封闭的文化，更容易遭到破坏甚至毁灭。旅游地社会文化的变异就会影响到旅游地的生命周期。所以，旅游地在开发过程当中，对外来文化的取舍应深思熟虑，对本土文化则要精心呵护。要注意文化调适，既考虑到当地的文化均衡和居民文化心态的变化，又要缓和由于旅游发展导致的本土文化与异域文化的矛盾或同化。特别是“同化”，最容易引起本土文化的“褪色”，从而使之失去特色，也就失去了生命力。因为自然淳朴才是永恒的，民族的才是世界的。那种忽视对本土旅游文化内涵的开发，一味引进外来文化的急功近利的做法，是短期行为，必然阻碍旅游的可持续发展。这种现象在国内国外都有例可鉴。如神秘清纯的泸沽湖纳西族人的风俗民情在庸俗文化的冲击下，已被破坏得黯然失色；新加坡的旅游业不可谓不发达，但在一段时间曾出现游客锐减的问题，其主要原因就是“日渐成为西方城市的翻版，而失去了许多自己的亚洲的特色。”现在国内很多地方的旅游开发在重复趋同化、现代化、城市化的低级错误，只为一时的经济目的，而忽视旅游地的精神表现，任由特色旅游产品“文化褪色”，失去了可持续发展的能力。

旅游业的可持续发展不仅仅是对当地自然景观的合理开发利用，更是对当地历史人文景观以及当地特色文化的保存、维护与发展。

二、旅游文化建设需要解决的若干问题

旅游文化建设是一项社会系统工程。在一定意义上讲，旅游文化建设过程也是旅游文化产业的开发、建设过程，在实践中要注意抓好以下几项工作。

（一）做好规划工作

旅游规划需要具有自己的文化特色，根据自己的特色合理规划，而不是一味地跟、撵、攀、比。如现代城市的发展应该根据自己的历史、文化、经济状况、地理环境、发展方向等，建设有特色文化的城市，否则千篇一律，不会给游客留下一点特殊印象，这是城市建设的失败，这也就对旅游者失去了吸引力，更谈不上什么经济效益。当然，城市个性文化的形成是由多方面构成的。如城市的外观，这些年来，一些城市建筑外墙的装饰是“没钱的用马赛克，有钱的用玻璃幕墙”，走到哪个城市都是一样。因此，要发展旅游文化就需要遵从各地的历史文化传统和地方特色，统一规划，合理布局，按照科学性、整体性、系统性的要求，在充分调查研究、深入分析论证、合理利用资源的基础上，制订旅游文化建设的目标，纳入经济社会发展计划并有序地进行开发建设，从而创设出旅游目的地的传统与现代文化相互交融的地方特色旅游文化。

（二）加大对旅游文化建设项目的投入

旅游是物质生活与精神文化生活的结合，科技越进步，经济越发展，生活水平越提高，旅游需求越旺盛，同时由于旅游业综合效益好、关联带动效应强，应加大旅游文化建设项目的投入，使资源优势转变为产品优势。要像抓技术改造、技术创新那样抓旅游景观、文化设施建设，培育新的经济增长点。要引导社会资金、吸引外资，投资旅游文化娱乐设施建设，采取“谁投资、谁受益”的办法，调动全社会办旅游、增加旅游文化建设投入的积极性，建立滚动发展、良性循环的投资机制。

（三）深化旅游管理体制改革

建立健全旅游文化建设机制，并对旅游文化建设实行必要的政策优惠，扶植、支持旅游文化事业的顺利发展，把旅游文化产业推向市场。

（四）加强对旅游文化产业的管理

无规矩无以成方圆，尽管有的学者认为未来企业文化建设的一大趋势是“服务管理上的‘条规约束’向‘凝聚协调’转化”，但就目前中国旅游业的现状来看，要走向国际化、规范化，仍必须加强管理，要逐步建立起一整套有利于旅游业发展的文化制度、法律制度、政策导向等规范化体系。可适当出台相关法规，对于不利于旅游业发展、影响旅游业形象的不法行为严厉打击，对导游、服务员、旅游经营管理者，甚至普通的公民，都提出一定的规范化的要求，努力营造一种“依法治旅、依法兴旅”的氛围，使中国旅游业走上健康发展的道路。要努力创造有利于旅游文化精品开发、生成的良好环境，使优秀的积极奋发向上的文化产品主导旅游市场。

同时考虑到“旅游业是一个跨部门多，牵涉面广，受制约因素多的产业，旅游部门又是一个求人多，管理‘硬手段’少的部门，旅游业的管理长期处于一种既无‘权力’又无‘法力’，进退两难的境地”这一现实情况，可以考虑成立一个类似综合治理的机构来调动平衡各相关部门之间的关系，使旅游业的发展能处在有一个良好的法制环境的同时，有一个强有力的协调管理机构，加大管理力度。加强旅游文化产业政策法规建设，规范、指导、协调旅游化产业管理，理顺旅游文化建设项目、开发区、度假区、景点的审批立项制度，搞好宏观调控。还要依法分类、分层次地加强文化市场管理，在大开放、大引进、大发展的实践中，大胆学习借鉴人类社会一切优秀的文明成果，做到“学好不学坏，排污不排外”，坚持“扫黄打非”，清除渗入旅游文化市场的精神垃圾，保证旅游文化建设健康发展。

第三节　基于旅游主体、旅游介体、旅游客体的旅游文化建设

一、旅游主体文化的建设

旅游主体文化即旅游者的文化修养。旅游主体文化的建设，主要在于主体自我意识的觉醒，它是主客观条件相互作用的结果，因此，旅游主体文化建设不但是旅游者的责任，也是全社会的责任。

（一）加强旅游主体的文化修养

旅游主体的文化修养是决定旅游质量、旅游规模等重要因素之一，文化程度较高的地区，旅游也较发达，反之则相反。旅游主体文化修养较高，对旅游的理解则较深刻，旅游地得到的收获也较丰富；旅游主体文化修养较低，则往往走马观花，浅尝辄止，也容易放任自己的不道德、不文明行为。毕竟，旅游是集娱乐、审美、求知、交往于一体的综合性文化活动，没有一定的文化修养，旅游经历难达完美。加强旅游主体的文化修养包括丰富旅游者的自然知识、人文知识和社会知识，一方面有待于基础教育的发展，另一方面也有赖于旅游业的帮助、引导。在基础教育方面，政府和社会应继续加大基础教育包括旅游教育的普及力度，为潜在旅游者提供旅游所必需的文化知识；在旅游业方面，旅游业者应把提高旅游者文化修养当做自己义不容辞的责任，不失时机地为旅游者提供文化含量较高的产品和服务。当然，作为旅游者也应该积极主动地求知于课堂，求知于社会，求知于旅游。

（二）提高旅游主体的鉴赏能力

旅游如同文艺鉴赏，也是一种再创作。许多人把旅游的本质归结为审美，殆非虚言。旅游者总是凭着自己的生活经历和知识积存去欣赏客观景物，其鉴赏能力的高低，同样决定旅游质量的优劣。同是一只远古陶碗，在鉴赏能力低下者看来不过是一个粗

糙的餐具，索然无趣，而在鉴赏能力较高者看来却是一件难得的艺术品，弥足珍贵。旅游者来自不同的国家、地区和民族，他们的职业、年龄、价值观念、文化修养等千差万别，提高他们的旅游鉴赏能力是一个艰巨的任务。首先，提高旅游者审美感知力，使进入视野的外在景观形式，通过感知的自动筛选，与自己的某种情感结构联系起来，在以物抒情或寄情于物的心理活动中得到特殊的审美体验。审美感知力的提高并非易事，仅依靠苦思冥想是不行的，只有积极投身于广泛的审美活动之中，仔细观察对象特有的生命形式和情理结构才有可能达到。其次，丰富旅游者审美想象力，使旅游者从似无生机或平淡无奇的对象中幻化出生动的生命形象或妙不可言的神话境界，主要应当注意其内在感情的培养。最后，提高旅游者审美理解力，使旅游者在感觉的基础上把握对象的意味或内涵。提高旅游者的审美理解力通常有两种途径，一是靠学习积累，二是靠直观体验。

（三）更新旅游主体的旅游观念

所谓更新旅游观念，是指适应社会发展要求，顺乎时代潮流，对旧的旅游观念体系进行自我更新，从而实现旅游观念体系的变革。首先，大力开展旅游宣传，充分肯定旅游的价值，赋予旅游以新的内涵，让“旅游是现代大众生活方式”的观念深入人心，让“旅游主要是游玩”的观念升华为“旅游主要是理解”。其次，引导参加新式旅游，让“生态旅游”、“绿色旅游”等新式旅游普及大众，让旅游者在新式旅游中更新旅游观念。最后，继承优秀旅游文化传统，让“适度旅游”、“问难天地，求知山水”等优秀旅游文化传统为新的旅游观念提供营养。

二、旅游介体文化的建设

旅游介体文化一般是指旅游业文化。但严格地说，旅游业文化并非全是旅游介体文化。因为除了为旅游者提供的服务外，旅游业本身大多并非真正意义上的旅游介体。因此，这里讲的旅游介体文化主要是指旅游服务文化。旅游服务文化是以提高服务质量为核心的。

（一）优化旅游服务理念

旅游服务理念是旅游服务文化的灵魂和标志，它根植于旅游业的价值观念和经营哲学之中。目前，旅游学界和旅游行业已经提出了许多旅游服务理念，如“顾客就是上帝”、“客人总是对的”、“微笑服务”等。这些理念的提出，对提高我国旅游业服务水平曾起到一定的积极作用。但是，由于自身的弱点和不足，这些理念往往流于形式，有的甚至仅仅成为一种时髦。因此，对现有的旅游服务理念有必要进行优化更新：一要有科学性，理念的科学与否决定行为的正确与否，旅游服务理念的选择要有科学的态度、科学的方法，不能头脑发热，随心所欲；二要有独特性，不同旅游服务部门有不同服务特点，旅游服务理念的设计要反映本部门的个性，照搬、模仿不利于突出自

己的形象；三要有可行性，旅游服务理念既要为旅游服务人员所认同，又要为旅游服务对象所接受，一味卑主尊客，主人感到委屈，客人感到虚假，最后很难贯彻下去；四要有稳定性，旅游服务理念一经确定，应在较长时期内保持一致，朝令夕改，无法渗透到员工的服务意识之中；五要有思想性，旅游服务理念是理智思考的结晶，是旅游业经营哲学、价值观念的具体体现，深刻而富于哲理必将令人回味无穷，平淡而流于媚俗则徒然示人浅薄。

（二）规范旅游服务行为

旅游服务行为是旅游服务理念的外化，在主客交往中，客人需求的满足在绝大程度上取决于旅游服务行为，规范旅游服务行为无疑是建设旅游介体文化的重要一环。规范旅游服务行为首先要制定完备的旅游服务规范、旅游工作规章，它是旅游服务人员工作的依据。一般地说，旅游业不可能完全满足旅游者提出的任何要求，旅游服务人员只能在不违背服务规范和工作规章制度的前提下最大限度地让客人满意。其次是制定严格的检查制度，它可以保证旅游服务规范和工作章程的切实执行。最后是不断培训教育旅游业员工，特别是一线服务人员，不但要强化规章制度，还必须有过硬的服务本领。

（三）树立旅游服务标兵

旅游服务标兵是旅游服务理念的践行者，是旅游服务行为的示范者，在旅游服务文化方面具有榜样、聚合、导向、调节和融合的作用。建设旅游服务文化，必须树立一定数量的旅游服务标兵，而且要注意从基层中发现、培养、造就不同侧面的旅游服务标兵，这样，会使员工产生认同感和亲切感，对旅游服务文化塑造起到不可或缺的作用。

此外，建设旅游服务文化不能不重视“维持因素”。“维持因素”是美国著名心理学家赫茨伯格提出的重要概念，特指那些处理不当会造成职工不满、处理得当会消除职工不满的所谓“非激励因素”，如企业政策和行政管理，企业人际关系和工作安全性，职工的薪水和工作条件，职工的生活和地位等，又称“保健因素”。就旅游服务积极性而言，“维持因素”即使没有激励作用，至少也有制约作用。

三、旅游客体文化的建设

旅游客体文化即旅游资源文化。由于旅游客体文化是旅游者、旅游业、旅游地居民等共同创造而独立存在的精神客体，旅游客体文化的建设理应由旅游者、旅游业、旅游地居民共同参与。其中，旅游业的责任尤其重大。

（一）赋予自然客体以文化意味

自然客体是天然形成的，本无文化可言，但正是它的天然禀赋，才使自然客体拥有人文客体所不具备的独特魅力。

从这个意义上讲，自然性是自然客体独特魅力的根本所在，削弱它的自然性，也就意味着削弱它的独特吸引力，似乎不应给它施加任何文化色彩。但是，作为旅游对象，自然客体的吸引力程度又不完全取决于客体本身，还要受到人们审美情趣的影响，自然客体越符合人的审美情趣，其吸引力也就越强。要想既保持自然客体的天然魅力，又赋予它以文化意味，关键在于把握好“度”的问题。在保持自然客体天然魅力的前提下适当赋予它以文化意味，这是根本原则。在这个原则下，通常的做法是：主题命名略做修饰，即根据自然客体的特征、意境、氛围和人类的寄托，为自然景观或景区起个漂亮的名字。自然客体原本无名或有名而不雅，通过主题命名，既揭示了自然客体的主题形象，又给人以深刻印象；既保持了其天然本性，又增加其天然魅力。

（二）挖掘人文客体的文化内涵

人文客体是人类文明的载体，它的文化内涵与生俱来。人文客体的文化内涵是其吸引力的根本所在。挖掘人文客体的文化内涵是一项系统、复杂的工程，要有计划、分步骤地进行。首先，在调查研究的基础上，对已决定开发的客体文化资源进行有选择的挖掘，糟粕部分让它继续尘封，精华部分让它重见天日。其次，对于选择挖掘的文化内涵，要尊重历史、忠于事实，尽量恢复其本来面目，不可随意改变，追加成分过多，就会形同伪造。最后，要坚持整理保护，所挖掘的文化内涵由于筛选等原因难免有些零乱，不整理不便利用。有的挖掘成果珍稀而且脆弱，不保护则前功尽弃。

（三）合理利用旅游客体的文化资源

旅游客体文化的赋予和挖掘，其目的是利用，也就是使它能够满足人们的需要，这种需要既包括旅游者、旅游业的需要，也包括当地居民的需要；既包括当代人的需要，也包括后代人的需要。目前，对旅游客体文化资源不当利用的现象随处可见，问题日益严重，如何合理利用旅游客体的文化资源，已成为旅游客体文化建设的重大课题并受到全社会的关注。合理利用旅游客体文化资源应坚持两条原则：第一，重义兼利，在旅游客体文化资源的利用过程中，应优先考虑它的社会、文化、环境效益，兼顾经济效益，该用于公益事业的，坚决利用；不害于社会、文化及环境健康发展而用于赢利目的的，鼓励利用；不利于社会、文化及环境健康发展而用于赢利目的的，必须禁止。第二，永续利用，旅游客体文化资源是人类及其子孙的共同财富，在利用过程中，既要满足当代人的需求，又必须考虑后代人的需求，当代人不应成为旅游客体文化资源的唯一享用者。

认真研究我国旅游资源的优势、特色及应有的文化内涵，营造旅游文化氛围，突出旅游文化特色，提高旅游价值，使中国的旅游资源既风格独具又异彩纷呈。更要准确、迅速地了解和把握国内外旅游业的最新动态和发展趋势；深刻、系统地研究国内外旅游业发展的历史与现状，总结其成功的经验和失败的教训，取长补短，使中国的旅游业能在激烈的国际竞争中找准自己的位置和努力方向，知己知彼，立于不败之地。

总之，突出“人”的主体地位、呈现“传统”特色、体现“新”的特色、强化“管”的特色，并加强科学研究，应是中国发展旅游业过程中加强旅游文化建设应有的举措和努力方向。进入新的世纪，人们将会因科学技术的迅猛发展而更易于“贴近”和“交流”。同时，由于世界经济持续发展及全球经济一体化的趋势，文化价值更加深刻地影响着各国人们的生产和消费，尤其是旅游产品的生产与消费。旅游文化是旅游业的精髓和灵魂，中国旅游业只有拥有旅游文化这一深厚的底蕴，才能富有特色，富有青春和朝气，走上可持续发展的道路，显示出强大的竞争力。

1. 简述旅游文化建设的意义。
2. 简述旅游文化建设的基本原则和需要解决的若干问题。
3. 简述基于旅游主体、旅游介体、旅游客体的旅游文化建设的一般规律。
4. 为什么要提出旅游可持续发展战略?
5. 为了保证旅游可持续发展，接待地在文化调适上应该注意哪些问题?

从办文化到经营文化

——寺山佛文化旅游区打造模式

寺山佛文化旅游区位于河南省南阳市西峡县城西，旅游区与西峡县城隔鹳河相望。通过编制寺山佛文化旅游区旅游发展总体规划，形成佛教文化旅游区开发的新思路。

一、资源分析

寺山佛文化旅游区属寺山国家森林公园的一部分，山清水秀、环境清幽，生态资源丰富。寺山佛文化旅游区的自然人文景观类型丰富，高品位景点多，以燃灯佛文化为代表的独特地域文化是未来开发的人文核心，寺山国家级森林公园构成了寺山佛文化旅游区的主要自然背景。

二、景区定位

寺山佛文化旅游区的发展定位：依托寺山国家森林公园、鹳河的生态优势，以燃灯寺为核心，整合鹳河、温泉、峡谷、燃灯塔寺、元好问文化及地域文化等各类资源，大力挖掘和演绎燃灯佛文化，将景区打造成集佛教朝觐、佛文化体验、养生休闲、会议度假、康体健身、生态旅游、地域文化旅游等功能于一体的、国内外知名的佛文化生态旅游区。

三、景区结构

寺山佛文化旅游区的开发模式：将寺山四沟与河西板块在内的西峡河西区域整体划分为“一带一廊串六区、六境控全局”的空间结构。

鹳河是本项目重要的外部环境，是滨水商业开发、水上夜游、水上实景演出的重要载体，是寺山佛文化旅游区空间结构分划的“一带”。因此以水为主线，串联六大功能区，使寺山佛文化旅游区自成一体。

寺山山脚处原为古丝绸之路的要道。燃灯寺夜内“宝灯”照彻山上山下，两千年来一直为夜行人指路。在开发的过程中要深度挖掘历史积淀，通过场景的营造，文化的展示，再现过去辉煌的历史，打造一条集丝路历史文化和佛灯文化体验于一体的文化景观廊道。

“六区”包括综合服务休闲区、寺山燃灯佛文化苑、太阳沟禅境温泉养生谷、张连沟餐饮会议基地、西峡生态低碳社区、生态保育区。

六境控全局。即繁华西峡——入世境：打造一个由现代向古代过渡、古文化意境与现代业态相融合的入世境，让游客穿越时空、体验寺山的历史文化；自在鹳河——悠游境：将鹳河打造成“水景优美、灯景缤纷、舟行船往、活动丰富、悠哉游哉”的水上风情游憩带，让游客享受优美河景，体验西峡自然风光和人文风情；燃灯佛国——震撼境：以燃灯寺为核心、寺沟和立石沟为拓展空间内，打造以燃灯佛为主题的独一无二、宏伟震撼的燃灯佛国；和乐张连——得乐境：打造一条“众乐乐”的和乐之沟；禅意温泉——涤心境：主要功能为佛教养生文化体验，将太阳沟打造为佛文化主题的温泉休闲养生度假秘境；度假绿岛——惜福境：以“天人合一”、“师法自然”、“人与自然和谐共处”为理念，建设低碳环保社区。

四、产品体系

以佛教文化体验为主题，以康体养生、生态观光、商业娱乐、商务会议、度假房产、古迹旅游等为多元支撑的产品体系。

1. 佛教旅游产品

面向佛教信众，开发燃灯佛朝觐，佛教修行，请供燃灯、佛像，法事活动等佛教朝觐旅游产品；面向大众游客，开发佛寺观光、素斋体验、佛艺欣赏、祈福、佛教节事等佛教文化体验旅游产品。

2. 多元支撑产品

面向中高端游客，开发养生康体产品；面向大众游客，开发生态观光产品；以鹳河文化休闲街、豫风美食街、主题景区各商铺为依托，通过各类特色店铺和小商品，构建以滨水商业、购物娱乐、特色餐饮为主体的商业娱乐产品；面向区域商务、政务市场，开发以“山林野风”会议度假酒店为代表的会议接待产品；面向区域中高端市场，以低碳经济和城市森林为概念，开发低碳度假房产、社区食疗、社区医护、社区

康体等产品；依托自驾车森林营地开发自驾旅游产品，依托“双飞客”主题乐园、“松林竹海”游憩园开发主题娱乐旅游产品等。

3. 节庆节事产品

重大法会：燃灯寺佛塔万尊佛像请供暨燃灯大法会、燃灯佛诞庙会；

日常活动：燃灯佛传灯法会、燃灯佛慈善法会、佛教印经、传统节日佛文化活动。

五、市场运营

寺山佛文化旅游区必须瞄准目标市场，实现多渠道、多层次营销，确立品牌化营销的理念，有效合理的运用营销策略，尽可能用最小成本获得最大的收益。

1. 品牌营销。以“至尊燃灯，万佛之宗”为主题，举办规模宏大、内容丰富、震撼力强的大型佛教节庆节事，建立特色品牌。

2. 名寺联合捆绑营销。在营销过程中，树立旅游共荣的营销理念，主动联合包括少林寺在内的省内外知名古寺，捆绑营销。

3. 尖刀营销。细分市场，抓住核心人群，聚焦营销。通过活动邀请、邮件直销、组团优惠、奖励旅游等方式，向目标人群，实施品牌直销。通过特色化、针对性强的营销活动，聚集人气，注重服务细节，建立良好的口碑，以实现目标群体的持续扩大。

4. 立体营销。构建多渠道、多层次的营销网络，信息时代要求营销手段的现代化、多样化，通过网络、主流媒体、节事活动、论坛举办、渠道扩张、景区旅游等方式，构建立体网络式的营销体系。

根据上述内容，分析旅游文化建设应当采用哪些基本举措？

第九章　旅游文化学的热点及发展趋势

1. 掌握旅游文化学的重点
2. 理解学术界对当前旅游文化学的评介与反思
3. 了解中国旅游文化未来的发展方向

第一节　旅游文化学的热点问题

对于国内外学术界对旅游文化体验的研究现状，在第一章中已进行了详细的介绍。相对于西方国家起步于20世纪30年代的旅游文化体验，起步于20世纪末期的中国旅游文化体验大概要近半个世纪的时间。就旅游文化在中国国内的研究状况来看，旅游文化作为一个专业概念出现的时间大概是在1984年。此后，来自不同学科背景的研究者们关于旅游文化的零星论述陆续出现在国内各类报刊杂志之中，部分文化学的论著也初步涉及了旅游文化的基本问题。然而，这个时段的旅游文化学从总体来看表现的比较零散，这便足以证明旅游文化学在此阶段并没有引起旅游学界和旅游企业界的足够重视。

进入20世纪90年代以后，随着旅游业的迅猛发展，人们对于旅游活动规律的认识水平逐步提高，在大量的经验教训面前，人们充分意识到了旅游文化的重要特性。在此旅游实践发展的基础上，中国的旅游文化学也随之发生了明显的改观，旅游文化开始作为旅游学研究领域中的一个特殊研究领域开始受到学界的重视，学界开始着手从各个角度、不同侧面对旅游现象进行的广泛研究。国内学术界对旅游文化的研究更是呈现出了前所未有的繁荣。在这一时期当中，旅游文化之研究成果也不再限于学科理论专著，具体的理论研究开始在各种专门研究刊物中出现，国内的几本旅游学术刊物都辟有旅游文化学栏目。

自20世纪90年代中期起，中国国内旅游研究刊物先后刊登了近十篇关于旅游文化学的综述性研究，这些综述研究有的详细分析了国内外旅游文化学术研究历史，有的则选取一定的研究时段，对该时段的研究成果进行综述性分析，还有的学术研究从

旅游研究的不同分支视角对其进行了研究现状的分析，并在此基础上对旅游文化学的研究趋势进行了展望。在如上文献综述的基础上，再次对现今中国国内旅游文化学学术界进行深入分析，然而，现今国内学术界对旅游文化学中最为关注的有如下几个热点问题。

一、关于旅游文化基础理论之争

（一）旅游文化定义之争

界定“旅游文化”是进行实质性旅游文化学研究的第一步，从 20 世纪 80 年代后期起，就不少学者在论著或论文中试图对旅游文化加以界说。

窦石认为，旅游文化是一个金字塔结构的文化体系。其“主体应当是鲜明地反映了旅游经济和旅游活动的特殊需要部分”。除主体外，旅游文化还有广泛的部分，它表现在一般社会文化素养的普遍提高及其与旅游活动和旅游服务体系相交错的瞬间，杨时进在其由中国旅游出版社 1987 年出版的专著《旅游述略》中对这一见解作了进一步完善。原国家旅游局旅游规划司司长魏小安则认为，旅游文化是通过旅游这一特殊的生活方式，满足旅游者求新、求知、求乐、求美的欲望，由此形成的综合性现代文化现象。晏亚仙、陈辽、喻学才、贾祥春、王德刚、谢春山也都从各自的学科背景出发对旅游文化进行了一番阐述，详见下表所示。

旅游文化的内涵与外延表

学者	关于旅游文化是什么的主要观点
晏亚仙	旅游文化，是根据发展旅游事业的规划和旅游基地的建设，以自然景观（名山、名水、名城、名景）和文化设施为依托，以包括历史文化、革命文化和社会主义精神文明为内容，以文学、艺术、游乐、展览和科研等多种活动形式为手段，为国内外广大旅游者服务的一种特定的综合性事业
陈辽	旅游文化是人类过去和现在所创造的与旅游有关的物质财富和精神财富的总和
喻学才	所谓旅游文化，指旅游主体和旅游客体之间各种关系的总和
贾祥春	旅游文化是一种全新的文化形态，是环绕旅游活动有机形成的物质文明和精神文明的总和
王德刚	旅游文化是以旅游活动为核心而形成的文化现象和文化关系的总和
谢春山	旅游文化是传统文化和旅游科学相结合而产生的一种全新的文化形态

肖洪根先生则在其《国内外旅游文化学》一文中针对上述各种阐述作了详细分析：

第一，旅游文化的特点主要是为了把握旅游文化的本质，充分发挥其作用，在研究旅游文化特点时，必须一切从国情出发，密切关注中国政治、经济、文化和旅游发展的总方针、总政策；

第二，作为旅游内容之一的文化（含目的地文化和行业文化）即是旅游文化；

第三，旅游文化是人类创造的，与旅游有关的物质财富和精神财富的总和。

不管是“总和论”也好，“新文化形态”也罢，对于旅游文化的内涵与外延的归纳与概括与旅游文化学这一研究领域如影随形。尽管旅游文化学在中国已经发展了近 30 年时间，对于旅游文化的具体指向，到目前为止，学术界仍然没有一个基本共识，旅游文化的基本内涵与外延一直都是旅游文化学的重中之重，在未来的研究中，这一问题仍然将会是旅游文化学学界研究者们争论的焦点问题。

（二）旅游文化学科的地位之争

当旅游文化学的深度和广度到达一定程度之后，与其他学科一样，必然面临的一个问题是在具体的学科建设中它将处于什么地位。随着旅游文化学科的兴起，从 20 世纪 90 年代中后期起，便出现了专门讨论“旅游文化学”在整个旅游学学科体系中的学科地位的论文。1991 年《上海大学学报》第 4 期上刊发了唐友波、徐吉、郭青生、高蒙河的《旅游文化学发凡》。该文虽然主要从文化学的角度来讨论旅游，但他们已经意识到旅游文化是一种“从本质的高度对旅游进行综合研究，进行宏观的规律性的研究”的学科。据刘垣生《文化——旅游的灵魂——第二届旅游文化学术研讨会侧记》介绍，会上代表们也曾对旅游文化学科的建立问题进行了讨论。1995 年《旅游科学》第 2 期刊发了东南大学毛桃青的《旅游文化应有自己的学科地位》一文。该文明确提出建立“旅游文化”学科的必要性。作者认为无论是对旅游业健康发展，还是从学科分类的角度上都应设立旅游文化学科。较之 20 世纪 80 年代的寂寞无声，这对于旅游文化学而言无疑算是一个巨大的进步。因为，它的出现标志着高等旅游教育已经敏锐地感觉到了旅游业对旅游文化的呼声，也从学科建设角度显示了旅游文化在旅游学中的重要地位。

与上述学者急于赋予旅游文化学以学科地位不同的是，郭栩东、傅吉新两位学者在其《基于旅游文化是一种概念的理解》一文中并不认为旅游文化学能够形成一门独立的学科，而应该被看成一种概念。他们在论文的摘要部分开篇明义：“对旅游文化含义进行了阐述，认为旅游文化其实是一种概念而不是一种现实。它是过去发展起来的一种思想，并且与旅游目的地的政治文化密切结合的一种表现形式。作为一个概念，旅游文化不断地体现一种矛盾：一方面，它吸纳了一种均质化的政治议程，它暗示生活在一个特定旅游地场的人以相同的总体方式活动，并为一个群体划出界限来确定该群体的身份；另一方面，如果一个人仔细观察被描述的行为模式，将会发现这些模式并非真的可以划出界限。因此，对旅游文化是一种概念的理解应侧重于，作为一种继承，旅游文化可视为从过去保留下来的文化遗产；作为一种选择，旅游文化可以被视为一种接受和妥善处理变化的创造性力量。”在论文主体部分，他们对于这个提法作了

进一步的阐述："尽管事实上人们说旅游文化是'真实的'，确实'在那里'存在的，但实际上它却是一种知识观念，用以表达一系列复杂的人类行为、思想、感情和人工制品。学者们提出这一点已经几十年了。人类学家洛伊（Lowie）在1937年写道'文化不变的是一种为方便之目的而分离出来的人造单元'。克罗伯（Kroeber）在1945年作了类似的断言。人类学家格尔茨认为'描述一种文化……尤其在描述旅游过程中，并非陈列某种古怪的事物……而是尽力引诱某处的某人来看某些事物，如我被旅行亲眼所见和对话所引诱而看它们那样'，与其陷入对什么是、什么不是旅游文化的争论和寻找一种（或多种）本质含义，也许不如聪明地采取实际的观点来问一问：当提及旅游文化时，倾向于表达什么具体问题。"继旅游文化的基本概念之后，学界对于旅游文化学是否能够作为一门学科存在的争论将是旅游文化学领域中的又一重大争议焦点。

（三）旅游文化在旅游业中的作用之争

1985年，上海旅游学会率先开展了旅游文化的研讨活动。代表们指出，从旅游业的特殊性来看，旅游经济结构的综合性、时间和空间的延伸性、形体景观的趣味性和活动内容的启示性，及其满足五湖四海游客文化需求多样化的客观规律性，迫使旅游业必须有适合自身发展需要的文化形态。1987年9月，由湖北省青年旅游研究会组织召开的首届中国旅游学学术讨论会也进行了这方面的研讨活动。代表们普遍认为，发展旅游事业不接受旅游文化的指导是不可思议的。由于旅游从业人员缺乏对旅游文化特性的了解，因此在旅游服务中出现了许多完全可以避免的失误。加强旅游文化学研究，无疑是对现有旅游资源进行深层开发的前提。同年10月，在佛教圣地九华山召开的首届中国山水旅游文学讨论会上，与会代表也讨论了这个问题。专家们认为，文化界有义务研究国内旅游文化和域外旅游文化，为旅游从业人员提供精神食粮。

20世纪90年代以来，很多学者都指出了旅游文化的重要地位和作用，概括起来为：

1. 旅游文化是旅游业的灵魂和支柱

对于这一点，谢春山指出，文化是旅游的本质特征，是国际旅游名城的主要标志之一，其蕴藏着巨大的经济潜能，而且是提高人的素质、提高管理水平的关键，旅游业提高竞争力的法宝。费振家认为旅游者和旅游资源都是一定社会文化背景的产物，旅游设施和旅游服务也是一定社会文化环境的反映，并强调重视旅游文化营销。罕华兴也提出旅游文化是旅游业发展的内在动力。于邦成、陈晓辉也指出旅游活动本质上是一种文化活动，发展旅游业必须加强旅游文化建设。晏性枝也指出文化是旅游的内质（特质），是旅游的高级形式和精神享受，发展旅游业要树立大文化观。

2. 旅游文化是旅游可持续发展的源泉

黄佛君、金海龙、许豫东提出在旅游活动中旅游文化是首先要考虑的因素，旅游活动的过程是"从经济中进去，从文化中出来"的过程，旅游开发的价值最终是体现文化的经济价值，可持续旅游业要求生态文化作为发展支撑，旅游文化的可持续成为可持续旅游业的基础。赵文红也提出旅游文化是旅游活动的内涵，旅游文化的载体是旅游资源，而旅游资源又是可持续发展的基础，因此，旅游文化是旅游可持续发展的源泉。

3. 旅游文化应该确立自己的学科地位，应从学术外围走向学术中心

对此，东南大学的毛桃青等人早在1996年就呼吁，“旅游经济”的小袍子已经裹不住日渐突出的旅游文化的躯体了，并提出要规范旅游专业目录。

4. 旅游文化是旅游资源开发的重要内容

陈荣富认为，人文旅游资源在旅游资源的构成上占有极为重要的地位，即使是自然旅游资源的开发，也离不开从文化的角度进行设计和挖掘。

5. 旅游文化与经济的关系

很多学者都突出了旅游文化的地位，如秦永红认为文化乃旅游业发展新的经济增长点，即使在激烈的市场竞争条件下，也必须以发展旅游文化为本，走文化型旅游经济发展的道路。

二、关于旅游文化建设及应用的思考

（一）关于旅游宗教文化建设及应用的研究

宗教是一种普遍的社会历史现象。据统计，全世界宗教徒占总人口的3/5以上。中国从来没有陷入宗教极端主义的狂热中，而是以博大的胸怀兼容了许多外来文化，始终没有被宗教化。杨文棋认为，宗教与旅游文化的关系是相辅相成、共同发展的。秦永红提出，宗教与旅游通过文化相连，两者既相互独立又相互融合；宗教文化的交流与传播途径之一是通过旅游得以实现的，同时宗教文化又伴随着市场经济的进程日益成为旅游业的重要组成部分，形成了专项旅游宗教文化之旅。朱桂凤提出，在新的环境下，作为特殊的旅游文化资源之一的佛教旅游已不仅仅是佛教信徒以朝觐为目的进行佛教文化传播的方式，而更多的是人们在旅游中将其作为一种人文景观加以追求和欣赏。王亚欣提出，藏传佛教文化是藏区的文化特色和优势资源，是以旅游业促进藏区社会、经济、文化发展的重要物质基础。可以看出，旅游与宗教有着密切的关系，宗教文化已经成为中国人文旅游资源的重要组成部分。

（二）关于旅游饮食文化建设及应用的研究

民以食为天。人类的饮食生活是一定历史阶段文明基准与文化风貌的综合反映。如马晓京提出，中国清真饮食文化的旅游价值主要表现在它的食用性实用价值和通过清真饮食文化的核心“善”而表现出来的美学价值两方面。唐留雄提出，要继承与发扬中华饮食的精华，满足旅游者对“吃”的需要，推进旅游业的发展；营造、提升中华饮食文化氛围，增强饮食文化作为旅游吸引物的吸引力；把饮食、饮食文化融入到

旅游节目中去，使其真正成为旅游活动的重要组成部分。刘瑞新提出，只有深层次挖掘饮食文化资源、开发多种特色饮食旅游文化，才能更好地弘扬中华饮食文化，提高旅游地的综合吸引力，促进餐饮业和旅游业的进一步发展。中华民族的祖先在自己的饮食生活中倾注的心血是世界上任何其他民族所无法比拟的，因此中华民族的文化有着更为鲜明独特的“饮食色彩”。这便是中华民族长期积淀形成的博大精深的饮食文化。

（三）关于旅游民俗文化建设及应用的研究

民俗文化是旅游文化的基础部分，同时也是旅游者最感兴趣的部分之一。如锦英提出，民俗文化与社会生活是水乳交融的，民俗从一个角度看，是一种文化意识形态，从另一个角度看，又是社会生活的一部分。张文祥提出，民俗文化作为人类社会文化的一部分，以其丰富的内涵和多彩的外在形式成为旅游审美的重要内容。刘雷提出，旅游市场的消费需求是民族特色文化优势转变为经济优势或者说民俗文化转变为旅游资源的基本动因。张军提出，民俗文化的原真性是相对稳定的，并不是一成不变的，民俗传统也要随着生产力的发展发生变化，而民俗文化也正是在这种继承和发展的综合作用下才得到延续。人人都有猎奇的心理，人人都想从旅游中获得新奇的体验和感受，民俗文化正好满足广大旅游者猎奇的心理需求。

（四）关于旅游建筑文化建设及应用的研究

数千年人类发展历史证明，不朽的建筑传承历史铭刻着人类文明和文化的发展轨迹，是人类文明各个源头空间的标识。中国古代建筑文化包括长城文化、宫殿文化、坛庙文化、丧葬及陵墓文化、宗教建筑文化和民居建筑文化等。

王亚力提出南方长城在文化上的特殊意义：南方长城是异质民族文化之间冲突的集中体现，是中国历史上汉、苗两大民族在文化上、军事上矛盾激化的产物；南方长城的修建对两边民族文化产生了巨大的影响；南方长城是中国西南民族文化分合发展的见证。章方提出，紫禁城作为中国的世界文化遗产，它自身凝聚文化，也传播文化，是中国数千年文化最直观的体现。关于坛庙文化方面，姚安提出，天坛的旅游价值主要是文化性的而非审美性的，是体验性的而非观赏性的，是使人震撼、思索而非评头论足的。关于丧葬及陵墓文化方面，梁安和提出，陵墓文化是中国古代文化遗产的重要组成部分。杨环指出，藏式建筑文化不论是寺庙建筑还是民居建筑，无不充分地显示出丰富的藏传佛教内涵和悠久独特的藏区风情及民俗特点，同时也反映出藏族人民的思想感情以及能工巧匠的审美观念和艺术情趣，形成了与自然环境、宗教和民俗文化以及社会背景相协调、相映衬的建筑风格。关于古民居建筑文化方面，蔡锡泽提出，从文化人类学的观点看，民居样式作为人适应环境的产物，又成为一种文化象征和文化环境，具有广泛的文化内涵。贺为才指出，从文化人类学的观点来看，各地的民居村落之所以各具特色，在于其文化内涵有着独立定型的机制。可以说，经历史沧桑而遗留下的各种建筑是诸多旅游资源中品位最高、价值最大和最具有吸引力的特色旅游资源。

三、关于中国旅游文化传统的思考

中国上下五千年的历史文化传统造就了中国独特的学术土壤，任何一个新兴学科都不可能缺乏与中国传统文化的结合。在旅游文化学领域，关于中国旅游文化传统的研究取得了比较多的成果，其中影响较大的有申葆嘉、喻学才、马波等人。

（一）20世纪80年代的中国传统文化与旅游文化学

喻学才在其《关于建设中国旅游学的构想》一文中率先提出应该重视中国三千年旅游文化遗产。1987年9月，在武汉举行的首届旅游学学术讨论会上，与会代表对具有中国特色的旅游文化传统进行了认真的研讨，研讨会由喻学才提交的论著《中国旅游文化的优良传统·上编》引发展开，有学者对此次会议作了全程的归纳总结，此次会议上的共识与争议现在仍然影响着中国国内传统旅游文化学的深化与发展。归纳起来，会议上达成的共识主要有以下几点：

第一，中国旅游文化的哲学基础是唯物主义；

第二，中国古代从司马迁到顾炎武，治学与旅游相结合，一直是广大读书人相沿不改的传统；

第三，中国传统的旅游文化对人的因素十分看重；

第四，中国先民对于旅游资源保护和建设均强调自然本色而反对人为雕凿；

第五，传统的中国旅游文化还十分注意把发展旅游和实施仁政结合进行；

第六，自觉地保存旅游史料，是中国旅游文化的一个优良传统；

第七，中国古代旅游文化具有特别重视游览艺术的传统；

第八，“山川景物，因文章而传”是中国旅游文化的一个历史悠久、影响深远的传统。

除了共识，对于中国传统文化与现代旅游文化学之间，会议上还出现了许多不同的声音，许多争议的内容现在仍然是中国传统文化与现代旅游文化学的关注热点：

第一，中国传统的旅游文化性质是贵族文化还是大众文化？

第二，中国古代旅游传统是近游还是远游？

第三，中国的传统旅游文化审美观是不是崇尚本真？

第四，中国传统的旅游哲学观念的变化发展过程。

（二）20世纪90年代至今的中国传统文化与旅游文化学

随着中国国内旅游的蓬勃兴起和中西旅游文化的交流，认识中国旅游文化传统的任务被提上日程，对旅游文化传统的研究，大体上是从以下几大方面展开的：

其一，宏观研究。如喻学才的《儒家思想与中国旅游文化传统》研究了儒家的近游理论、远游思想以及儒家义利观、尚古意识、“与民偕乐观”对中国旅游文化的影响

等，这对于从较高层面认识中国旅游资源、旅游价值观、旅游史料等传统旅游文化特色有一定的启发意义。又如他的《中国旅游文化的附会传统研究》对附会的内涵、附会的类型、附会产生的原因、附会的旅游经济价值等逐一进行了探讨。再如广西社科院丘振声的《魏源的"游山学"说》一文，高度评价了清代著名学者魏源所作的《游山吟八首》及其旅游实践。

其二，微观研究。如许宗元的《论茶文化在旅游文化中的地位》《发掘利用竹文化，发展九华旅游业》和《蜀南竹海"竹文化"旅游发展探讨》，这些文章显示了旅游文化需要专题性的文化信息。如果说这些研究多半出自实用的话，那么，喻学才、毛桃青的《毛泽东与中国旅游文化》和《毛泽东——中国历史上内涵最丰富的旅行家》两文则多半在于审美。两位作者从中国旅游史纵向比较的角度，认为毛泽东这位旅行家几乎一身兼有历史上所有帝王旅行家的旅游内涵的积极因素，其文化色彩最称丰富神奇，其艺术气质最称风流潇洒。

四、关于区域旅游文化开发的思考

进入 20 世纪 90 年代以来，旅游文化学也开始出现类似的重视区域特色的研究趋势，其标志是张忆萍的《开创"海派"旅游文化》。作者立论的基础是海派文化的三大特征，即开风气之先、灵活善变、包容多样。在此基础上他提出了充分展示集食、住、行、游、买、娱及其地方特点，高水平服务方式之大成的海派文化。同类型的研究还有喻学才的《关于南京旅游文化发展战略的思考》和《关于海南旅游文化建设的战略思考》等文章。南京篇作为古都旅游文化建设的尝试，有一定的代表性，对于南京文化发展战略的决策也不无参考价值。海南篇在区域旅游文化学中范围比南京篇大，它涵盖海南全省，可视为作者探讨地域旅游文化开发战略的另一种个案研究。

20 世纪 90 年代区域旅游文化学除了表现在名城开发和省、市、县范围的旅游开发上外，还有一些和 80 年代不同的地方，即对名山大川旅游文化的研究成为热点。1990—2005 年，仅在中国人民大学报刊复印资料《旅游经济》上就转载了《泰山旅游文化发掘初议》《黄山旅游文化的美学意义》《发展南岳旅游文化的思考》《庐山旅游文化的内涵和特征》《初探黄山旅游文化》《峨眉山的自然美和人文意蕴》《湖南九嶷山舜旅游文化资源的开发》《庐山审美文化谈》《道教名山的文化鉴赏》《佛教名山的文化鉴赏》等专文。

第二节 中国旅游文化学的未来发展趋势

旅游文化在现代旅游业中的地位和作用是不可替代的，只有加大对旅游文化的开发和建设，才能在日趋激烈的国际竞争中立于不败之地。

一、中国旅游文化发展的特点

中国国内近30年的旅游发展表现出了以下特征：

（一）经济因素越来越多地介入旅游活动中

旅游活动在全面经济中所占的比重不断增加。这就要求必须恰当地处理好旅游文化和经济的关系，使二者形成水与乳的关系，才能带动整个旅游业向有益的方向发展。众所周知，我国旅游业是伴随着我国对外开放政策的实施而发展起来的一个新兴产业。从产业运行环境来看，这种产业是建立在较弱的经济基础之上的，要使旅游业在短期内形成较强的产业体系，就要加大对旅游业的资金投入。因此，从短期效益分析，产业的投入与产出严重失衡，在这种情况下，旅游业本身所具有的“投资少，见效快，收益大”的经济特性难以充分体现。如果仅从旅游产业自身效益分析，在国民经济基础较弱的条件下，旅游产业的投入，似乎是没有道理的。但是，如果从旅游产业的宏观功能去分析，以下三点是值得思考的：

（1）从1978年以后，我国逐渐改变对外封闭的政策，打开国门，向全世界开放。我国实行对外开放政策，必须寻找一个开放的“切入点”，而这个“切入点”就是旅游业。旅游业是一个具有特殊优势的外向型国际性产业，它的运行依赖于世界范围的客源不断注入，通过旅游业的发展，可以广泛地吸引世界各国的旅游者，向他们提供产品和服务。大量来自世界各国的旅游者通过旅游这个窗口，了解我国对外开放的方针、政策以及各种有利的投资环境，有利于我国对外开放政策的落实。

（2）旅游业具有较强的综合性特点。旅游产业体系的形成，涉及众多的相关产业，对旅游业高强度的资金投入，可以带动一定区域范围内国民经济的发展。尤其对那些拥有较丰富旅游资源的地区，旅游业的带动作用更为显著。

（3）中国经济大发展的历史时期里，需要借助国外的先进技术与设备，而这就必须建立一大批创汇能力大、见效快的产业，以满足技术与设备引进对外汇资金的需要。与其他产业相比较，作为外向型产业之一的旅游业，在获取外汇方面，具有得天独厚的产业优势。大力发展旅游产业，在一个较短的时期内，可以得到一定数量的外汇流入，对于急需外汇，又缺乏强有力创汇产业的国家，不失为一种行之有效的举措。

（二）全面提高服务质量，以服务取胜将是21世纪旅游业持续竞争的焦点

由于旅游文化主体素质的提高，他们不但要求在旅游过程中的交通、通信以及服务设施设备等方面讲究更迅捷、便利、舒适、安全、卫生，讲求效率，更主要的是要求服务质量精益求精。在相同的物质条件下，选择服务好的是所有旅游主体的共同意愿。因此，服务质量不仅是老主题，而且在旅游科技含量增大的21世纪，它仍是重点发展对象。

（三）娱乐休闲、科学考察探险将成为21世纪旅游需求的两大主题

现代社会生活工作节奏加快，都市生活和工作带来的紧张情绪，使相当多的旅游

者充满对精神宽适放松的渴盼，到那些人际罕至、污染较少的地区和自然风景区调节身心节奏，将成为越来越多旅游公众的选择。科学的进步还驱使广大科学爱好者不断走向未知世界去考察探险。随着航天技术的飞速发展，去外太空旅游将不再是遥远的梦。据报道，美国一家旅游公司别出心裁，把人类的DNA放入无人驾驶的飞船，期望若干年后外星人能够利用这些遗传基因克隆出地球人作为生命的延续。这一想法，立即招来数万人的预订，并大赚一笔。可见，开发利用好本地的自然资源，建设新颖、独特、富于幻想的娱乐设施，激发人们向往休闲或冒险的欲望，是占领未来旅游市场的关键。

（四）各种会议、体育赛事将会给旅游带来巨大的效益

21世纪是信息时代，各国各地区之间的交流更加密切，各种各样的会议愈加频繁。一次盛大的体育比赛将会挽救一个国家的经济危机，这并不是夸大其词。根据一项调查表明，仅国际奥林匹克委员会1998年一年的会议费用就高达几千万美元，而1994年在美国举行的第十五届世界足球锦标赛，赛程不到一个月，美国人就狂赚了2亿美元。因此在21世纪，围绕会址和比赛东道主的竞争会更加激烈，各国各地区将会倾力展现本地独特的文化传统和先进的场馆设置，每争取到一次盛会就将会强有力地推动一个地区旅游业的大发展。

（五）弘扬本土的民族文化是发展21世纪旅游文化的重要内容

民族的就是世界的。如何发扬本民族的文化，使旅游服务、旅游设施以及各种旅游产品具有长久不衰的吸引力，将是21世纪所有旅游工作者的共同课题。

二、中国旅游文化发展的未来走向

中国旅游业在近年的迅猛发展，很大程度得益于中国悠久深厚的文化资源。2002年，在“海外游客最感兴趣的旅游资源”调查中，五种游客最感兴趣的旅游资源，文化类型就占了四种，其中对华侨的调查，文物古迹名列第一位。这体现了旅游对文化的依附性以及它本身具有的文化属性，中国独有的历史文化延续性、深厚的民族文化底蕴、繁多的文化资源种类，有利于开发结构完善、选择适应面广的旅游产品，形成优质品牌。旅游文化市场开发方兴未艾，大力发展旅游文化、开发以文化为特色的旅游景点和旅游活动内容，可以满足游客的高层次文化需求，是中国旅游面向国际市场和竞争的必然选择，推进旅游文化的发展，才能使中国由旅游大国成为旅游强国。

根据世界旅游及旅行理事会（WTTC）2004年对旅游者的旅游动机进行的有关统计，在商务、度假、购物、探险以及文化体验五种旅游动机中，文化体验已居于首位。当前世界性旅游文化发展的趋势大体主要有以下几点：

（一）回归文化成为旅游的核心内容和发展方向的趋势

旅游在经历了单纯的观光游到如今的深层次的旅游文化，这种回归文化的趋势取

决于文化对旅游的作用。

1. 先进的旅游文化引领旅游产业发展的方向

旅游是文化性很强的经济产业，文化是旅游的灵魂，旅游的文化本质特征必然要求在发展旅游业的过程中优先发展旅游文化，用先进文化引领旅游可持续发展。现代旅游是旅游者为了满足自己的精神文化需要而实施的一种高级消费，旅游者最大的收获就是精神的愉悦和一段回味无穷的美好记忆，所以没有文化就没有旅游，旅游产品和旅游产业的经济性、文化性是统一的。只有充分重视旅游产品的文化性，挖掘其文化内涵，展示文化特色，提高文化品位和文化含量，才能吸引旅游者，才能实现旅游业的蓬勃发展。

2. 文化是旅游经济竞争的核心

旅游业的竞争本质上是文化的竞争，文化因素成为旅游经济发展的决定性因素。由于各地域、各民族的文化差异性往往为一个地域、一个民族所独有，很难模仿和复制，可比性较低，易于创出自己的特色和品牌，形成发展旅游强有力的竞争能力，文化中所带有的民族和地域的独特信息，往往是不可再生也是不可替代的，突出旅游文化特色形成区域间文化特质，是培植旅游经济核心竞争力的关键。随着旅游开发逐渐向深度发展，文化像一只无形的手支配着旅游经济活动，只有通过文化创新才能保持旅游经济基业常青。

3. 文化是旅游产业可持续发展的驱动力

知识经济，文化经济一体化是社会发展的内在要求，重视文化因素对经济社会发展的作用是世界性现象。联合国教科文组织强调：实现发展的动力实际上存在于文化之中，文化是发展的摇篮。国际旅游发展的经验显示，旅游业的收益越来越不依靠人数的增加，而来自多元文化含量的旅游产品和特色旅游服务，旅游与文化交流结合程度越高、旅游文化因素越多，旅游经济越发达。以北京大观园为例，从 160 万元《红楼梦》电视连续剧的制景费起家，不断发掘红楼文化，按《红楼梦》小说中的菜谱开发红楼宴、红楼宴舞，靠挖掘文化内涵使得发展成为国内旅游企业的知名品牌。在旅游资源走过普遍开发阶段之后，文化成为将旅游业发展引向深入的重要驱动力。

4. 旅游与文化相互作用

旅游者通过旅行活动，了解到旅游目的地的文化，同时也将自己本地区的文化带给了旅游目的地的居民，传播和交流了两地的文化。同时，为了吸引旅游者，旅游目的地也日益重视文化资源的开发和保护，这对于文化的发展无疑有着积极的作用。但是众多人类学家和社会学家的有关研究结果表明，这种旅游者大规模持续来访，对旅游目的地文化影响更多的是消极部分，最明显的是使当地文化不正常的商品化，这类变化对于那些原本以独具特色的文化和地方社会风情民俗为基本的旅游资源吸引旅游者来访的目的地是致命的，它将使这些目的地失去原有吸引力，失去旅游产业持续发

展乃至维持其基本生存的基础。

（二）生态旅游与旅游文化交融是旅游业发展的新趋势

20 世纪 80 年代以来，世界旅游业蓬勃发展，全球旅游产业规模日益增大，其过程对环境和自然生态的损害日趋严重，远超出了人们的估计。生态旅游是人们通过对环境的审美感受，重新发现自然物的环境意义。生态旅游旨在实现经济、社会和美学价值的同时，也寻求适当的利润和环境资源价值的维护。生态旅游资源主要包括自然保护区资源、风景名胜区资源、国家公园资源、森林公园资源以及生态实验站资源。从景观生态角度来看，主要包括地貌、森林、植被、各种水域、沼泽等景观生态资源类型。这类生态旅游资源的共同特点是保持着大自然的原有风貌和良好的生态环境，有些还有丰富独特的人文积淀、浓郁的风俗民情。生态旅游资源正受到越来越多人的青睐，成为人们回归自然及开展可持续旅游的理想境地。

中国具有发展生态旅游的良好条件，但是由于中国的生态旅游业开发历史较短。中国的生态旅游主要是依托于自然保护区、森林公园、风景名胜区等发展起来的，中国第一个国家级森林公园——张家界国家森林公园的建立，将旅游开发与生态环境保护有机结合起来。此后，森林公园建设以及森林生态旅游的发展突飞猛进。虽然这时候开发的森林旅游不是严格意义上的生态旅游，但是为生态旅游的发展提供了良好的基础。1999 年昆明世博会和 1999 年国家旅游局的“1999 生态环境旅游”主题活动大幅度推进了中国的生态旅游实践。同年，四川成都借世界旅游日主会场的时机推出了九寨沟、黄龙、峨眉山、乐山大佛等景点，开发生态旅游产品。随后，湖南张家界国家森林公园举办国家森林保护节，推出了武陵园等生态旅游区。从此，以湖南和四川为起点，生态旅游逐渐在全国范围内发展起来。

人们对旅游与环境之间的关系，尚缺乏科学理解，生态旅游的发展大多还停留在初级阶段，强调到大自然中旅游，强调对生态旅游资源的开发而忽视了旅游本身对环境的影响和资源的破坏。因此，必须对生态旅游资源建立一种科学的有效的旅游发展和管理模式。其基本目标是使生态旅游资源存续与合理开发，以实现生态旅游资源可持续利用、生态环境保护和经济发展三者的动态平衡。特别是要注重生态与文化相结合。生态是基础，文化是灵魂。四川生态旅游的一个特点，就是生态与文化交融，形成了众多的旅游景点。特别是四大遗产，比如九寨沟、黄龙、乐山大佛、都江堰青城山都是生态和文化相结合的产物。

（三）旅游产品开发从“外在型”向“内涵型”转变的趋势

实现旅游产业利益最大化和不断发展，关键在于开发利用各种文化资源，满足人们对旅游产品和服务中的文化需求，在深度挖掘旅游文化内涵的过程中，建立产业良性的内部运行机制和外部发展关系，从而提升产业素质，获得可持续发展。

1. 以科学发展观为指导转变旅游发展观念

中国旅游业起步较晚，在特定历史条件下，提出“以旅游养旅游”、“五个一齐上”等发展思路，曾经发挥了积极的作用，使人们对旅游从外事接待到事业再到产业的认识逐渐明晰，一些项目在一定时期内也取得了较好的经济效益，但是这种外延式扩张的粗放型发展，片面追求经济效益，对于旅游目的地的自然资源和社会文化资源造成的破坏难以用经济数字来计量。科学发展观提出以人为本，全面协调可持续发展，要求旅游产业发展从数量型转向质量型和效益型，通过挖掘旅游文化内涵、提升产品附加价值，向深度发展。

2. 坚持政府主导全面发挥产业功能

中国在现阶段的生产力和旅游产业发展水平条件下，形成了政府主导型旅游发展模式，并由此形成的政府主导、市场主体运作、全民参与的产业发展态势，在旅游目的地，旅游投资经营者、游客、当地居民三者之间的利益交织在一起，只有政府才能协调好他们之间的现实矛盾，追求并达到效益和文化效益的统一，因此，政府管理部门要提高管理的专业化、化水平，摒弃短期行为，做先进文化的代表，引导当地旅游产业健康持续发展，并由此全面发挥旅游产业功能。

3. 构建旅游企业文化营造和谐旅游环境

随着中国旅游法制建设的逐步健全，促进了旅游市场环境的规范，但是旅游行业恶性竞争、虚假广告、合同欺诈等各种短期行为仍然在侵蚀着旅游经济本不健壮的肌体，严重威胁着旅游产业的长远发展。营造诚信公平的经营环境，改善旅游行业形象，是旅游经营企业必须面对和思考的。依法治旅完善旅游法规建设，可以一定程度地规范市场秩序，更重要的是依靠旅游经营企业的自律，通过构建旅游经营企业的企业文化倡导诚信守法经营。

4. 深度开发旅游资源以品牌促发展

旅游资源开发中的文化内涵开发是差异化竞争的重要手段。旅游文化资源开发利用的核心是文化创意，在地方文化的基础上确定文化的开发方向和主题格调，明确定位围绕主题进行组织，进而通过旅游产品加以体现，并不断丰富文化内涵，进行创造性的升级改造。其中，对旅游资源文化主题的感知和把握并经由旅游产品外显是关键，其本质在于对旅游文化资源进行概括、发掘、升华，最终凝聚区域特色的个性化精神，然后通过物化、创新，实现更深层次的整合，将文化内涵渗透，表现在旅游产品的各个层面，形成特色品牌，强化旅游吸引力。

5. 重视旅游对社会文化的前瞻性

中国旅游产业起步较晚，旅游经济基础比较薄弱，缺乏市场的纵深拓展能力。正是由于中国旅游产业发展的时间很短，旅游产业发展的焦点集中在经济领域，加上旅游对社会文化的影响不如它对经济和环境的影响那么直接和易于察觉，往往需要比较

长的时间，其结果才逐渐显现出来，可一旦结果显现，其后果也就无可挽回，值得注意的是，中国在这一领域的研究远远落后于旅游对经济和环境影响的问题研究。必须重视这个现象并做好前瞻性研究，现阶段研究的内容主要包括旅游接待地区社会文化商品化问题、传统文化衰退问题、民族文化异化问题以及游客带来的文化示范对旅游接待地的文化影响问题等，从事这些研究的不仅包括旅游工作者，还包括人类学家和社会学家，所以还应当重视做好成果共享和研究成果在实践中的推广。

6. 加快人才培养夯实旅游产业发展基础

旅游产业链较长，属于劳动力密集型产业，实现旅游可持续发展，必须加快人才培养，提高劳动者素质，充分发挥中国人力资源丰富的优势。长期以来，中国旅游专业是置于经济学范畴内的，旅游文化还不是一个独立的学科，对旅游人才文化素质的提高重视不够。要加快旅游人才培养，逐步从单纯的生产性投资转向人力资本投资，提高旅游从业人员业务素质，通过每一位旅游工作者的一言一行给予游客全方位的享受，提升旅游文化品位。

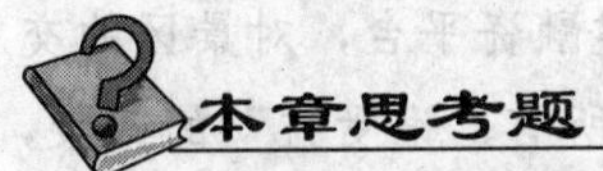

本章思考题

1. 简单介绍旅游文化学的重点方向。

2. 结合本章所学与中国旅游文化学现状及特点，综合总结中国旅游文化未来的发展方向。

案例分析

景区社区共建

采用大手笔、高端位的长远规划，核心目的是建设“国内一流、国际知名”的大景区，发展旅游业，带动景区所辖居民脱贫致富，增加财政收入，推动县域经济突破发展，富民强县，主动承担旅游扶贫的社会职责。

目前，景区居民多以农家乐、家庭旅馆、土特产商铺等直接经营的形式参与，深入开发的项目较少。在未来的发展中，为保护景区的完整性和生态平衡，金丝峡将逐步缩减常住人口，争取实现核心景区内无人居住。这样势必影响到太子坪、丹南、落花沟、庙台子、核桃坪等多个村村民的生产生活。怎样实现景区、社区共建共富成为未来发展的一个焦点。鉴于此，提升规划指出要创新发展机制，改革旅游政策，建立省级旅游综合改革示范区，设立一级政府，把下属村组农民划拨到管委会管理，实现景区社区互利双赢。

创新景区社区管理机制，实施统筹管理。建立金丝峡旅游管理局，统一管理旅游区内居民的社会经济发展、环境保护、旅游开发等。推进景区与社区一体化进程，解决金丝峡景区多头管理、分割经营的局面。金丝峡旅游管理局分为两个管理层次。第一层次为旅游区管理局（行使金丝峡区政府职能），管辖区包括太吉河镇和核心景区两部分。第二层次为旅游区管理局所辖的3个下属村级机构。强化对金丝峡旅游区内居民点管理，依据资源保护和局部地点游览设施发展的要求，实行控制扩展、迁移疏散、就地转产相结合等方式加以解决。根据大景区内景物特质、景点、景群等各级风景单元和风景游赏观光性质和集中地带的分布，以及未来开发和保护的要求，将金丝峡景区划分为核心景区（一级开发建设区）和次级旅游开发区。对于被划拨在一级开发区内的所有居民点，原则上外迁至集中居住地，其所使用的耕地或水面由国家统一征用。被划拨在二级开发建设区的居民点，采用引导疏散的手段吸引外迁，并严格控制其规模的扩大。

不断深化“政府主导、企业主体、规范管理、市场运营”的旅游管理新机制，走景区所有权、开发经营权和管理权三权分离的新型旅游发展模式。成立金丝峡旅游发展公司，通过融资改造，力争在5～8年内建成上市公司。搭建融资平台，对景区的交通、索道、宾馆、园区、农家乐等建设项目采取“谁投资、谁所有、谁受益”的政策，加大招商引资力度，加快开发步伐。整合项目资金，捆绑使用，为景区建设注入新的活力。按照“项目在景区建，资金向景区投”的要求，全县公路、新农村建设、土地整理、移民搬迁、生态建设、流域治理、农业综合开发、“金丝人家”品牌项目建设、沼气项目、环境保护等项目重点向景区倾斜，为景区居民提供更多的就业机会。

着力调整当地居民的从业方向，尽最大努力实施就地转产就业。引导及优先安排旅游区内居民由从事农业生产逐渐向旅游业和其他生态产业转移，让更多的居民成为企业的员工。景区内农户如保留原有的产业形式，必须在规划许可的范围内按规定有序地从事农业、果业和林业的生产。提高村民参与决策和发展的能力。在景区整体提升建设中，设置交流平台，增加沟通，给社区居民一个参与的平台，吸纳居民的想法与意见。除了给予村民表达意见的权利外，在社区居民能够参与的地方，通过村民资金入股或技术入股等形式给予村民经营权，把收益归还给社区。通过行政管理体系进行文化保护、发掘、培训和产业开发，提高景区内居民的文化意识、文化素质，促进文化产业的发展，并服务于旅游就业，推动旅游经济迅猛发展。

在景区社区共建中，合理利用土地，实行分区管理，严控土地利用。土地是景区的根本，只有保护好土地资源，做到合理开发，才能保证景区可持续发展。为此，景区对土地利用采取分区分级管理，划分保护核心区、建设控制区和环境协调区，禁止开矿、伐木，实行退耕还林，对景区内的生产生活实行科学引导，合理控制。同时，不得擅自更改土地用途，严格审批新增建设用地，做到每寸土地都在监控下使用。

景区社区共建的重点放在主打“金丝农家”品牌上。调整农家乐接待区，以高端的、生态的、无污染的、高文化品位的设施和产品为商业定位，打造全生态庄园化农家乐，灵活采用本地资源，突出本地文化特色，构建特色品牌。强调生态农业与旅游业的融合，着力发展旅游农业，种植绿色蔬菜、山野菜和其他适合气候的瓜果，举办采摘节，提高“金丝人家”乡村游的吸引力。

开发以板岩为主的旅游纪念品和苞谷酒、葡萄酒、山核桃、板栗、柿子饼、土鸡蛋等特色农副产品。选择陕南特色服饰规范统一“金丝人家”的服务人员，从职业道德、文化修养、业务素质、服务意识等方面塑造“微笑的服务，好客的金丝峡”形象，大力提升吃、住、游、购服务水平，最终使农民得到实惠。

（资料来源：中国旅游报）

请根据全书及上述案例内容，全面总结中国旅游文化发展的现状，并在此基础上阐述你对中国旅游文化学的未来走向的基本看法，你的理由。

参考文献

[1] 窦石．旅游文化初探［J］．旅游之友，1986（1）．

[2] 魏小安．旅游文化和文化旅游［J］．旅游论丛，1987（2）．

[3] 晏亚仙．旅游文化管见［N］．中国旅游报，1987－07－29.

[4] 陈辽．漫谈旅游文化［N］．中国旅游报，1987－11－11.

[5] 喻学才．中国旅游文化传统［M］．南京：东南大学出版社，1995.

[6] 林永匡，王熹．中国旅游文化史的研究［N］．中国文化报，1989－02－19.

[7] 赵家莹．中国古代旅游文学概述［J］．杭州大学学报，1982（4）．

[8] 江文波．关于旅游文学的思考［N］．中国旅游报，1989－01－04.

[9] 隗芾．关于旅游文学的开发与利用［J］．汕头大学学报，1987（4）．

[10] 王力平．传统思维方式与山水艺术——我国山水艺术发达原因探源［J］．安徽大学学报，1989（1）．

[11] 臧维熙．古代山水文学发达的原因［J］．安徽大学学报，1983（4）．

[12] 何学威．旅游民俗学——极富魅力的应用科学［J］．民俗研究，1989（2）．

[13] 莫高．杭州民俗研究与旅游［J］．杭州师院学报，1989（2）．

[14] 王遵近，沈松勤．风景美欣赏——旅游美学［J］．上海：上海人民出版社，1987.

[15] 金学智．中国园林美学［M］．南京：江苏文艺出版社，1990.

[16] 喻学才．关于建设中国旅游学的构想［J］．湖北大学学报，1986（5）．

[17] 喻学才．中国旅游文化及其改造之我见［N］．中国文化报，1987－06－24.

[18] 杨时进．旅游文化及其在未来旅游业中的地位［M］//旅游述略．北京：中国旅游出版社，1987.

[19] 冯乃康．首届中国旅游文化学术研讨会会议纪要［J］．旅游学刊，1991（1）．

[20] 贾祥春．旅游文化的特点及其在旅游业中的地位和作用［J］．复旦学报：社会科学版，1997（3）．

[21] 王德刚．试论旅游文化的概念和内涵［J］．桂林旅游高等专科学校学报，1999（4）．

[22] 刘卫英，王立．旅游文化三大层面与基本要素略论［J］．济宁师专学报，1998（1）．

[23] 谢春山．旅游文化——大连建成中国旅游名城的深厚底蕴 [J]．辽宁师范大学学报：社会科学版，2000（4）．

[24] 王立，刘卫英．旅游文化基本特征试论 [J]．盐城师范学院学报：哲学社会科学版，1997（3）．

[25] 晏性枝．论宜昌旅游文化发展的战略选择 [J]．湖北三峡学院学报，1997（2）．

[26] 费振家．武当旅游文化营销研究 [J]．十堰职业技术学院学报，2000（3）．

[27] 罕华兴．西双版纳旅游文化深层次开发刍议 [J]．经济问题探索，1999（4）．

[28] 于邦成，陈晓辉．旅游文化建设与大连市旅游经济发展 [J]．大连大学学报，2000（1）．

[29] 黄佛君，金海龙，许豫东．试论旅游文化与旅游业可持续发展 [J]．新疆师范大学学报：自然科学版，2000（3）．

[30] 赵文红．旅游文化是旅游可持续发展的源泉 [J]．桂林旅游高等专科学校学报，1998（4）．

[31] 毛桃青，等．旅游文化应有自己的学科地位 [J]．旅游学刊，1996（5）．

[32] 陈荣富．旅游资源开发与旅游文化学 [J]．商业经济与管理，1999（2）．

[33] 郭宽，汤国辉．开发景洪旅游文化资源提高旅游文化内涵 [J]．云南科技管理，1999（5）．

[34] 秦永红．旅游文化与现代旅游经济 [J]．西南民族学院学报：哲学社会科学版，1998（S5）．

[35] 邓祝仁．名城的旅游文化传统与拓展创新 [J]．桂林旅游高等专科学校学报，1999（S1）．

[36] 张来芳．诗经旅游文化探赜 [J]．江西社会科学，1998（11）．

[37] 魏宏灿．庄学精神：山水旅游文化的源泉 [J]．济宁师专学报，1998（1）．

[38] 束有春，焦正安．旅游文化及佛教旅游文化浅论 [J]．南京社会科学，1998（4）．

[39] 周思琴．魏晋旅游文化繁荣之二重因素 [J]．宁夏大学学报：社会科学版，1998（3）．

[40] 方燕．魏晋南北朝的隐逸与山水旅游文化 [J]．西南民族学院学报：哲学社会科学版，1998（S5）．

[41] 覃兆刿．论档案的旅游文化价值 [J]．档案学研究，1997（1）．

[42] 资民筠．舞台、影视技术与旅游文化 [J]．艺术科技，1999（2）．

[43] 吴世泉．对宜昌建成国际旅游文化城的思考 [J]．长江流域资源与环境，[illegible]（4）．

[4[illegible]4] 许曦．对开发三峡库区旅游文化资源的思考 [J]．资源开发与市场，2000（3）．

[45] 熊学忠，赵玲．浅谈云南旅游文化建设［J］．学术探索，1998（4）．

[46] 王禹浪，等．金源文化与金源旅游文化的开发［J］．黑龙江民族丛刊，1996（4）．

[47] 张晓萍．试论昆明滇池国家旅游度假区的旅游文化建设［J］．思想战线，1998（6）．

[48] 李维青．吐鲁番旅游文化开发思路［J］．新疆大学学报：哲学社会科学版，1999（4）．

[49] 何勇．甘孜州发展旅游文化经济的构想［J］．桂林旅游高等专科学校学报，2000，(2)．

[50] 刘建平．论南岳衡山人文旅游文化资源及深度开发［J］．湘潭大学社会科学学报，1997（5）．

[51] 李文初，等．中国山水文化［M］．广州：广东人民出版社，1996.

[52] 马波．现代旅游文化学［M］．青岛：青岛大学出版社，1998.

[53] 冯乃康．中国旅游文学论稿［M］．北京：旅游教育出版社，1995.

[54] 刘德谦．中国旅游文学原理［M］．北京：中国旅游出版社，1997.

[55] 高建新．山水风景审美［M］．呼和浩特：内蒙古大学出版社，1998.

[56] 崔进．旅游文化纵览［M］．北京：中国旅游出版社，2000.

[57] 喻学才．中国旅游名胜诗话［M］．北京：中国林业出版社，2002.

[58] 王柳云．森林旅游文化简论［J］．林业经济问题，2001（5）．

[59] 谢春山．旅游文化论［M］．长春：吉林人民出版社，2002.

[60] 郝长海，曹振华，等．旅游文化学概念［M］．长春：吉林大学出版社，1996.

[61] 谢贵安，华国梁．旅游文化学［M］．北京：高等教育出版社，1998.

[62] 王淑良．中国旅游史［M］．北京：旅游教育出版社，1998.

[63] 沈祖祥．旅游文化概论［M］．福州：福建人民出版社，1999.

[64] 喻学才．旅游文化［M］．北京：中国林业出版社，2002.